# Brücken über den Zeitenstrom

*Regensburger Almanach 2003*

# Brücken über den Zeitenstrom

*Regensburger Almanach 2003*

Band 37

*Mit Register der Jahrgänge 1968–2002*

Herausgegeben von Konrad Maria Färber

Mit Beiträgen von
Wilhelm Amann, Thilo Bauer, Uli Beer, Manfred Engelhardt, Konrad M. Färber,
Sigfrid Färber †, Christian Feldmann, Horst Hanske, Wilhelm Hausenstein †, Reinhard Kellner,
Johann Kirchinger, Peter Morsbach, Georg Opitz, Hermann Rau, Heinz Reichenwallner,
Hermann Reidel, Gertrud Maria Rösch, Kurt Schauppmeier, Günter Schießl,
Herbert Schindler, Klemens Unger, Werner A. Widmann und Siegfried Wittmer

MZ BUCHVERLAG
REGENSBURG

*Gedruckt mit freundlicher Unterstützung von:*

*Dr. med. Franz Xaver Biehler*
*Evangelische Wohltätigkeitsstiftung*
*Fachhochschule Regensburg*
*Technischer Vertrieb Gehmeyr GmbH & Co.*
*Haellmigk Kunststoffe GmbH & Co. KG*
*Haellmigk GmbH Schwimmbad & Sauna*
*Mittelbayerische Zeitung*
*Sparda-Bank Regensburg eG*
*Stadt Regensburg*
*Dr. Vielberth Verwaltungsgesellschaft mbH*
*Wirtschaftsberatung Robert Vierthaler e. K.*
*Immobilien Wingerter GmbH*
*Spedition Zitzelsberger, Gustav Frick*
*Oswald Zitzelsberger*

Konrad M. Färber (Hg.)
Brücken über den Zeitenstrom
Regensburger Almanach 2003
© MZ Buchverlag GmbH, Regensburg, 2003
Umschlaggestaltung: Anna Braungart
Umschlagfotos: © Uwe Moosburger
Satz: Vollnhals Fotosatz, Mühlhausen/ Ndb.
www.mz-buchverlag.de

ISBN 3-934863-15-9

# Inhalt

REGENSBURGER THEMA

8 Günter Schiessl
Brücken über den Zeitenstrom
*Von der Steinernen zur neuen Nibelungenbrücke*

21 Konrad M. Färber
Regensburg und das Jahr 1803
*Der Reichsdeputions-Hauptschluss –
seine Folgen für das Reich und die Reichsstadt*

29 Hermann Reidel
„In den Klöstern gediehen die größesten Männer"
*1803 – Die gelehrten Mönche und das Ende
einer 1000-jährigen Tradition*

REGENSBURG AKTUELL

37 Heinz Reichenwallner
Wenn Oma und Opa das noch erlebt hätten
*Der SSV Jahn kehrt nach 26 Jahren in den
Profi-Fußball zurück*

44 Peter Morsbach
Die neue Maxstraße und ihre alte Geschichte
*Vom „Quartier Napoleon" zur modernen
Flaniermeile*

54 Klemens Unger / Konrad Maria Färber
„Das muss ein Tiroler gewesen sein!"
*Gedenktafel erinnert wieder an die Verwundung
Napoleons in Regensburg*

60 Sigfrid Färber
Der Herzogshof zu Regensburg
*Ein neuer Anfang in einem traditionsreichen Gebäude*

70 Hermann Rau
Ein Schlosspark mitten in der Stadt
*Wo einst die Fürstlichkeiten lustwandelten*

80 Reinhard Kellner
Der Regensburger DONAUSTRUDL
*Eine Straßenzeitung wird fünf Jahre alt*

REGENSBURGER IN DER LITERATUR

84 Wilhelm Hausenstein
Pfingstfahrt nach Regensburg
*Ist nicht das Sichtbare und Erhaltene schon fast mehr, als auch ein weit aufgespannter Sinn zu fassen vermag?*

89 Gertrud Maria Rösch
Die Schwestern des Alexandre Dumas
*Die Regensburger Schriftstellerinnen Therese Keiter (1859–1925) und Clara Menzer (1886–1973)*

REGENSBURGER ERINNERUNGEN

97 Herbert Schindler
Jugend an der Donau
*Als Barbing noch ein richtiges Dorf war*

103 Manfred Engelhardt
Der Regensburger Eisbuckl
*Eine Liebeserklärung an die alte Ratisbona und an ein ganz besonderes Stadtviertel*

110 Uli Beer
Der Möbler-Stammtisch beim Knei'
*Jeden Freitag heißt es im Kneitinger: „Reserviert Möbler"*

115 Kurt Schauppmeier
Als das Automobil nach Regensburg kam
*Vor 100 Jahren wurde hier der erste Automobilclub gegründet – Franz Xaver Sieber als erster Autohändler*

REGENSBURGER PERSÖNLICHKEITEN

121 Christian Feldmann
Sagenhaftes Regensburg
*Nachruf für Emmi Böck †*

124 Die leise Stimme der Wälder
*Vor hundert Jahren wurde Andreas Staimer geboren*

126 „Findet sich denn keiner, der Hitler beseitigt?"
*Der heilige Zorn eines Unpolitischen: Der Hilfsmesner von Regensburg-St. Emmeram, Johann Igl, kurz vor Kriegsende gehenkt, hat endlich eine Gedenktafel bekommen*

129  Wilhelm Amann
    Kunst aus der Schnupftabakfabrik
    *Die Regensburger Künstlerin Margret Sturm
    (1906–1993)*

133  Johann Kirchinger
    Der Gehilfe des Regensburger „Bauerndoktors"
    *Die Geschichte des Gregor Klier*

138  Horst Hanske
    Ein Leben am Holzkohlenfeuer
    *Zum 100. Geburtstag von Elsa Schricker*

## REGENSBURGER GESCHICHTE

142  Siegfried Wittmer
    Regensburger Synagogen
    *Eine bewegte Geschichte vom 12. Jahrhundert
    bis heute*

150  Thilo Bauer
    „In diesen heiligen Mauern ...."
    *Wo sich die Regensburger Freimaurer trafen*

156  Georg Opitz
    Die Zeitlerklinik
    *Vom Anfang und Ende einer Regensburger
    Privatklinik*

## REGENSBURG VOR 50 JAHREN

163  Werner A. Widmann
    Das Jahr der Spatenstiche und Einweihungen
    *Rückblick auf das Regensburg von 1954*

169  Unsere Autoren

174  Abbildungsnachweis und Quellenverzeichnis

175  Register der Jahrgänge 1968–2002

GÜNTER SCHIESSL

# Brücken über den Zeitenstrom

*Von der Steinernen Brücke zur neuen Nibelungenbrücke*

*Mit dem Neubau der Nibelungenbrücke, der im Jahr 2004 abgeschlossen sein wird, besitzt Regensburg endlich den für den modernen Verkehr dringend erforderlichen erweiterten Donauübergang, der das Stadtzentrum mit den nördlichen Stadtteilen verbindet. Der Brückenschlag über den Zeitenstrom war in Regensburg zu allen Zeiten von enormer Bedeutung. Aus diesem Grund soll die Geschichte der Regensburger Donaubrücken dargestellt werden.*

Über die Bedeutung der Regensburger Steinernen Brücke schreiben zu wollen, hieße Wasser an die Donau zu tragen. Schon im Volksbuch von Doktor Faust aus dem Jahre 1587 wird sie gerühmt: „Da ist Anno 1115 ein künstliche, berümbte, gewälbte Brück auffgerichtet worden wie auch ein Kirch, die zu rühmen ist." Der Geist Mephostophili lockte mit diesen Worten Doktor Faustus, sich auf seiner dritten Fahrt in „etliche Königreich und Fürstenthumb" auch „Regenspurg", die Stadt mit den sieben Namen, anzusehen. Zwar irrte der „Geist" mit der Jahreszahl, aber wenn es um fehlerhaft genannte Daten der Bauzeit geht, steht er nicht alleine da. Einigermaßen verbürgt ist nach einer Urkunde des Klosters St. Mang der Baubeginn im Jahre 1135. Für die Vollendung des Brückenwerkes fehlt ein urkundlicher Beleg. So dient noch immer das Gedicht des Nürnberger Poeten Hans Sachs (1494–1576) von 1569 als fadenscheiniger Beweis für eine Bauzeit von elf Jahren: „Als man zehlet 1135 Jar / Ward darüber baut / ein stark Brucken, / Elf ganzer Jahr mit Quaderstucken, / Mit vierzehn Schwiebbogen / und 14 Joch, / Mitten darauf ein Thurm hoch, / Dadurch die Donau / schnell hinschießt, / Auf Oesterreich und Ungarn fließt. / Der Brucken gleicht keine in Teutschland."

## Die Steinerne Brücke

Der fränkische Schusterpoet nennt den Baubeginn mit exakter Jahreszahl, die Bauzeit jedoch umschreibt er mit der ominösen Zahl „elf". Sie steht allgemein für das Unvollkommene und Unvollendete, zuweilen auch für das Chaotische und Närrische, darauf verweist Dr. Helmut-Eberhard Paulus, Kunsthistoriker und Jurist, ehemaliger Leiter der Unteren Denkmalschutzbehörde und Verfasser vieler Publikationen über Regensburger Denkmäler, auch über die Steinerne Brücke. Die Baugeschichte spricht laut Paulus eher gegen eine Vollendung im Jahre 1146, die Brückentürme sind frühestens in der zweiten Hälfte des 12. Jahrhunderts entstanden, das Brücktor gar erst gegen 1300.

Dr. Faustus und Hans Sachs sind in umfassenden, sorgfältig aufbereiteten Zitatensammlungen vertreten, die Professor Dr. Eberhard Dünninger in seinen Publikationen über Regensburg zusammengetragen hat. Unter den Dichtern, Gelehrten und Weitgereisten, die hier ein Loblied auf das mittelalterliche Brückenbauwerk singen, sind die wenigsten Regensburger. Im Kampf um den Er-

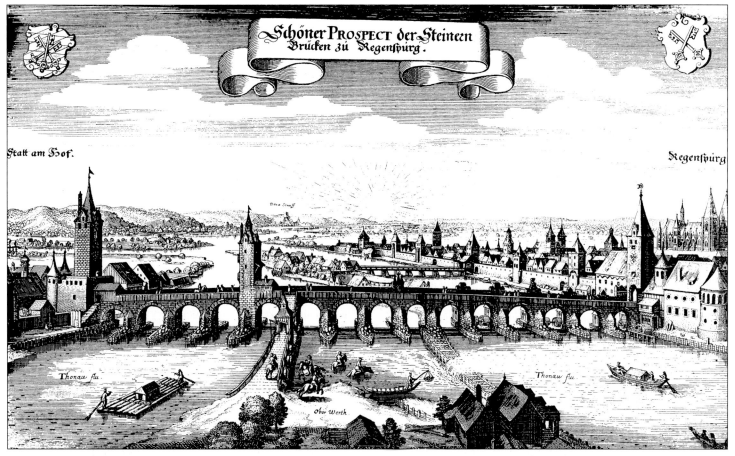

*Die Steinerne Brücke – das achte Weltwunder des Mittelalters – nach einem Stich von Matthäus Merian von 1644.*

halt dieses Bauwunders holen sich die Regensburger meist von auswärts Argumentations-Hilfe, um manche ihrer Mitbürger von der internationalen Wertschätzung zu überzeugen.

„Zum Teufel mit der Pietät und mit den Baudenkmälern!" ist ein berühmt-berüchtigt gewordenes Zitat aus einem Bericht des Regensburger Tagblattes aus dem Jahre 1906. In dem Artikel ging es um die Beseitigung des der weiteren Stadtentwicklung angeblich im Wege stehenden Donauüberganges. „Brot wollen wir in Regensburg haben statt Stein", lautete das Argument, „eine günstige Entwicklung anstatt der Steinernen Brücke." Die Brücke wurde als Hindernis für Schifffahrt, Autoverkehr und Straßenbahn empfunden. Den Kampf um den

Erhalt der Brücke gegen die aufgeheizte Stimmung in der Bevölkerung gewann der Historische Verein für Oberpfalz und Regensburg eigentlich nur deshalb, weil das Geld fehlte, ein Neubauprojekt zu verwirklichen. Das mangelnde Kapital war – wie so oft – der beste Denkmalbewahrer.

Über viele Jahrzehnte hinweg hatten sich engagierte Mitglieder des Historischen Vereins um den Erhalt dieses größten Ingenieurbauwerks aus dem Mittelalter bemüht, das ununterbrochen in Betrieb war und noch immer ist. Als sie im letzten Drittel des 19. Jahrhunderts wieder einmal Schelte aus der Regensburger Bevölkerung bekamen, weil sie sich trotz des zunehmenden Gedränges einer radikalen Umgestaltung des Donauüberganges widersetzten, die das Ende der mittelalterlichen Konstruktion bedeutet hätte, kam rhetorische Hilfe aus Wien gerade recht. Während man in Regensburg klagte, dass das letzte furchtbare Hochwasser, das so manches bedeutende Brückenbauwerk in verschiedenen Gegenden spurlos hinweggeschwemmt, auch dieses Mal die Steinerne Brücke nicht „mitgenommen" hat, bekamen die Denkmalschützer „von sehr competenter Seite" aus Wien Rückendeckung. In der Geschäfts-Versammlung des österreichischen Ingenieur- und Architekten-Vereines am 9. Dezember 1876 hatte Oberingenieur Rziha in einem „mit großem Beifall aufgenommenen Vortrag" über den „Bau der alten steinernen Brücke zu Regensburg" gesprochen und sie als eines der wichtigsten Objekte für das Studium der Geschichte des Ingenieurwesens bezeichnet. Dieses altehrwürdige Werk sei das erste unter den großen Flussbrücken, welches wir aus der Zeit des Wiedererwachens der Kultur nach der Völkerwanderung „diesseits der Alpen besitzen".

Bei diesem Exkurs über die Regensburger Brücken sei ein Sprung über ein gutes Jahrhundert hinweg gestattet. Als im November 1998 in Regensburg eine Expertenrunde aus den Donauanrainerstaaten bei der Donaubrückenkonferenz zusammen saß und sich über alle Donauübergänge in Städten, auf Straßen, Autobahnen und Eisenbahnlinien unterhielt, wurde die einzige mittelalterliche Brücke aus Stein – die Steinerne Brücke in Regensburg – als Besonderheit hervorgehoben. Die technische Meisterleistung, die ein unbekannter Baumeister geschaffen hat, genießt gerade heute wieder Bewunderung. Die seit Jahren andauernden, von der Deutschen Bundesstiftung Umwelt geförderten steintechnischen Erforschungen an den einzelnen Brückenbögen sollen nicht nur neue Methoden zerstörungsarmer Untersuchungen am Gestein entwickeln helfen, sondern darüber hinaus zu Rezepten führen, wie mittelalterliche Bauwerke nach dem neuesten Stand der Technik erhalten werden können. Die behutsame Instandsetzung der Steinernen Brücke wird zum internationalen Modellfall.

Als der stellvertretende Leiter des Regensburger Tiefbauamtes und Mitglied des lokalen Organisationskomitees der internationalen Donaubrückenkonferenz, Alfons Swaczyna, den Fachleuten aus Deutschland, Österreich, der Slowakei, aus Ungarn, Jugoslawien, Rumänien, und Bulgarien Ende 1998 stolz die imposanten Brückenbögen zeigte, da war es noch gar nicht lange her, dass sich über den Donauübergang keine Blechlawinen mehr quälten. Am 19. Januar 1997 hatten sich beim ersten Regensburger Bürgerentscheid 54,23 Prozent für die sofortige „autofreie Steinerne Brücke" ausgesprochen und damit die Weichen für die Zukunft des bedeutendsten Wahrzeichens der Stadt gestellt.

Eine Bürgerinitiative hatte durchgesetzt, was die Stadtverwaltung verhindern wollte. Dem Entscheid über die sofortige Sperrung der Brücke stand städtischerseits der Vorschlag gegenüber, eine Sperrung werde erst dann angeordnet, wenn zuvor eine neue Brücke als Ersatz geschaffen ist.

*Die 1863 gebaute Eiserne Brücke – auch Hengstenberg-Brücke genannt – nach einem Foto von 1937.*

Es ist nicht zu leugnen, dass das vielgerühmte Brückenwerk auch nach der Sperre für den Individualverkehr ein ungemütlicher Ort geblieben ist: Im Takt weniger Minuten quälen sich die Busse hinüber nach Stadtamhof und herüber in die Altstadt. Bis die Fußgänger die Steinerne endgültig für sich erobert haben, wird noch viel Wasser die Donau hinabfließen.

*Vier Varianten für eine Ersatzbrücke*

Derzeit werden nach einem Beschluss des Planungsausschusses vom April 2003 vier Varianten geprüft, die es ermöglichen könnten, die Steinerne Brücke künftig von Bussen frei zu halten. Favorisiert wird „Variante 5", die Trasse, die über einen Neubau des jetzigen Eisernen

*Auf dem Eisernen Steg – 1902 gebaut – musste man früher Stegzoll bezahlen.*

Steges an der Holzländestrasse zum Oberen Wöhrd und weiter über den Pfaffensteiner Steg und die Oberpfalzbrücke zur Frankenstraße führen würde. Die drei anderen Varianten sehen einen Brückenschlag vom Unteren Wöhrd zum Stadtteil Am Gries und dann eine Anbindung über die Protzenweiherbrücke an die Frankenstraße vor. Im Vorfeld ausgeschlossen wurde der Brückenschlag über den Grieser Steg.

Mit der Diskussion über die günstigste Linienführung einer Bustrasse nähern wir uns einem brisanten Thema,

*Als die Eiserne Brücke noch eine Hölzerne war – vor 1863.*

das in Regensburg seit jeher die Gemüter erregt – dem Brückenbau. Mitte der 1960er Jahre wurde wegen des geplanten gigantischen Donaubrücken-Projektes einer „Bayerwaldbrücke" zwischen dem westlichen Ende der Ostengasse und der Donau eine ganze Häuserzeile abgebrochen. Eine bis zu sechs Spuren breite Trasse hätte vom Donaumarkt über den Gries zur Frankenstraße führen sollen. Die so entstandene Lücke existiert bis heute, da das Vorhaben glücklicherweise nicht realisiert wurde. Ebenso wie dieses Projekt einer Mammutbrücke scheiterte bislang auch der Bau einer Stadthalle auf dem Donaumarkt, dessen Freifläche durch die für das Brückenprojekt abgebrochenen Häuser ausgeweitet worden war.

*Die Eiserne Brücke*

Aus einem 1987 ausgeschriebenen Ideenwettbewerb „Regensburg-Donaumarkt Eiserne Brücke / Stadthalle" ging zwar auch ein erster Preis für die Stadthalle hervor, verwirklicht wurde allerdings nur die neue Eiserne Brücke. Eine Münchener Planungsgemeinschaft nahm dabei das statische System der Steinernen Brücke, den mehrfeldrigen Bogen, auf, nutzte die moderne Technik mit verschweißtem Stahl und bildete „mit filigraner und transparenter Gestalt einen deutlichen Gegensatz zur Massivität der Steinernen Brücke," heißt es in einer Baubeschreibung.
Mit diesem Brückenbauwerk wurde die 1945 errichtete „Eiserne Behelfsbrücke", die sogenannte „Hengstenbergbrücke" ersetzt. Sie hatte nach der von den Nazis in den letzten Kriegstagen des zweiten Weltkrieges angeordneten Sprengung der 1863 gebauten ersten eisernen Brücke die Verbindung zur Wöhrdinsel über den südlichen Donauarm hergestellt. Ihr Vorgänger war – wie auf manchen alten Regensburger Ansichten zu erkennen ist – eine hölzerne Brücke. Ebenfalls auf alten Ansichten ist ein niedriger Steg ausfindig zu machen, der inzwischen längst vergessen ist. Er führte über den Protzenweiher und verband Stadtamhof mit Steinweg.

*Der Grieser Steg*

Der ebenfalls wie alle die anderen Flussübergänge sinnlos in die Luft gesprengte Grieser Steg wurde von einem sogenannten Armeebruckengerät ersetzt, das auf Betonpfeilern aufgerichtet wurde. In seiner gegenwärtigen Form 1947 als Provisorium errichtet hat er sich bis heute erfolgreich gehalten, obwohl er bis 1967 auch von Autos befahren wurde. Inzwischen ist der Grieser Steg von den aktuellen Untersuchungen für eine die Steinerne Brücke entlastende Bustrasse ausgenommen. Bedenken gab es vor allem wegen der Engstelle Andreasstraße, durch die sich im Falle eines Neubaues des Grieser Steges die Busse zwängen müssten.

*Der Eiserne Steg*

Ebenso wie der alte Grieser Steg war 1945 auch der Eiserne Steg ein sinnloses Kriegsopfer geworden. Im Jahre 1901 hatten die Vereinigten Maschinenfabriken Augsburg-Nürnberg (MAN) in Höhe der Holzländestraße diese Fußgängerbrücke über die Donau errichtet. Die schlanke Eisenkonstruktion verband den Oberen Wöhrd mit der Altstadt. Am 12. Januar 1902 wurde sie mit 114,3 Metern Länge als damals weitgespannteste Bogenbrücke Bayerns dem Verkehr übergeben, was gleichzeitig für die Personenfähre an der Oswaldkirche das Ende bedeutete. Umsonst konnten den Steg zunächst nur wenige passieren: Pro Person kassierte der in einem eigenen Mauthäuschen untergebrachte städtische Gebühreneinnehmer drei Pfennige Stegzoll, für Bewohner des Oberen Wöhrd zwei. Befreit waren auf ihren Dienstgängen Staatsbeamte und Bedienstete der Stadt. Auf dem Weg zur Schule durften auch die Schüler den Steg gratis benützen.

*Adolf-Hitler-Brücke – Nibelungenbrücke*

Mit dem von den Nazis verhängten Befehl, am 23. April 1945 alle Brücken sprengen zu lassen – zwei Pfeiler der Steinernen Brücke nicht ausgenommen –, hatte sich ein sinnloses Zerstörungswerk auch an der damaligen

Adolf-Hitler-Brücke vollendet. Damit wurde ein Donauübergang in die Luft gesprengt, den der NS-Oberbürgermeister Dr. Otto Schottenheim bei seiner feierlichen Einweihung am 16. Juli 1938 als „neues Wahrzeichen der Stadt" gepriesen und der ihn zu dem Ausruf veranlasst hatte, wie „herrlich schön" es sei, „in diesem Deutschland zu leben".

„Bayerns größte Verkehrsbrücke wiederhergestellt", verkündete der „Tages-Anzeiger" am 22. November 1950. Bei der Einweihung und Verkehrsübergabe auf dem nunmehr „Nibelungenbrücke" genannten Übergang waren wieder feierliche Reden zu hören. Gewünscht wurde der neuen Brücke, „daß sie lange dauern und halten" und „niemals mehr der Geist der Zerstörung an sie herantreten" möge. Etwas mehr als ein halbes Jahrhundert später war auch das Ende der Nibelungenbrücke gekommen Es war der Wille der Stadt, ein „zukunftsfähiges Jahrhundertprojekt" verwirklichen zu wollen. „Die letzten Brückentage: Jetzt wird sie „abgefieselt," „Nibelungenbrücke verglüht in Holland," „Zündender Abschied: Nibelungenbrücke wird gesprengt," verkündeten im November 2002 Schlagzeilen in der Mittelbayerischen Zeitung. „Brücke fiel mit Knall, Ende ohne Mätzchen," hieß es am 19. Dezember 2002.

Fast nichts mehr blieb von der als Großtat der Nachkriegszeit gepriesenen Brücke erhalten. Überbleibsel sind lediglich zwei Relikte, die beide bereits in der NS-Zeit entstanden sind: Der Adlerkoloss und die Wetterfahne mit dem Fischweibchen. Der Riesenvogel aus grünen Porphyrgestein sollte als NS-Brückendenkmal „für alle Zeiten in seiner monumentalen Wucht die Größe der Zeit zum Ausdruck" bringen. Er kam aber erst nach dem Krieg auf das nunmehr statt der Hakenkreuz-Verunzierung mit Regensburger und bayerischem Wappen versehene Granitstein-Podest in der Mitte der Nibelungenbrücke. Das zierliche Donaunixlein, ein Windspiel,

*1938 wurde sie als „Adolf-Hitler-Brücke" eröffnet – die spätere Nibelungenbrücke.*

*Am 23. April 1945 wurde die „Adolf-Hitler-Brücke" gesprengt.*

*Bald rollt der Verkehr über die neue sechsspurige Nibelungenbrücke.*

das der als künstlerischer Beirat herangezogene Münchener Architekt Roderich Fick, bekannt vor allem wegen der von ihm gestalteten „Führerbauten" auf dem Obersalzberg, bewusst als filigranes kleines Format dem Adlerkoloss entgegengesetzt hatte, überstand unversehrt den Krieg. Beide Brücken-Figuren entschwebten im Sommer 2001 in Richtung des städtischen Bauhofs und harren dort auf eine neue Präsentation in der Öffentlichkeit.

Die neue Brücke soll im Sommer 2004 fertiggestellt werden. Statt vier, soll sie sechs Fahrspuren erhalten, Rad- und Fußwege werden deutlich breiter. Problemlos soll die Brücke, die über die beiden Donauarme, zwei Straßen und die Hafengleise hinwegführt, täglich etwa 60.000 Autos verkraften. Zukunftsorientiert ist sie vor allem auch wegen der ausschließlich den Bussen vorbehaltenen zusätzlichen beiden Fahrstreifen. Ohne großen weiteren Aufwand könnten sie einmal für eine Stadtbahn umgebaut werden, heißt es aus dem Rathaus.

## Pfaffensteiner Brücke und Schwabelweiser Brücke

Die Adolf-Hitler-Brücke – nach der Steinernen Brücke in Regensburg der erste und lange Zeit auch einzige Übergang, der beide Donauarme überspannte – hatte die dringend notwendige Entlastungen des Verkehrs gebracht. Ab der Mitte der 1960er Jahre wurde mit der Pfaffensteiner Autobahnbrücke, der sogenannten Westumgehung, die Verkehrsflut westlich an der Altstadt vorbeigeführt. Die 550 Meter lange Donaubrücke unmittelbar vor dem Pfaffensteiner Autobahntunnel ist auf acht mächtigen Pfeilern gegründet. Die Sohlen der runden Senkkästen mit einem Durchmesser von zehn Metern ruhen zwanzig Meter unter dem Donauwasserspiegel auf Fels. Für den in eine Autobahn-Fahrspur umgewandelten Fußgänger- und Radweg gibt es seit 1998 mit der kühnen Konstruktion einer Fußgänger- und Radlerbrücke Ersatz. Der in Z-Form parallel zur Autobahnbrücke montierte Stahlbau beginnt unter den Pfeilern der Autobahn in Pfaffenstein und führt nach der Überquerung des Kanals weiter zur Wehrbrücke Regensburg. Die Staustufe war im Zuge des Ausbaus der Rhein-Main-Donau-Wasserstraße errichtet worden.

Neben der Pfaffensteiner Autobahnbrücke im Westen kommt auch der neuen Schwabelweiser Donaubrücke im Osten große Bedeutung zu. Man kann es sich heute nur noch schwer vorstellen, dass die Trasse einer Großbrücke im Stadtosten noch in den 1970er Jahren heftig umkämpft war. Nur dank des Abstimmungsverhaltens von vier Stadträten (Christa Meier, Walter Annuß, Herbert Brekle, Rolf Sonntag) wurde die zunächst geplante und oben bereits erwähnte „Bayerwaldbrücke" am Donaumarkt nicht gebaut, sondern stattdessen die Schwabelweiser Brücke.

### Schwabelweiser Eisenbahnbrücke und Mariaorter Brücke

Ein kleiner Exkurs zur Eisenbahn darf bei diesem Ausflug zu den Regensburger Donaubrücken nicht fehlen. Das erste bedeutende Bauprojekt des Eisenbrückenbaus in Ostbayern war die 1859 fertiggestellte Schwabelweiser Eisenbahnbrücke über die Donau. Mit ihr konnte Regensburg eines der wenige Beispiele früher Industriearchitektur vorzeigen. Sie verband Eisenfachwerk mit der Gotik nachempfundenen Brückentürmen. Mit den Brückentoren an den beiden Auffahrten sollte der Eindruck eines „vollendeten Bauwerks" geschaffen werden. Allerdings wurden die Türme in der ersten Hälfte des 20. Jahrhunderts aus statischen Gründen abgetragen.

Ebenso wie die Eisenbahnbrücke zwischen Weichs und Schwabelweis wurde auch der zwischen Mariaort und Prüfening im Jahre 1872 fertiggestellte Donauübergang von den Maffeischen Werkstätten ausgeführt. Die Firma baute seit 1853 auf dem Unteren Wöhrd Dampfschiffe, weitete ihren Betrieb dann aber auf den Brücken-

*Die neue Nibelungenbrücke mit den Zubringer-Rampen zum Unteren Wöhrd.*

*Die 1859 fertiggestellte Schwabelweiser Eisenbahnbrücke besaß ursprünglich ein neugotisches Tor.*

bau aus. Von einem Unglück überschattet war dieser Brückenbau, als 1871 der hölzerne Unterbau eines Eisengerüsts dem Hochwasser nicht standhielt und in die Donau stürzte. Sechs von insgesamt 26 Arbeitern der Maffeischen Werkstätten wurden tödlich verletzt.

Wenn die neue Nibelungenbrücke 2004 fertiggestellt ist, dann hat die Stadt ihren Bedarf an Brücken über die Donau vorerst gedeckt. Wie in Zukunft neben dem öffentlichen Personennahverkehr auch der nicht motorisierte Verkehr gefördert werden könnte, mit dieser Frage beschäftigen sich nicht nur die Stadtplaner. Der Verkehrsclub Deutschland (VCD) hat unter dem Titel „Brücken bauen in Regensburg und Umgebung" ein Konzept entworfen. Neue attraktive Fahrrad- und Fußgängerbrücken über Eisenbahnstrecken, Straßen, den Westhafen, den Regen, den Kanal und auch über die Donau gehören zu den Visionen von „sanften" Verkehrskonzepten zu Beginn des 21. Jahrhunderts.

Zwischen allen diesen Brückenbauwerken des 20. Jahrhunderts, zwischen den provisorischen Überbauten, den kühn geschwungenen modernen Stegen und den visionären Modellen künftiger Fußgänger- und Radlerbrücken wird die Steinerne Brücke ihre Sonderstellung stets bewahren. Sie bleibt das Herzstück Regensburgs. „Wie immerwährend, so steht sie da," hat der Regensburg-Kenner Sigfrid Färber 1949 in seinen „Geschichten aus einer 2000jährigen Stadt" die „Brücke über den Zeitenstrom" beschrieben. „Die Steinerne Brücke, die starke, mächtige Brücke, da steht sie unerschütterlich im brausenden Strom der Wasser und im brausenden Strom der Zeit."

*Die Regensburger Donaubrücken flussabwärts*

MARIAORTER EISENBAHNBRÜCKE
1872 dem Betrieb übergeben, Eröffnung der Eisenbahnlinie Nürnberg-Neumarkt-Regensburg 1873. Gesamtlänge 368,2 Meter. 1926 wurde die von den Maffeischen Werkstätten hergestellte Eisenkonstruktion durch einen Fischbauchträger ersetzt.

PFAFFENSTEINER AUTOBAHNBRÜCKE
Gebaut: 1963 bis 1967. 539 Meter lang. Zunächst fünf Fahrspuren, 1998 sechsspurig.

*Über sieben Brücken musst du geh'n: Regensburg, die Stadt an der Donau, ist eine Stadt der Brücken.*

FUßGÄNGER- UND RADLERBRÜCKE RHEIN-MAIN-DONAU-KANAL
Gebaut: 1998. Spannweite 64 Meter. 151 Meter lang.

WEHRBRÜCKE REGENSBURG
Erbaut: 1975/76. Länge Südarm: 195,45 Meter, Nordarm: 24,80 Meter, Breite jeweils 4,80 Meter Stromleistung 8400 Kilowatt pro Stunde.

OBERPFALZ BRÜCKE
Bauzeit: 1971/73, Länge 244,40 Meter, Breite 14 Meter

PFAFFENSTEINER STEG:
Gebaut: 1993/94 anstelle eines Nachkriegsprovisorium, 90 Meter lang, 10 Meter breit

EISERNER STEG
1947/48 als Provisorium für die 1945 gesprengte, 1900/01 errichtete Bogenbrücke gebaut. 115 Meter lang

STEINERNE BRÜCKE
Bauzeit ab 1135, keine gesicherten Daten über die Dauer der Bauzeit. Länge: 314,68 Meter. 15 sichtbare Bögen mit 14 Pfeilern.

PROTZENWEIHERBRÜCKE
Bauzeit: Gründung und Unterbau: 1939, Pfeiler: 1951, Überbau: 1953, Länge 100 Meter, Breite: 16,40 Meter

EISERNE BRÜCKE
Gebaut: 1989/1990. 82 Meter lang, Breite 16 Meter, Fahrbahn neun Meter

GRIESER STEG
Als Provisorium errichtet für den 1945 gesprengten Steg.

NIBELUNGENBRÜCKE NEU:
Nordbrücke: 207 Meter, Südbrücke: 169 Meter
Länge: 376 Meter. Der ganze Brückenzug führt über zwei Donauarme, zwei Straßen und ein Hafengleis. Breite: 30 Meter. Sechs Fahrbahnen, Geh- und Radwege.
Geplante Fertigstellung: Mitte 2004.

SCHWABELWEISER EISENBAHNBRÜCKE
Fertigstellung: Herbst 1859, Eröffnung der Bahnlinie Nürnberg-Amberg-Regensburg im Dezember 1859. Länge: 635 Meter

SCHWABELWEISER BRÜCKE
Gebaut 1980/81. 207 Meter lang, Breite 32 Meter. Stählerne Stabbogenbrücke

Literatur:
Dünninger, Eberhard: Weltwunder Steinerne Brücke, Amberg, 1996.
Halter, Helmut: Stadt unterm Hakenkreuz, Regensburg, 1994, 468–476.
Heigl, Peter / Murr, Günter: Steinerne Brücke zwischen Glanz und Zerstörung, Regensburg 1997.
Hilz, Helmut: Die Maffeischen Werkstätten in Regensburg (1853–1881): Werft und Brückenbauwerkstätte auf dem Unteren Wöhrd: Verhandlungen des Historischen Vereins für Oberpfalz und Regensburg 137 (1997), 125–143.
Kleinschuster, Isolde: Regensburg in frühen Fotografien, Regensburg, 1989, 124.
Mayr, Günter, Schürmann, F., Swaczyna, Alfons: Neubau der Eisernen Brücke über die Donau in Regensburg, in: Sonderpublikation der Zeitschrift „Bauingenieur" zum Thema: Entwurf, Bau und Unterhaltung von Brücken im Donauraum, 1998, 231–240.
Paulus, Helmut-Eberhard: 850 Jahre Steinerne Brücke, in: Regensburger Almanach 1997, 26–31.
Swaczyna, Alfons: Behutsame Instandsetzung der Steinernen Brücke in Regensburg, in: Sonderpublikation der Zeitschrift „Bauingenieur" zum Thema: Entwurf, Bau und Unterhaltung von Brücken im Donauraum, 1998, 1–12.
Verkehrsclub Deutschland (VCD), Kreisverband Regensburg e. V. : Brücken bauen in Regensburg und Umgebung für Fußgänger und Radfahrer, 1998.
Volkert, Wilhelm: Steinerne Brücke, in: Geschichte der Stadt Regensburg, Regensburg, 2000, 1098–1105.

KONRAD MARIA FÄRBER

# Regensburg und das Jahr 1803

*Der Reichsdeputions-Hauptschluss – seine Folgen für das Reich und die Reichsstadt*

*Die umwälzenden politischen Ereignisse des Jahres 1803, in deren Verlauf die europäische Bedeutung des in Regensburg tagenden Immerwährend Reichstages ein letztes mal evident wurde, waren Anlass und Ausgangspunkt einer überregional bedeutenden Veranstaltungsreihe: „1803 – Wende in Europas Mitte – vom feudalen zum bürgerlichen Zeitalter." Unter diesem Motto stand zunächst die vom 29. Oktober 2002 bis zum 12. Februar 2003 veranstaltete Vortragsreihe der Universität. Neben zahlreichen weiteren Programmpunkten des Regensburger Kulturlebens folgte die große Ausstellung im Historischen Museum der Stadt Regensburg (28. Mai bis 24. August 2003), zu der im Verlag Schnell & Steiner ein reich bebilderter Katalog erschienen ist. Mit fast 400 Exponaten, die zu einem nicht geringen Teil als Leihgaben von internationalen Museen in München, Frankfurt und Paris nach Regensburg gekommen waren. Nachstehender Beitrag fasst die historischen Ereignisse und ihre Folgen besonders für die Stadt Regensburg zusammen.*

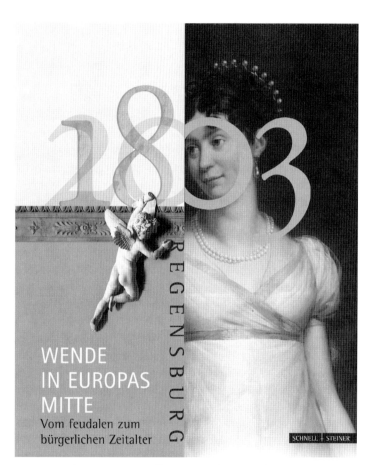

*Der Katalog zur Ausstellung aus dem Verlag Schnell & Steiner.*

Eine beliebte Frage im Staatsexamen für angehende Geschichtslehrer lautet: „Was war 1803 für die deutsche Geschichte das entscheidendes Ereignis?" Wer dann den Zungenbrecher „Reichsdepuationshauptschluss" über die Lippen bekommt, hat schon mal gute Karten, und wer auch noch weiß was „Säkularisation" bedeutet, nämlich Verstaatlichung von kirchlichem Besitz und dass damals die geistlichen Staaten von der Landkarte verschwanden, hat die Prüfung bestanden. Dass die Reichsdeputation in Regensburg tagte und im Reichssaal des alten Rathauses ihren sogenannten Hauptbeschluss fasste, wissen die wenigsten. Wie aber kam es dazu, was waren die Hintergründe und welche Folgen hatte jener denkwürdige Beschluss für Regensburg und das Reich?

Das revolutionäre Frankreich hatte zwischen 1792 und 1801 in zwei großen Feldzügen die Söldnerheere der europäischen Mächte Rußland, England und des von einem Habsburger Kaiser regierten alten deutschen Reich besiegt. Der Siegespreis sollte die von Frankreich schon lange geforderte Rheingrenze sein. Rußland und England zogen sich aus der Koalition zurück – Preußen war schon 1795 aus der antifranzösischen Front ausgeschieden – und so blieb dem Kaiser in Wien nichts anders übrig, als klein beizugeben. Mit dem Friedensvertrag, der in Lunéville unterzeichnet und vom Regensburger Reichstag am 7. März 1801 angenommen wurde, wurden alle links des Rheins gelegenen deutschen Reichsgebiete französisch. Dieser Beschluss war dadurch mehrheitsfähig geworden, weil man den deutschen Fürsten versprochen hatte, sie für ihre zum Teil nicht unerheblichen Verluste mit rechts des Rheins gelegenen Territorien zu entschädigen. Dabei war man sich von Anfang an einig, die dafür erforderlichen Ländereien und Güter jemand wegzunehmen, der sich nicht wehren konnte – der deutschen Reichskirche. Das Startzeichen für die große Säkularisation war gegeben.

Wem sollte was weggenommen werden? Wer sollte von wem was bekommen? Weil der unentschlossene Kaiser die für eine solche Entscheidung angebotene Vollmacht ablehnte und der gesamte Reichstag dafür als zu schwerfällig erschien, legte man das ganze Geschäft kurzerhand in die Hände einer aus acht Diplomaten bestehenden außerordentlichen Reichsdeputation. Diese Kommission war streng paritätisch zusammengesetzt, nämlich aus jeweils vier katholischen und vier protestantischen kurfürstlichen, bzw. fürstlichen Deputierten. Katholische Stimmen führten der Minister des Kurfürst-Erzbischofs von Mainz, der zugleich der Erzkanzler des Reiches und der Direktor des Reichstags war, der Gesandte Kurböhmens, der auch die habsburgischen Hausmachtinteressen des Kaisers in Wien vertrat, der Vertreter Bayerns sowie der des Ordens der Hoch- und Deutschmeister. Protestantisch war der Gesandte Brandenburg-Preußens, des Kurfürsten von Sachsen, des Herzogs von Württemberg und des Landgrafen von Hessen-Kassel. Nicht vertreten waren die Reichsstädte, die Grafen und Prälaten sowie alle geistlichen Reichsstände – wie gesagt mit Ausnahme von Kurmainz. Mit dieser Zusammensetzung waren künftige Entscheidungen zu einem gewissen Grad bereits vorweggenommen.

Obwohl die Reichsdeputation bereits im Oktober 1801 eingesetzt wurde, zögerte der Kaiser ihre Einberufung immer wieder hinaus, was zur Folge hatte, dass die deutschen Reichsfürsten ohne die noch ausstehenden Beschlüsse der Reichsdeputation noch abzuwarten, den Umfang ihrer Entschädigung direkt mit dem französischen Außenministerium in Paris aushandelten, zum Teil unter dem Einsatz nicht unerheblicher Bestechungsgelder. Die Folge dieses Kuhhandels war der sogenannte Entschädigungsplan vom Juni 1802, in dem mit Zustimmung Frankreichs und Rußlands – beide waren europäische Garantiemächte – das ganze Entschädigungsgeschäft mehr oder weniger bereits beschlossene Sache war. Erst als schon in der Zeitung stand, wie viele Schäfchen die weltlichen Fürsten im Trockenen hatten, rief der zögerliche Kaiser die Reichsdeputation an den Sitz des Immerwährenden Reichstags nach Regensburg.

Die acht Deputierten, die sich hier am 24. August 1803 versammelten, galten als die besten Verwaltungsjuristen und geschicktesten Diplomaten. Den Vorsitz führte der

*Regensburger Reichsstagsgesandte ...*

kurmainzische Staatsminister Franz Joseph Freiherr von Albini (1748–1816), ein äußerst tüchtiger und gewitzter Jurist, der es im Dienst der Mainzer Kurfürsten zu Rang und Ansehen gebracht hatte, kein Federfuchser, sondern ein beherzter Draufgänger, der während der Revolutionskriege persönlich den Sturm der Mainzer Jäger angeführt hatte.

Ihm ebenbürtig an intellektuellen Fähigkeiten und politischem Geschick war der Graf von Schlitz, genannt Görtz (1737–1821), der zunächst Prinzenerzieher in Weimar, dann seit 1787 Gesandter am Regensburger Reichstag und als solcher Chef der protestantischen Fraktion war und der jetzt als Vertreter Preußens fungierte. Er kannte Regensburg wie seine Westentasche und besaß weitreichende und weit verzweigte Beziehungen.

Ein schlauer Fuchs war auch der Abgesandte des Münchner Hofes, der Freiherr Alois Franz Xaver von Rechberg und Rothenlöwen (1766–1849). Er war es, der die politische Annäherung Bayerns an Frankreich eingeleitet hatte, zudem profitierte er als Schwiegersohn von Graf Görtz von dessen politischen Beziehungen. Nach dem Sturz von Montgelas wird er das bayerische Außenministerium übernehmen.

Der Vertreter Habsburgs, der königlich-kurböhmische Gesandte Ferdinand Graf von Colloredo Mannsfeld (1777–1848), war hingegen ein typischer Protegée, ein Sohn des unfähigen Reichsvizekanzlers Fürsten Rudolf Joseph von Colloredo. Er war ursprünglich für den geistlichen Stand bestimmt, als er sich mit 24 Jahren für den diplomatischen Dienst entschied. Ausgestattet mit einem nicht unbeträchtlichem Vermögen konnte er es sich leisten, in Regensburg ein großes Haus zu führen. Kursachsen wurde durch den Freiherrn Hans Ernst von Globig (1755–1826) vertreten, der aus einer angesehenen Juristenfamilie

*... treffen ihre Entscheidungen ...*

... gern am grünen Tisch ...

stammte. Er war auf Ausgleich bedacht und letztlich dadurch überzeugend, weil Sachsen keine linksrheinischen Verluste erlitten hatte und daher an den Entschädigungsverhandlungen keinen direkten Anteil besaß.

Karl Philipp Freiherr von Nordeck (gest. 1835) war als Großkapitular des Deutschen Ordens vom Hoch- und Deutschmeister Erzherzog Karl als Bevollmächtigter des Ordens nach Regensburg geschickt worden, erzielte aber nur mäßige Erfolge. Der Vertreter Württembergs, Philipp Christian Freiherr von Normann (1756–1817), hatte in Stuttgart die Karlsschule besucht und später dort die Professur der Rechte übernommen. 1800 avancierte er zum Vizepräsidenten des Geheimen Regierungsrates, schloss 1802 den Sonderfrieden mit Frankreich und erreichte in den Regensburger Verhandlungen die Standeserhöhung seines Herzogs zum Kurfürsten.

Ebenfalls Jurist war Philipp Maximilian von Günderode (1745–1814), der Deputierte von Hessen-Kassel. Er hatte die Landgrafschaft bereits 1795 erfolgreich bei den Verhandlungen zum Sonderfrieden von Basel vertreten und dann beim Rastatter Kongreß. Politisch an Preußen orientiert konnte auch er die Erhöhung seines Landesherrn zum Kurfürsten durchsetzen.

Zu den Verhandlungen der acht Deputierten gesellte sich noch der kaiserliche Konkommissar, der Reichsfreiherr Johann Alois von Hügel (1754–1826). Er hatte von sich Reden gemacht, weil es ihm gelungen war, die in der Nürnberger Burg aufbewahrten Reichskleinodien vor dem Zugriff der Franzosen zu retten und nach Wien zu schaffen. Gewissermaßen als Moderatoren der Verhandlungen waren außerdem beteiligt der französische Bevollmächtigte Antoine Réné Comte de Laforet (1756–1842) sowie der Bevollmächtigte Rußlands, der Freiherr Karl Heinrich von Bühler. Insgesamt ein knappes Dutzend Männer, die jetzt in Regensburg europäische Geschichte machten.

Das von ihnen ausgehandelte Verhandlungsergebnis, das

... und schieben dort ...

... selten etwas auf ...

nach acht langen Sitzungen am 24. März 1803 schließlich zustande kam, war von allen Beschlüssen, die der Reichstag in Regensburg seit seiner Permanenz von 1663 gefasst hatte, zweifellos der einschneidenste und folgenreichste. Der sogenannte „Hauptschluss", bzw. „Reichsdeputations-Hauptschluss", veränderte das Reich nicht nur von Grund auf, sondern er schuf auch die wesentlichen Voraussetzungen für die sogenannte „Wende in Europas Mitte". In Regensburg wurde der Weg freigemacht für die Entwicklung einer nationalstaatlich ausgerichteten bürgerlichen Gesellschaft. Ob die Deputierten geahnt hatten, welche folgenschwere und letztlich das Schicksal von ganz Europa bestimmende Entscheidungen sie hier getroffen hatten, ist allerdings höchst unwahrscheinlich.

Gleichwohl war der Verhandlungsspielraum, welcher der Deputation zur Verfügung stand, mehr als gering. Im Grunde blieb den Diplomaten nichts anderes übrig, als der bereits im französisch-russischen Entschädigungsplan in allen wesentlichen Punkten beschlossenen großen Gebietsreform des Reiches nachträglich zuzustimmen und sie zum Gesetz zu machen. Nicht unwichtige Detailfragen wurden allerdings noch ausgehandelt, so zum Beispiel, dass die protestantische Reichstadt Regensburg ihre Reichsfreiheit aufgeben musste.

Die großen Gewinner der weitreichenden Umverteilung waren zweifellos das Haus Österreich-Habsburg, der König von Preußen und der Kurfürst von Bayern, aber auch Württemberg, Baden und Hessen-Kassel konnten erhebliche Zuwächse verzeichnen. Eindeutige Verlierer waren die Kurfürst-Erzbischöfe von Köln und Trier, die Fürstbischöfe, Reichsabteien, Probsteien, Prälaturen und Klöster sowie die meisten der Reichsstädte. Die geistlichen Staaten verschwanden von der Landkarte. Der Fleckenteppich des alten Reiches verlor damit einiges an Buntscheckigkeit und begann sich zu arrondieren.

Ein einziger geistlicher Fürst war mit heiler Haut davongekommen – der Kurfürst-Erzbischof von Mainz, und dieser hieß Carl von Dalberg (1744–1817). Er hatte zwar sein altes, überwiegend auf linksrheinischem Gebiet gelegenes Mainzer Kurfürstentum mit Ausnahme von Aschaffenburg an Frankreich verloren, wurde aber jetzt nach Regensburg versetzt und mit dem Gebiet der Reichsstadt, dem bischöflichen Hochstift und

... die lange Bank.

den Reichsabteien von St. Emmeram, Ober- und Niedermünster entschädigt. Für Regensburg war die unmittelbare Folge dieser Beschlüsse, dass die vormals so grundverschiedenen Herrschaftsbereiche der Reichsstadt, des Hochstifts und der Reichsstifte einschließlich der jenseits der Stadtgrenze gelegenen fürstbischöflichen Ländereien von Tegernheim, Donaustauf bis Wörth an der Donau erstmals ein einheitliches Staatsgebiet darstellten – das Fürstentum Regensburg.

Regensburg – so schien es zunächst – hatte damit keinen schlechten Tausch gemacht. Während überall in Bayern die staatlichen Kommissare den enteigneten Klöstern und Stiften das Leben schwer machten, war die alte Ratisbona unter die Regierung eines weisen und liberal denkenden Mannes gekommen, der all das, was sich bewährte hatte, unverändert beibehielt, der mit einer moderaten wie klugen Reformpolitik die vorhandenen Kräfte bündelte, stets bedacht um das Wohlergehen der ihm anvertrauten Bürger.

Es gehört zu den Widersprüchen jener an Widersprüchlichkeiten so reichen Epoche, dass in Regensburg die Säkularisation dank Dalberg zunächst einen ganz anderen Verlauf nahm als im übrigen Reichsgebiet. Der Fürst ließ die lebensfähigen Klöster und Stifte bestehen und verlangte lediglich zehn Prozent ihrer Einkünfte als Steuer zugunsten des Staates. Den weiblichen Bettelordensklöstern der Dominikanerinnen des Klosters Heilig Kreuz sowie den Klarissinnen des Klosters St. Klara übertrug er den Schulunterricht für die Mädchen und sicherte ihnen damit das Überleben. Unangetastet ließ er auch die beiden Stiftskapitel St. Johann und Unsere Liebe Frau zur Alten Kapelle, das Schottenkloster St. Jakob, das Karmeliten- und Kapuzinerkloster St. Matthias, das Augustiner-Kloster am Neupfarrplatz sowie die Johanniter-Kommende St. Leonhard. Die Reichsstifte St. Emmeram, Niedermünster und Obermünster konnten fortbestehen und sich weiterhin selbst verwalten. Auch das Regensburger Domkapitel behielt seine Funktionen und überdauerte auf diese Weise als einziges Domkapitel in Bayern die Zeit bis zum Konkordat von 1817/21.

Die wenigen Regensburger Klöster, deren Auflösung Dalberg in die Wege leitete, waren das Am Ölberg gelegene Dominikanerkloster St. Blasius, das es mit der Disziplin nicht mehr allzu genau genommen hatte, das Minoritenkloster St. Salvator (heute Museum), das ohnehin nur noch der Form halber bestand.

Eine weitere Regensburger Merkwürdigkeit war, dass Dalberg ja nicht nur als weltlicher Fürst und Landesherr nach Regensburg versetzt worden, sondern dass die Reichsdeputation auch beschlossen hatte, den erzbischöflichen Stuhl von Mainz auf die Domkirche von Regensburg zu übertragen. Weil aber in der Regensburger Domkirche bereits ein Bischof saß – der Fürstbischof Joseph Konrad von Schroffenberg – schuf die Reichsdeputation für Dalberg ein eigenes Erzbistum – das Erzbistum Regensburg. Sein Gebiet erstreckte sich freilich nur auf die Territorien, die der weltlichen Herrschaft Dalbergs unterstanden. Erst nach dem überraschenden Tod Schroffenbergs am 4. April 1803 – während eines Spaziergangs am Oberen Wöhrd hatte ihm ein Knecht unvorsichtiger weise ein Holzscheit auf den Kopf geworfen – wurde Dalberg vom Papst zum Administrator des bayerischen Bistums Regensburg ernannt. Es gehört zu den zahlreichen Merkwürdigkeiten jener Epoche, dass es von 1803 bis 1817 ein Erzbistum Regensburg und ein Bistum Regensburg gab und dass Dalberg zugleich Erzbischof und Bistumsadministrator war. Überdies war der katholische Erzbischof Dalberg in seiner Eigenschaft als Landesherr noch Summus episcopus der protestantischen Kirche Regensburgs. Dalberg ließ auch die Selbstverwaltung der Protestanten unverändert bestehen, wo-

für sie ihm zeitlebens sehr dankbar waren und ihm lange Zeit ein ehrenvolles Gedächtnis bewahrten.
Für Regensburg erwies sich Dalberg als Reformer und Wohltäter. Schon bald nach seinem Regierungsantritt legte er mit einem im Stil des aufgeklärten Absolutismus verfassten Organisationsreskript den Grundstein für die Durchführung zahlreicher Verbesserungen in kultureller, sozialer und wirtschaftlicher Hinsicht. Oberstes Ziel war ihm die Hebung der Volksbildung. Der Fürst reformierte das Gesundheitswesen, berief einen Sanitätsrat als eine Art Vorläufer der Ärztekammer und ließ Krankenhäuser errichten. Für die Armen schuf er eine Unterstützungskasse sowie eine Volksküche. Die Rechtsprechung wurde vereinheitlicht und zumindest in den oberen Instanzen von der Verwaltung getrennt. Das am Galgenberg befindliche Hochgerüst ließ er niederlegen und die Köpfstatt am Platz vor dem Jakobstor auf eine Kuhweide an der Donau – die spätere Schillerwiese – verlegen. Eine von ihm initiierte rege Bautätigkeit, die Gründung einer Porzellanmanufaktur sowie die einer staatlichen Ziegelei schufen Arbeitsplätze und regten die Wirtschaft an. Als Grundlage einer einheitlichen Besteuerung ließ er erstmals für Regensburg einen Katasterplan anlegen und das damit verbundene Literasystems in der Hausnummerierung einführen. Die Schulden, welche die ehemalige Reichsstadt angehäuft hatte, wurden durch einen Schuldentilgungsplan konsequent abgetragen.
In der Tradition eines fürstlichen Mäzenatentums der Aufklärung stehend förderte Dalberg zudem Kunst und Wissenschaften in ganz besonders hohem Maß. Er unterstützte die Botanische Gesellschaft und beauftragte Graf Sternberg mit der Gründung einer Naturwissenschaftlichen Akademie, die zumindest in ihrer botanischen Klasse zustande kam. Der von ihm gleichfalls protegierte Emmeramer Gelehrte Placidus Heinrich arbeitete in seinem Auftrag an einer Vereinheitlichung des Systems der Maße und Gewichte. Eine geplante Gemäldegalerie sowie eine Kunsthochschule konnten

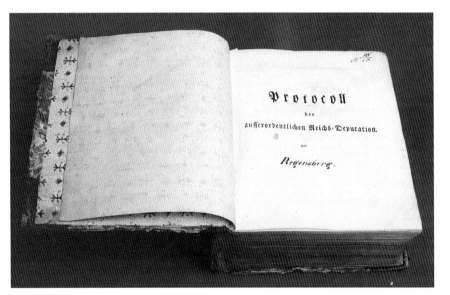
*Gedrucktes Protokoll der außerordentlichen Reichsdeputation.*

nicht mehr verwirklicht werden. Die von Fürst Carl Anselm begonnene Alleepromenade ließ er fortführen und mit einem Obelisk schmücken. Zum Unterhalt stiftete er jährlich zweitausend Gulden. Geblieben bis heute ist das Regensburger Theater, dessen 1804 erfolgte Gründung auf seine Initiative zurückgeht und das von ihm finanziell großzügig unterstützt wurde.
1810 war für Regensburg diese glückliche Schonfrist zu Ende – die Stadt kam zu Bayern. Jetzt schlug auch den

*Carl von Dalberg – von 1802 bis 1810 Fürst von Regensburg.*

bis dato verschont gebliebenen Klöstern und Stiften die letzte Stunde. Lediglich St. Klara und die Dominikanerinnen vom Hl. Kreuz durften aufgrund des geleisteten Schuldienstes weiterhin fortbestehen. Die wertvollsten Kunstschätze der Kirchen und Klöster kamen nach München, vieles wurde verkauft oder geriet, wie ein nicht unerheblicher Teil der hiesigen Bibliotheken, in die Papiermühle.

So schmerzlich Regensburger Reichsdepuations-Hauptschluss für viele gewesen sein mag, so war er im Grunde doch die entscheidende Voraussetzung für die Modernisierung des Staatswesens und der staatlichen Ordnung, für die Entstehung einer bürgerlichen Gesellschaft und die Gleichheit aller vor dem Gesetz. Nicht zuletzt auch hatte die in Regensburg zum Gesetz erhobene Auflösung der alten adeligen Reichskirche und die damit verbundene Entflechtung von geistlicher und weltlicher Macht die Grundlage geschaffen für die im beginnenden 19. Jahrhundert einsetzende Erneuerung der katholischen Kirche in Deutschland.

Der Regensburger Hauptschluss war der erste entscheidende Schritt für die Entwicklung von modernen und zentral verwalteten Flächenstaaten. Schon wenige Jahre nach der Säkularisation von 1803 verlor auch der niedere Reichsadel seine Ländereien, die zahlreichen kleineren Landherrschaften von Fürsten und Grafen wurden aufgehoben – darunter auch die der Fürsten von Thurn und Taxis. Es ist gewissermaßen eine Ironie der Geschichte, dass jener vom Reichstag gefasste Beschluss gleichzeitig auch schon den Keim der Reichsauflösung in sich trug. Mit dem Ende der Reichskirche und der politischen Entmachtung des Reichsadels waren wesentliche Voraussetzungen für das Funktionieren der Reichsverfassung entfallen. Napoleon förderte die Souveränität von Bayern, Württemberg und Baden, die sich dem Reich nicht mehr verpflichtet fühlten. Nach der Gründung des Rheinbundes im Jahr 1806, dem auch Dalberg als der Fürst von Regensburg beitrat, legte Franz II. die deutsche Kaiserkrone nieder. Das Heilige Römische Reich deutscher Nation war zu Ende gegangen und mit ihm auch der Immerwährende Reichstag zu Regensburg.

HERRMANN REIDEL

# „In den Klöstern gediehen die größesten Männer"

*1803 – Die gelehrten Mönche und das Ende einer 1000-jährigen Tradition*

*Parallel zu großen Ausstellung der Stadt Regensburg „1803 – Wende in Europas Mitte – Vom feudalen zum bürgerlichen Zeitalter" veranstalteten die Kunstsammlungen des Bistums Regensburg eine ausgewählte Dokumentation über die wissenschaftliche Gelehrsamkeit von Mönchen und Äbten aus sechs Klöstern des Regensburger Bistumssprengels, St. Emmeram, St. Jakob bei den Schotten, Prüfening, Ensdorf, Oberaltaich und Weltenburg. Zahlreiche naturwissenschaftliche Geräte, vor allem aus der Sammlung der Universität Regensburg, die zum größten Teil aus dem ehemaligen Reichsstift St. Emmeram stammen, illustrierten die Forschungen der Benediktiner am Vorabend der Säkularisation von 1803.*

Aus dem ehemaligen Kloster St. Emmeram haben sich, wie bereits im Jubiläumsjahr 1952 der Mettener Pater Wilhelm Fink vermerkte, zwei sinnige Aussprüche erhalten: „Wenn auf dem Lande in einer Kirche zu gleicher Zeit mehrere Herren mit- oder nacheinander die Messe lasen, sagt das Volk: Heut ging's zua wie z'Sankt Emmeram in Regensburg".[1] Während diese Äußerung die große Menge der Patres hervorhebt, bezieht sich der zweite Ausspruch aus dem 18. Jahrhundert auf die wissenschaftlichen Aktivitäten der Benediktiner, wenn es heißt „In St. Emmeram wachsen die Gelehrten wie auf dem Mist".
Schon bald nach der Gründung des Klosters im frühen 8. Jahrhundert äußerte sich das wissenschaftliche Stre-

*Das Reichsstift St. Emmeram aus der Vogelperspektive, Kupferstich um 1750.*

ben in der Anfertigung von Handschriften für Seelsorge, Liturgie und Schule. Im 11. Jahrhundert erfahren wir von den mathematischen und astronomischen Studien des späteren Abtes von Hirsau, Wilhelm, der eine steinerne Sphaera, die zu den ältesten erhaltenen astronomischen Geräten Europas zählt, herstellen ließ. Mehr als 700 Jahre später forschen der letzte Fürstabt Coelestin Steiglehner in der Mathematik und sein Mitbruder Placidus Heinrich in der Physik und verschaffen der Reichsabtei einen vorzüglichen wissenschaftlichen Ruf. Pater Coelestin versah mehrere Jahre als Professor in Ingolstadt die Fächer Mathematik, Physik und Experimentalphysik. Als erster Dozent in Deutschland hielt er Vorlesungen über Klima- und Witterungskunde. Da sich in Ingolstadt das physikalische Kabinett und die Sternwarte in einem sehr schlechten Zustand befanden, musste Steiglehner aufwendige Reparaturen und Neuanschaffungen durchführen, bei denen ihm sein Emmeramer Laienbruder Wendelin Caligari unterstütze. Für neue Geräte steuerte Fürstabt Frobenius Forster die finanziellen Mittel bei. 1797 hatte das Ingolstädter physikalische Kabinett einen Ruf, „welches sich ... mit den besten in ganz Deutschland messen konnte."[2] Der Berliner Publizist und Kritiker Friedrich Nicolai äußerte sich 1783 anlässlich eines Besuches in St. Emmeram sehr anerkennend über Pater Steiglehner: „Ich habe selten einen Mann gesehen, der so viele Wissenschaften und Kenntnisse zusammen besitzt, und es doch so wenig merken lässet. Er ist in der katholischen Theologie, im kanonischen Recht, und sowohl der scholastischen als der neuern Philosophie wohl erfahren. Dabey hat er die Mathematik und besonders die Physik nach ihrem ganzen Umfange studirt."[3] Coelestin Steiglehner steht als letzter Fürstabt ganz in der Tradition seiner beiden Vorgänger Johann Baptist Kraus (1742–62) und Frobenius Forster (1762–91), die das über 1000-jährige Reichsstift zu einem Zentrum der

*Frobenius Forster (1709–1791), Prior von St. Emmeram.*

Gelehrsamkeit und der wissenschaftlichen Forschung machten. Kraus hatte 1721–23 in Paris in der Abtei St.-Germain-des-Prés bei den Maurinern studiert, die die Quellen in den Mittelpunkt ihrer Forschungen stellten. Forster führte die benediktinische Studienreform in seidas physikalische Kabinett mit den neuesten Geräten des aus Regensburg stammenden Augsburger Instrumentenbauers Georg Friedrich Brander aus. 1779 stiftete der Emmeramer Konventuale und Lauterbacher Propst Pater Ramwold Lambacher ein teures Spiegelteleskop nach Gregory für die Klostersternwarte. Das von Brander gefertigte Gerät befindet sich heute in den Sammlun-

*Der Emmeramer Gelehrte Placidus Heinrich (1758–1825).*

nem Kloster ein, die den Aristotelismus der Schulen überwinden sollte. Der moderne Unterricht, den Forster in St. Emmeram vorschrieb, wurde zum Vorbild für den Studienbetrieb in anderen bayerischen Benediktinerklöstern. Im Rahmen einer kleinen Klosterakademie, hielt der Abt die Klosterbibliothek auf dem neusten Stand, errichtete 1774/75 eine Sternwarte und stattete

*Coelestin Steiglehner (1738–1819), letzter Fürstabt von St. Emmeram.*

gen des Deutschen Museums zu München und trägt auf dem Staubdeckel des Haupttubus eine Widmungsinschrift Lambachers, dass er das Instrument zum Nutzen der mathematischen Studien gekauft habe.

Diese Stiftung konnte auch der letzte große Naturforscher von St. Emmeram Pater Placidus Heinrich (1758–1825) für seine Studien benützen. Heinrich erhielt seine wissenschaftliche Ausbildung durch Coelestin Steiglehner und beschäftigte sich früh mit Mathematik und Experimentalphysik. Im Winter 1786 hielt Heinrich eine eigene Vorlesung über Mathematik und Logik für die „Cavaliere des Reichstages". 1791 übernahm Heinrich die Professur Steiglehners für Naturlehre, physikalische Versuche, Stern- und Witterungskunde an der Universität Ingolstadt. 1798 nach Regensburg zurückgekehrt, unterrichtete er bis 1802 im Reichsstift Philosophie im Seminar. Er vergrößerte in dieser Zeit die Sternwarte des Klosters auch nachdem Carl von Dalberg als neuer Landesherr Besitzer des Reichsstifts geworden war. Letzterer ließ die Abtei fortbestehen und setzte den Konventualen eine Pension aus. Heinrich erhielt von Dalberg eine Summe von 600 Gulden jährlich zum Ankauf neuer Werke und physikalischer Instrumente. 1808 konnte Pater Placidus eine für Regensburg wichtige Abhandlung über die Bestimmung der Maße und Gewichte des Fürstentums Regensburgs seinem Regenten vorlegen. Dieser nahm ihn vom Dezember 1809 bis April 1810 mit nach Paris, wo Heinrich in Kontakt zu bedeutenden französischen Naturforschern trat. Möglicherweise konnte auf dieser Reise der große Repetitionskreis von Nicolas Fortin (um 1790) von Dalberg für Heinrichs Forschungen erworben werden. Das kostbare Instrument befindet sich noch heute in der Sammlung der Universität Regensburg und wurde für terrestrische und astronomische Messungen verwendet. 1811 als die Abtei von St. Emmeram entgültig durch die bayerische Hofkommission aufgelöst wurde, musste Pater Placidus ein Verzeichnis des naturwissenschaftlichen Kabinetts anfertigen. Von den über 300 Geräten konnte ein kleinerer Teil in Regensburg als Ausstattung des königlichen Lyzeums verbleiben. Der Großteil wurde nach München in die königliche Akademie der Wissenschaften verbracht. Pater Placidus lehrte bis zu seiner Ernennung zum Domkapitular 1821 als Professor für Physik und Astronomie am Lyzeum.

Zur Einweihung des Kepler-Denkmals vor dem Weih-St.-Peterstor im Jahre 1808 gestaltete Pater Placidus eine prachtvolle lateinische Festschrift mit frühen Lithographien des vom dalbergischen Architekten Emanuel Joseph von Herigoyen errichteten dorischen Monopteros. Anfang 1825 verstarb der unermüdlich tätige Naturwissenschaftler an einer Quecksilbervergiftung. Bezeichnend für seinen Forscherblick ist eine kurze Fußnote vom 23. April 1809 in seinen meteorologischen Aufzeichnungen, als die Truppen Napoleons Regensburg beschießen: „Stadtamhof und Regensburg stehen in hellen Flammen. Dadurch verstärkter Nordwind."[4]

Sicherlich konnten die Emmeramer Mönche durch ihre großartige Bibliothek und ihr mathematisches Kabinett bedeutende Untersuchungen anstellen. Die beiden anderen Benediktinerklöster wie St. Jakob und St. Georg in Prüfening leisteten ebenso gute Forschungen.

Bei den Schotten in St. Jakob taten sich in den letzten Jahrzehnten vor 1800 besonders die beiden Patres Ildephons Kennedy (1722–1804) und Benedikt Arbuthnoth (1737–1820) hervor. Letzterer sollte der letzte Abt des 1862 durch Bischof Ignatius von Senestrey aufgelösten Klosters werden. Beide Benediktiner kamen bereits im Knabenalter von dreizehn bzw. elf Jahren in das schottische Seminar, um einmal Missionare im Heimatland Schottland zu werden. Kennedy lehrte ab 1747 Mathematik und Experimentalphysik im Kloster und leitete ab 1753 als Ökonom die Wirtschafts- und Finanzverwaltung des Klosters. Bereits 1759 Gründungsmitglied der Kurfürstlichen Bayerischen Akademie der Wissenschaften in München, wurde Kennedy 1761 zur Sekretär der Akademie ernannt. Fast 40 Jahre füllte er dieses hohe Amt aus und verschaffte sich durch viele wissenschaftliche Arbeiten und Übersetzungen ein hohes Ansehen.[5]

Für den jungen Charles Arbuthnot mit dem Klosternamen Benedikt wurde Kennedy ein Mentor und Freund für das Leben. Arbuthnot folgte Kennedy im Sommer 1761 im Lehramt des Schottenseminars. Beiden blieb die Rückkehr in ihre Heimat versagt. Nur einmal im Jahre 1772 konnte Pater Benedikt zur Anwerbung von dringend benötigten Zöglingen nach Schottland reisen. Als Naturwissenschaftler beteiligte sich der ab 1776 als Abt wirkende Arbuthnot an zahlreichen Preisfragen und konnte immerhin zweimal den ersten Preis, dreimal eine Goldmedaille für den zweiten Preis und einmal eine große Goldmedaille gewinnen.[6]

Aus der Bibliothek der Schottenabtei, die sich zu einem großen Teil in der Bischöflichen Zentralbibliothek erhalten hat, stammt ein Globenpaar von 1696, das der venezianische Minoritenmönch Marco Vincentio Coronelli in einer kleinen Auflage gefertigt hatte. Erstmals wurden beide Globen gemeinsam der Öffentlichkeit präsentiert. Eine geplante umfangreiche Restaurierung wird den Erhalt der kostbaren Stücke für die Zukunft sichern. Aus der mathematischen Sammlung stammt wahrscheinlich ein astronomischer Universalsonnenring von Georg Friedrich Brander von ca. 1753–60, der in die Kunstsammlungen des Bistums gelangte.

Das nur circa drei Kilometer im Westen vor den Toren der Stadt gelegene Benediktinerkloster St. Georg war das zahlenmäßig stärkste Kloster im Raum Regensburg. Im Jahre der Auflösung 1803 lebten 37 Konventualen in der Abtei. Einer der fähigsten Männer der terra benedictina in Bayern leitete das angesehene Studienzentrum: Abt Rupert Kornmann (1757–1817)[7], ein Ingolstädter Militärbeamtensohn, der seine Kindheit und Jugend in Amberg verbracht hatte. In seinen Schulferien weilte er oft bei seinem Verwandten, Fürstabt Frobenius Forster von St. Emmeram, oder seinem Taufpaten, dem Ingolstädter Chemieprofessor Georg Ludwig Rousseau. Aus gesundheitlichen Gründen trat er aber nicht in das Reichsstift St. Emmeram ein, sondern 1776 in das Kloster Prüfening. Hier erhielt er seine Grundausbildung, bevor er weiter an der Salzburger Benediktineruniversität Mathematik und orientalische Sprachen studierte. 1785 nach Prüfening zurückgekehrt, wurde Kornmann als „Professor domesticus" der Philosophie und Mathematik angestellt. In diesen Jahren gründete er ein „Musaeum mathematicum" und errichtete mit Abt Martin Pronath ein Observatorium auf dem nordöstlichen Konventstrakt, das sich als Bauwerk bis heute noch erhalten hat. Das ebenfalls noch existierende Besucherbuch des Museums ist ein kulturgeschichtlich hoch bedeutendes Zeugnis für das große Interesse der Besucher aus allen gelehrten Kreisen der Kirche, des Staates (Regensburger Bürger und Gesandtschaftspersonal), des Adels und der durchreisenden Fremden. Bezeichnend ist der Eintrag des Schottenmönchs Erhard Horne, der sprachlos meinte: „I have nothing to say".

Nach dem überraschenden Tod von Abt Martin im Januar 1790 wählten die Mitbrüder Pater Rupert zum neuen Vorsteher des Georgsklosters. 1793 wurde Kornmann Mitglied der Bayerischen Akademie der Wissenschaften und drei Jahre später Prälatensteurer in der ständischen Vertretung bei den Landständen. Neben Abt Carl Klocker von Benediktbeuern war Kornmann der aktivste Vertreter des Prälatenstandes gegen die drohende Auflösung der bayerischen Klöster. Als auch sein blühendes Kloster in Prüfening 1803 geräumt werden musste, übersiedelte der Abt im Dezember des gleichen

*Beda Aschenbrenner (1756–1817), letzter Abt von Oberaltaich.*

Jahres mit seinen beiden Mitbrüdern Johannes Evangelist Kaindl und Edmund Walberer in das bayerische Dorf Kumpfmühl südlich der Residenzstadt Regensburg. Hier entfaltete er bis zu seinem Tode im Jahre 1817 eine reiche schriftstellerische Tätigkeit. Sein literarisches Hauptwerk sind die beiden „Sibyllen der Zeit und der Religion", zwei Arbeiten die den Gedanken der Überwindung des Rationalismus und die Wiederherstellung der staatsformenden Kräfte des Christentums sowie eine Neubestimmung und Wertschätzung des Katholizismus beinhalten. Glücklicherweise haben sich manche Schriftstücke aus seinem Nachlass im Archiv der Abtei Metten bis heute erhalten.

Auf berühmte Forscher und Gelehrte in Klöstern Niederbayerns und der Oberpfalz im Bistum Regensburg soll noch abschließend eingegangen werden. Einer der berühmtesten Benediktiner war sicherlich der spätere Abt Anselm II. Desing (1699–1772) aus dem Kloster Ensdorf im Vilstal südlich von Amberg.[8] Er wird als wahrer Polyhistor, als universeller Geist im katholischen Deutschland des 18. Jahrhunderts gerühmt. Im Vordergrund seiner Forschungen und zahlreichen Veröffentlichungen standen Theologie und Philosophie und vor allem Geschichte und Geographie. Letztere diente ihm als Grundlage für die Vermittlung der Geschichte. Auf naturwissenschaftlichem Gebiet qualifizierte er sich vor allem in der Astronomie, der Mathematik, der Physik und Technik. Er schuf Geschichtskarten und mehrere Globen, u.a. einen Schulglobus im Jahre 1730 während seiner Tätigkeit als Lehrer am Freisinger Gymnasium. Desing führte eine zeitgemäße und Erfolg versprechende Methodik und Didaktik in seinen Unterricht ein, vor allem auch während seiner Lehrtätigkeit an der Benediktineruniversität in Salzburg in den Jahren 1736–1743. Desing übernahm 1739 den Lehrstuhl für Mathematik als Nachfolger von P. Bernhard Stuart aus dem Regensburger Schottenkloster, der nebenbei noch als Hofarchitekt des Fürsterzbischofs Firmian dessen Schloss Leopoldskron entworfen hatte. Ähnliche architektonische Versuche stellte Desing für die Benediktinerabtei Kremsmünster an. Hier lieferte er für Abt Alexander Fixlmillner Pläne und Modelle für den „Mathematischen Turm", die etwa 50 Meter hohe Sternwarte des Klosters. Von 1749 bis 1758 wurde das spätbarocke „Hochhaus" errichtet. Sternwarte und naturwissenschaftliche Sammlungen sind noch heute zu besichtigen. Im Heiligen Jahr 1750 unternahm Desing eine achtmonatige Italienreise, die ihn nach Rom, Assisi und Loreto sowie zu den Wiegen seines Ordens nach Subiaco und Montecassino führen sollte. Genauso wichtig waren für den Reisenden der Besuch von Bibliotheken, Museen und Akademien und als Geograph natürlich eine Besteigung des Vesuvs. Sein zum Teil erhaltenes Tagebuch gibt hoch interessante Einblicke in Leben und Kultur Italiens und vermittelt ein lebendiges Bild einer Reise in den Süden, eine Generation vor Goethes Italienfahrt.

Nach der Ernennung zum Ensdorfer Prior begann Desing mit den Arbeiten an seiner großen Reichsgeschichte, die 1768 im Druck erschien. 1761 erfolgte Desings Wahl zum Abt von Ensdorf. Die ihm noch verbleibenden elf Jahre setzte sich der neue Abt ganz für die moderne Verwaltung und den Ausbau der Wissenschaften in seiner Abtei ein.

Eine zeitgemäße Reform des Klosterlebens forderte der letzte Abt des Benediktinerklosters Oberaltaich, Beda Aschenbrenner (1756–1817)[9], mit vielen, zum Teil anonym erschienenen Abhandlungen und Schriften. Aschenbrenner hatte erkannt, dass die Mönche heutzutage die „Beförderung der Studien und Bildung der Sitten" zu betreiben hätten, nicht „Andächteley" und eine übermäßige barocke „Betrachtung über den eitlen Weltpunkt". Mit seiner Schrift „Was ich überhaupt in den Klöstern geändert wünschte!" hatte Aschenbrenner sicherlich manch gute Verbesserung und Anregung im Ordensleben gegeben, doch den schon brodelnden Klostersturm konnte der 1796 zum Abt gewählte Aschenbrenner nicht mehr verhindern. Auch sein Kloster, über das der radikale Aufklärer und Oberaltaicher Exbenediktiner Johann Pezzl 1784 in seinem Buch „Reise durch den Baierschen Kreis" geschrieben hatte, „Zu St. Emram und zu Oberaltaich wachsen die Professoren auf dem Mist", wurde nicht von der Münchner Aufhebung verschont. Abt Beda übersiedelte zuerst in das nahegelegene Haselbach, dann nach Straubing und

*Benedikt Werner (1748–1830), Abt von Kloster Weltenburg.*

endgültig nach Ingolstadt, seinem früheren Wirkungsort als Kirchenrechtsprofessor, wo er auch verstarb. 1805 hatte Aschenbrenner eine gedruckte Eingabe an den Kurfürsten gesandt, in der er sich um unangestellte Exreligiosen in Bayern sorgte. Als aufgeklärter Geist gehörte Aschenbrenner zu den fortschrittlichsten Klosterprälaten seiner Zeit.

Ein ebenbürtiger Kollege regierte als letzter Abt das so malerisch an der Donau gelegene Georgskloster von Weltenburg, das zu den bayerischen Urklöstern zählt: Benedikt Werner, Philosoph, Musiker und Landwirt (1748–1830)[10]. Nach Studien in Neuburg an der Donau, Scheyern und Prüfening hielt Werner Vorlesungen in Moraltheologie im Kloster Weltenburg. Als er die Klosterpfarrei Reißing übernommen hatte, widmete er sich ganz der Ökonomie und befragte sonntags die Bauern einzeln bei einem oder mehreren Gläsern Bier zu landwirtschaftlichen Problemen. Als er 1786 zum Abt gewählt wurde, konnte er die Abtei sanieren und auf eine solide wirtschaftliche Grundlage stellen. Noch als Verordneter der Landschaft im Jahre 1799 wehrte er sich energisch gegen die Auflösung der Klöster. Nach seiner Weigerung die Klostergemeinschaft aufzugeben – gegen die Stimmen seiner elf Mönche – verließ Abt Werner im Oktober 1803 Weltenburg und übersiedelte nach München, wo er als Privatgelehrter eine umfangreiche Forschungstätigkeit ausübte. In 24 handgeschriebenen Büchern verfasste er eine Geschichte seines Klosters und eine neunbändige Musikgeschichte. Seine Privatbibliothek mit über 3.000 Bänden schenkte er 1827 dem Freisinger Priesterseminar. In der heutigen Dombibliothek haben sich die wertvollen Bücher von Abt Benedikt Werner bis heute erhalten.

Treffend hat 1815 der Münchner Historiker Lorenz Westenrieder die Auflösung der Klöster und die Vertreibung seiner Bewohner beschrieben: Er lässt die Mönche sagen. „Wir geben das, was wir als eine Wüste erhielten, als einen Garten zurück".[11] Zweifellos hatte Bayern einen Garten erhalten, den zu pflegen es große Anstrengungen kostete. Im Bildungswesen mussten viele Jahrzehnte vergehen, bis der „Stand" der gelehrsamen Mönche" wieder erreicht war.

[1] P. Wilhelm Fink OSB, „In St. Emmeram wachsen die Gelehrten", in: Unser Heimatland, Beilage zum „Tages-Anzeiger" Nr. 17/18, 1952, S. 5.

[2] Sandra Wilde, Coelestin Steiglehner, genannt „Vater der Meteorologie", in: Katalog der Ausstellung „1803 – Die gelehrten Mönche und das Ende einer 1000-jährigen Tradition", Kunstsammlungen des Bistums Regensburg, Diözesanmuseum Regensburg, Kataloge und Schriften, hrsg. vom Bischöflichen Ordinariat Regensburg, Bd. 26, Regensburg 2003, S. 28. S. 70/71 Literaturverzeichnis zu einzelnen Forscherpersönlichkeiten.

[3] Zitiert nach: Katalog „1803 – Die gelehrten Mönche und das Ende einer 1000-jährigen Tradition", 2003, S. 2.

[4] Die Handschrift Heinrichs hat sich in der Sammlung der Universität Regensburg erhalten. Zu Placidus Heinrich: Stefan Miedaner, Placidus Heinrich (1758–1825), in: Beiträge zur Geschichte des Bistums Regensburg, Bd. 23/24, 2. Teil, Regensburg 1989, S.549–554.

[5] Ludwig Hammermayer, Ildephons Kennedy (1722–1804), in: Beiträge zur Geschichte des Bistums Regensburg, Bd. 23/24, 1.Teil, Regensburg 1989, S. 413–429.

[6] Ders., Benedikt Arbuthnot (1737–1820), wie Anm. 5, S. 469–487.

[7] Paul Mai, Rupert Kornmann, in: Beiträge zur Geschichte des Bistums Regensburg, Bd. 23/24, 2.Teil, Regensburg 1989, S. 524–533.

[8] Anselm Desing (1699–1772). Ein benediktinischer Universalgelehrter im Zeitalter der Aufklärung, hrsg. v. Manfred Knedlik und Georg Schrott, Kallmünz 1999.

[9] Anton Hofmann, Beda Aschenbrenner, der letzte Abt von Oberaltaich, Passau 1964.

[10] Otmar Riess, Die Abtei Weltenburg zwischen Dreißigjährigem Krieg und Säkularisation (1626–1803), Regensburg 1975.

[11] Lozenz Westenrieder, Historischer Calender. 20. und letzter Jahrgang, 2. Abth. München 1815, Abschied vom Kloster.

HEINZ REICHENWALLNER

# Wenn Oma und Opa das noch erlebt hätten

*Der SSV Jahn kehrt nach 26 Jahren in den Profi-Fußball zurück*

*Der SSV Jahn Regensburg hat seine atemberaubende Aufstiegsserie fortgesetzt und kehrte nach 26 Jahren wieder in den Profi-Fußball zurück. Nach dem 2:1-Erfolg beim 1. FC Saarbrücken am 24. Mai 2003 kannte der Jubel der Oberpfälzer keine Grenzen. Wer hätte sich das wohl gedacht? Vor vier Jahren spielte der SSV noch in der Fünft-Klassigkeit der Landesliga. Die Saison 2002/2003 krönte er vorzeitig mit dem Aufstieg in Liga zwei. Zwischen dem 1. Spieltag und der 34. Runde lagen genau 297 Tage und viele Geschichten, die den Verein ebenso begleiten, wie der Mannschaftsbus und die treuen Fans.*

Auf leisen Sohlen hatte er sich herangeschlichen, von links, ganz zaghaft. Er wolle ja nicht stören, hatte er gesagt. Aber er müsse. Er war vielleicht Anfang 20, vom Scheitel bis zur Sohle in rot und in weiß gewandet, das volle Programm halt. Mit Trikot, Schal, Fahne und so. Ihm lag was auf dem Herzen. Weshalb er, ganz sicher einer, der dem SSV Jahn Regensburg bis zum Ende seiner Tage treu bleiben wird, das Wort an „Herrn Sebert" richtete. Er brauche, wiederholte er, auch nicht lange, was sich nicht verneinen ließ, weil er nur ein Wort zu sagen hatte: „Danke". Die Verbeugung hatte sich der Beinharte dann geschenkt. Danke, Herr Sebert, dass sie den Jahn nach 26 Jahren in die zweite Bundesliga zurückgeführt haben, danke, dass Sie eine Mission erfolgreich zu Ende gebracht haben, die fast alle als unmöglich eingestuft haben. Das hat der hartgesottene Jahn-Fan damals zwar nicht mehr geäußert, an jenem Samstagnachmittag im sonnendurchfluteten Fußballstadion des Ludwigparks zu Saarbrücken, aber er hat es, jede Wette, gedacht.

Um 16.18 Uhr des 24. Mai 2003 war der Zweitligaaufstieg des SSV Jahn Regensburg durch ein 2:1 beim 1. FC Saarbrücken vorzeitig unter Dach und Fach gebracht. Wer hätte das gedacht, als noch Spiele beim SV Riedlhütte im tiefsten bayerischen Wald angesagt waren und nicht Partien wie künftig, gegen den neunfachen Deutschen Meister 1. FC Nürnberg? Und also ging damals am 24. Mai um 16.18 Uhr Günter Sebert, der Trainer der rot-weißen Kicker in die Knie, ballte die Fäuste, sprang wie ein Rumpelstilzchen umher und lief dann los, mitten hinein in das freudentaumelnde Kollektiv in rot und weiß, wo er, der sonst so auf Distanz bedachte 55-jährige Fußballlehrer, am liebsten jeden Einzelnen seiner Spieler persönlich in den Arm genommen hätte. So dann entschwand der gebbürtige Mannheimer Ex-Profi in den engen Gängen des Saarbrücker Stadions, hockte minutenlang allein in einer Ecke, den größten Triumph seiner langen Trainerkarriere still auskostend.

Währenddessen legte auf der Tribüne, der Autor dieser Geschichte, ein Regensburger Sportjournalist, die Hand an die Hosennaht, und leistete im Stillen Abbitte an Heinz Groenewold. Als dieser nämlich einst verkündete, „unser Ziel ist die zweite Liga", hatte der Sportredakteur anderntags die Zuversicht des Jahn-Managers im Kollegenkreis respektlos als „Höhenkoller" gedeutet. Die kühnen Worte der Vereinsoberen hatte er damals nicht ganz ernst genommen. Schließlich, so glaubten doch beinahe alle Fußballinsider, hatte mit dem Erreichen der Regionalliga schon ein Fußballmärchen in Regensburg seine Erfüllung gefunden. Der Argwohn verwundert auch deshalb nicht, nachdem es doch noch nicht lange her ist, dass der Regensburger Traditionsverein eher mehr ein Anwärter aufs Armenrecht gewesen war, als ein erfolgsorientierter Klub, der seinen Platz unter den 36 besten deutschen Fußballvereinen suchen könnte.

Und schon deshalb muss die Jahn-Erfolgsgeschichte auch zur Hommage an ein paar Idealisten werden, die vor einigen Jahren heldenhaft ein Himmelfahrtskommando übernommen hatten. Es handelt sich um die Mannschaft hinter der Mannschaft. Die „Macher" Heinz Groenewold, Dr. Richard Seidl, Richard Hirlinger, Hans Seidl, Wolfgang Gural, Ludwig Gscheider entschuldeten den Verein, planten und agierten, opferten Zeit und Geld und hatten dann auch noch bei ihrem sportlichen Personal ein „goldenes Händchen". Das bewiesen sie vor allem in der Trainerwahl, die im Fußballgeschäft ja sonst eigentlich als ein Griff in die Kiste der tausend Ungewissheiten gilt. Mit Karsten Wettberg (62) ist es los gegangen. Mit ihm, Bayerns erfolgreichsten Amateurcoach (17 Meistertitel), kletterten die Regensburger von der Landes- über die Bayernliga in die dritte Klasse, die Regionalliga. Mit Günter Sebert (55) wurde dann ein Coach verpflichtet, der als Fußballlehrer schon von Berufs wegen erfolgsorientiert ist. Er wusste und sagte es auch, „Punkte gibt es nicht für Schönspielerei". Haltungsnoten für strammes Arbeiten waren ihm wichtiger. Geradeaus jemanden ins Gesicht gucken können und sagen, das war eine solide Leistung und nur für die gibt es Punkte. Über das Wie mochten andere entscheiden.

*Trainer Günter Sebert: Trotz des Aufstiegs verlängerte der SSV Jahn seinen Vertrag nicht.*

Sebert hatte die sicherlich nicht leichte Aufgabe übernommen, die Regensburger in den bezahlten Fußball zurückzuführen. Nicht jeder wollte ihn, nicht jeder mochte ihn. Doch hat er es verstanden, die Mannschaft in den Favoritenkreis der Regionalliga Süd zu führen. Im ersten Jahr unter seiner Regie wurde der Jahn bereits Dritter, und im zweiten Jahr klappte mit Platz zwei dann auch der Aufstieg in Liga zwei.

*Der Jahn beim Start im Erzgebirgestadion in Aue: Nicole Noveski (links) und Skordilaid Curri im Regensburger Strafraum. Vorn Martin Willmann und Tamandani N'Saliwa (r.).*

Der SSV Jahn Regensburg in der zweiten Bundesliga, das ist die Vollendung eines ostbayerischen Fußballmärchens. Um das Wie und Warum des Aufstiegs einzuordnen, muss man die 34 Spieltage Revue passieren lassen, in denen die Regensburger das schier Unmögliche schafften. 34 Runden in denen das alt ehrwürdige Jahn-Stadion oft erbebte vom Jubel der Jahn-Fans. Kein Wunder, erwiesen sich die Regensburger doch die Saison über als heimstärkste Mannschaft (44 Punkte) der Liga. Und auch auswärts verstanden sie es, zum richtigen Zeitpunkt zu punkten. Garant des Erfolges war sicherlich die enorm starke Abwehr, die in 36 Punkterunden nur 23 Gegentore zuließ. Natürlich sind dann in den letzten aufregenden Saisontagen Spieler wie Trainer immer wieder gefragt worden, ob es denn irgendwann in dieser Runde dieses besondere „Knackpunktspiel" gegeben hatte, dieser Moment, da man gespürt hatte, da wächst etwas heran, dieser Augenblick, da klar wird, dass es mit dem Aufstieg funktionieren könnte. Etwa der 3:1-Erfolg im Schlussdrittel der Saison beim damals sehr heimstarken VfR Aalen oder das 1:0 zu Hause gegen den Mitkonkurrenten FC Augsburg. „Eigentlich nein", heißt es unisono, irgendein Schlüsselerlebnis habe es nicht gegeben. Trainer Günter Sebert sagte, wie immer staubtrocken, so etwas „kann man nicht fühlen". Kapitän Karsten Keuler, der gemeinsam mit Torwart Uwe Gospodarek, den Verteidigern Oliver Schmidt oder Sven Teichmann, Libero Mario Stieglmair und Vorstopper Markus Knackmuß ein schwer unüberwindbares Abwehrbollwerk bildete, stellte dagegen fast schon lapidar fest, dass es „einfach gepasst" habe – und zwar schon von Beginn an. „Man merkt, ob eine Mannschaft will oder nicht." Und der, der es passend gemacht hat, war der Trainer. Zusammen mit Jahn-Manager Heinz Groenewold hatte Günter Sebert akribisch an der Zusammenstellung der Mannschaft gebastelt. Mit dem Ungarn Andras Tölcseres und dem Kroaten Vlado Papic (beide 13 Saisontore) wurde ein brandgefährlicher Sturm nominiert. Im Mittelfeld zeichnete sich der aus Magdeburg gekommene Albaner Armando Zani sowohl als Torschütze auch als Ideengeber aus. Publikumsliebling Harry Gfreiter, der Nimmermüde, und der ebenso kampfstarke Stephan Hanke trugen ebenfalls einen erheblichen Teil zum Erfolg teil – wie auch Stephan Binder, der eigentlich für die vereinseigene Bayernligamannschaft vorgesehen war, dann aber „entdeckt" wurde und in der Regionalliga eine gute Rolle spielte. Und auch der Ex-Bundesligaprofi Peter Peschel war ungemein wertvoll für die Jahn-Mannschaft. Erst in der Winterpause gekommen, traf er immerhin achtmal ins gegnerische Tor. Bei seinen Treffern war auch der Elfmeter zum 2:1 in Saarbrücken dabei, der den Aufstieg des SSV Jahn besiegelte.

Es trafen also bei den Rot-Weißen im Aufstiegsjahr Menschen zusammen, die dieses eine: Sie wollten in die zweite Bundesliga und brannten darauf, dies auch zu beweisen und die Chance zu nutzen.

Nach vollbrachter Tat haben einig tausend Fußballfans den Aufstieg des SSV Jahn Regensburg in die 2. Fußball-Bundesliga gefeiert. In der Regensburger Altstadt dominierten rot und weiß – die Jahn-Farben. „Vorsicht zweite Liga", hat sich das Regensburger Erfolgsteam siegestrunken auf die T-Shirt drucken lassen. Bei einem Empfang vor dem Alten Rathaus floss zwar kein Sekt, dafür aber reichlich Bier. Neben den Spielern und den Funktionären des Traditionsvereins bekam auch Regensburgs Oberbürgermeister Hans Schaidinger eine Gerstensaft-Dusche ab.

Derweil konnte einer von den „beinharten" Jahn-Fans gar nicht fassen, was er mit erleben durfte. Oma habe das nicht mehr erlebt, Opa auch nicht, er aber sei nun dabei, da der Jahn wieder in die zweite Liga zurückkehre. „Unglaublich, aber ganz toll," schrie er ins Report-

*25 Akteure stehen im Jahn-Aufgebot für die Saison 2003/2004.*

ermikrofon. Hand aufs Herz: Hat wohl je ein Bayern-Fan an seine Großeltern gedacht, wenn die Münchner einen ihrer Triumphe feierten? Der SSV Jahn Regensburg ist inzwischen für seine Anhänger zweifellos wieder mehr als nur ein Fußballverein.

All jene, deren Herz für die Rot-Weißen schlägt, sprechen seit dem Aufstieg nunmehr fast andächtig von der zweiten Fußball-Bundesliga, wie Neulinge in der Filmbranche von der Oscar-Verleihung in Hollywood. Schon die Nominierung in den Kreis der erlauchten 36 der beiden höchsten deutschen Ligen erscheint den Jahn-Fans phänomenal. Für sie ist der Regensburger Traditionsverein zweifellos eine Art Traumfabrik des Fußballs in der Oberpfalz und Niederbayern, der mehr als ein Vierteljahrhundert keinen Klub im Profibereich hatte. Das Drehbuch des Plots beinhaltete bisher alles, was eine Erfolgsstory ausmacht – nach dem Absturz in die Fünftklassigkeit folgte die dramaturgische Steigerung, bis hin zum sportlichen und finanziellen Happy End.

Teil zwei der wundersamen Fußball-Geschichte begann indes am Sonntag, den 3. August 2003. Da spielte der SSV Jahn Regensburg sein erstes Zweitliga-Match um Punkte beim sächsischen Traditionsverein und Mitaufsteiger FC Erzgebirge Aue. 8500 Besucher waren im Erzgebirge-Stadion. Darunter auch viele Regensburger, die trotz subtropischer Temperaturen die 250-Kilometer-Strecke nicht gescheut haben, um dem Auftritt ihres Vereins live erleben zu können. Und sie brauchten die Strapazen der Reise nicht zu bereuen. Das Stadion, brummte, summte. Lautstark die Schlachtgesänge der Fans. Zahlreich der Auftritt der Medienvertreter. Profifußball-Stimmung halt im weiten Rund. Für die Daheimgebliebenen machte es derweil erstmals Sinn – aus Regensburger Sicht – „Premiere" oder das Deutsche Sportfernsehen (DSF) am Sonntagnachmittag einzuschalten. Die TV-Sender brachten Ausschnitte über das Spiel. Und selten sind wohl so viele Menschen in Regensburg mit ihren Gefühlen „Gassi" gegangen, wie an diesem 3. August 2003 um 16.45 Uhr. Zu diesem Zeitpunkt stand nämlich das Ergebnis in Aue fest. Jubel, Trubel, Wolke sieben beim Jahn-Anhang – nicht nur im Erzgebirgestadion, sondern auch daheim. Mit 1:0 hatte der SSV Jahn zum Start gewonnen. Torschütze war Karsten Hutwelker. Sein Siegtreffer nach genau drei Minuten und 24 Sekunden war damit das schnellste Tor der Auftaktspiele im Bundesligaunterhaus.

„Wir haben verdient gewonnen", resümierte später Ingo Peter. So heißt seit Saisonbeginn nämlich der neue Jahn-Coach. Der 51-jährige, ehemalige Dortmunder Bundesliga-Profi, der zuletzt neun Jahre lang den Regionalligisten Sportfreunde Siegen mit Erfolg betreut hatte, löste vor der Saison Günter Sebert ab, dessen Vertrag nicht verlängert worden war. Ein Umstand der ganz Fußball-Regensburg erstaunte. Sei's drum: Seit dem Aufstieg hatte sich auch in der Mannschaft personell einiges verändert. 14 Neuzugänge kamen, elf vom Stamm blieben übrig. Von dem Team, das im Mai 2003 den Zweitligaaufstieg geschafft schaffte, trugen im ersten Saisonspiel in Aue noch ganze fünf Akteure das Jahn-Trikot: Oliver Schmidt, Mario Stieglmair, Kapitän Carsten Keuler, Markus Knackmuß und Andras Tölcseres. Torschütze Karsten Hutwelker, der Ex-Braunschweiger, kam ebenfalls neu in das Jahn-Team, das in der Saison 2003/2004 erstmals in Vereinsgeschichte Spieler aus drei Erdteilen (Amerika, Afrika, Europa) aufweist – mit Tamandani Nsaliwa (Kanada), oder Paulinho (Brasilien), Qusseynou Dione (Senegal) und Michal Chalbinski (Polen).

Das Basteln am Mannschaftsgefüge, die richtige Mischung zu finden, obliegt nun Ingo Peter – von Spieltag zu Spieltag zu Spieltag, 34 Runden lang. Vielleicht hat der neue Jahn-Coach ein ebenso „glückliches Händchen", wie seine beiden Vorgänger Karsten Wettberg und Günter Sebert. Zu wünschen wäre es, denn das Fußball-Hoch in Regensburg soll natürlich anhalten.

*Kurze Chronik*

Man darf ungestraft unterstellen, dass Regensburg selten etwas gemein hatte mit großem, glamourösen Fußball. Bekanntester Kicker des SSV Jahn ist denn auch heute noch der unvergessene Torwart Hans Jakob, der zwischen 1930 und 1939 achtunddreißig Mal im Team der deutschen Nationalmannschaft stand. Der „lange Hans", wie er genannt wurde, verstarb am 25. März 1994 im Alter von knapp 86 Jahren und durfte somit nicht mehr erleben, dass „sein" SSV Jahn einmal zu den 36 besten Profi-Fußball-Mannschaften Deutschlands gehören wird. Miterlebt als Zuschauer hat Jakob aber noch viele Jahre der wechselvollen Jahn-Geschichte, die den 1886 gegründeten Verein, der seit 1907 eine Fußballabteilung besitzt, die von der damalig höchsten Spielklasse, der Oberliga Süd, in die Niederungen des Amateurfußballs führte. Dort stand er aber immer wieder auf, wie der berühmte Phönix, jener antike Feuervogel, der regelmäßig in Flammen aufgeht, um dann anschließend aus eigener Asche empor zu steigen. Auch die Rot-Weißen erlebten in ihrer Geschichte, gerade im letzten Vierteljahrhundert, eine Renaissance.

Von 1975 bis 1977 spielten sie noch in der damals zweigeteilten 2. Liga. Dann aber begann der Durchmarsch – und zwar nach unten.

1978 bis 1983 spielten sie in der Landesliga, der damaligen vierten Liga. Am 28. Mai 1983 reichte dann ein 0:0 gegen den FC Amberg vor 10.000 Zuschauern zum langersehnten Wiederaufstieg in die Bayernliga.

Von 1983 bis 1988 dauerte die Zugehörigkeit in Bayerns höchster Amateurliga. Durch eine 0:2-Niederlage im Relegationsspiel gegen den FC Miltach stieg der SSV Jahn erneut dann in die Landesliga ab.

1990 dann der Bayernliga-Wiederaufstieg. Ein 1:0-Sieg im Entscheidungsspiel gegen FC Passau in Straubing machte ihn möglich.

Diese Bayernliga-Ära dauerte dann wieder bis zur Saison 1995/96, dem sogenannten Schicksalsjahr der Rot-Weißen. Schicksalsjahr deshalb, weil der Jahn erneut abstieg und dazu noch auch fast am Gang zum Konkursrichter war. Der Verein war total klamm. Die Vorstandschaft um Alois Hufsky trat zurück. Die Retter nahten mit Heinz Groenewold, Richard Hirlinger, Ludwig Wagenpfeil, Hans Pflamminger, Dr. Albert Liebl und Max Stang.

Doch auch sie können nicht verhindern, dass die Rot-Weißen von 1996 bis 1998 in der Landesliga dahin dümpeln und Lokalrivale SG Post/Süd inzwischen eine Klasse höher als sie in der Bayernliga spielt.

Der Jahn-Höhenflug startet in der Saison 1997/98. Mit Karl Viertler als neuen Manager und Karsten Wettberg, der als Trainer noch in der Hinrunde seinen Vorgänger Roland Seitz ablöste, begann die Erfolgsgeschichte, die den Jahn in der Saison 1999/2000 in die dritthöchste deutsche Spielklasse, die Regionalliga Süd, führte. Entscheidend dafür waren am Ende die Siege in den Relegationsspielen gegen den SV Sandhausen und den FSV Frankfurt.

Im ersten Regionalligajahr mit Karsten Wettberg noch als Trainer belegen die Regensburger einen 12. Tabellenrang.

Ab 2001/2002, mit Günter Sebert als neuer Jahn-Coach, klopfen die Rot-Weißen bereits an die Tür zur 2. Liga. Am Ende springt aber nur ein undankbarer 3. Rang in der Regionalliga-Tabelle heraus.

2002/2003 dann der Erfolg, der den Jahn unter die 36 besten Fußballteams in Deutschland katapultiert. Rang zwei in der Regionalliga-Tabelle bedeutet den Aufstieg in die zweite Bundesliga. Die Leidenszeit der Jahn-Fans hat ein Ende. „Football ist comming home."

PETER MORSBACH

# Die neue Maxstraße und ihre alte Geschichte

*Vom „Quartier Napoleon" zur modernen Flaniermeile*

*Die Maximilianstraße – in Regensburg kurz „Maxstraße" genannt – wurde nach aufwändiger Neugestaltung im Frühjahr 2003 offiziell eröffnet. Mit der Sanierung und der Umwidmung zur verkehrsberuhigten Zone soll der in den letzten Jahren etwas herunter gekommene Boulevard wieder zu einer eleganten Flanier- und Einkaufsmeile werden. Nachstehender Artikel erzählt vom Entstehen der neuen Maxstraße und ihrer knapp 200 Jahre alten Geschichte.*

Die alte Pauluserwacht, der mit „Litera G" gekennzeichnete Verwaltungsbezirk der Altstadt im Südosten des ehemaligen Legionslagers, benannt nach dem einst hier gelegenen Kloster Mittelmünster-St. Paul, bestand, bevor am 23. April 1809 das Feuer der französischen Bataillone ganz Regensburg in Flammen zu setzen drohte, aus einem Gewirr von Straßen, Sträßchen und Gassen[1]. Nichts deutete darauf hin, dass hier einmal als Folge großer Kriegsnot eine breite und repräsentative Straße entstehen sollte.

Drei größere Straßenzüge verliefen einst in nord-südlicher Richtung: Im Osten die „Gassenreihe" Spitzbart-Gasse, Kurzische Gasse, Gret und die Wiener oder Wermut-Gasse (heute Dr. Wunderle-Straße), in der Mitte die Schäffnerstraße und westlich die Fröhliche-Türken-Straße. Letztere nahm ihren Anfang beim südlichen Stadttor, dem Peterstor, in dessen Nähe außerhalb der Mauern einst das alte Kloster Weih St. Peter gestanden hatte.

Mehrere schmale Gassen verbanden in ost-westlicher Richtung diese Hauptwege: im Norden die Drei-Kronen-Gasse, in der Mitte die Winterling-Gasse (aus der später die Königsstraße wurde), weiter südlich die Grasgasse und parallel zur Stadtmauer der Fuchsengang. Das südöstliche Eck der Stadtbefestigung, die Petersbastion, besaß kein eigenes Tor. Den inneren Mauerbereich am Eck der Bastion nahmen die Wolfsgasse, der Steibplatz und die Kochgasse ein, die heute im Straßennamen Am Königshof zusammengefasst sind, wo diese alte topographische Situation noch am ehesten nachzuvollziehen ist. Das nördliche Ende bildete zwischen den Gebäuden des Kollegiatstiftes zur Alten Kapelle und des Karmelitenklosters St. Joseph die Speichergasse, die auf die geschlossene Häuserfront der Drei-Kronen-Gasse zulief.

## ... später ein Trümmerfeld ...

Der 23. April 1809 gehört zu den wahrhaft schwarzen Tagen der Geschichte Regensburgs, an dem die Heere Napoleons nach der siegreichen Schlacht von Eggmühl die fliehenden Österreicher verfolgten und sich mit ihnen in Regensburg heftige Gefechte lieferten. Die französischen Bataillone berannten die Stadt von Süden und Südosten, hauptsächlich zwischen Ostentor und Peterstor schlugen zwei Breschen in die Mauer und eroberten Regensburg schließlich unter Zuhilfenahme von Leitern. Es müssen sich damals schlimme Szenen im Straßen-

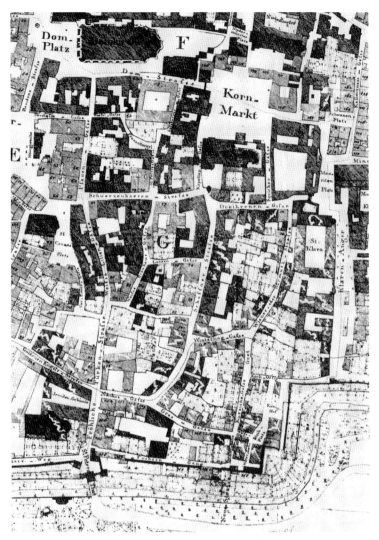 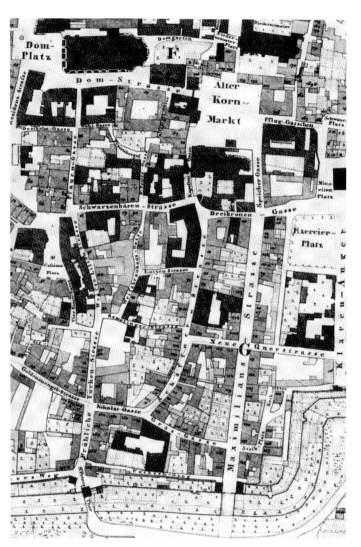

*Die „Pauluserwacht" auf dem Katasterplan von 1809 und der ganz unten bereits skizzierten neuen Straße.*

*Katasterplan nach dem Wiederaufbau von 1812 mit der neuen Maximilianstraße.*

kampf zwischen den feindlichen Truppen abgespielt haben, die inmitten der brennenden Gebäude heftig aufeinander prallten; schreckliche Dinge von hilflos verbrannten Gefangenen, deren verkohlte Arme aus den Gittern ihres Gefängnisses ragten, von verwundeten Feinden, die sich ergeben hatten, aber zusammengehauen und lebendig ins Feuer geworfen wurden und vielen andere Gräueln berichten die Kriegsaufzeichnungen dieser Tage.

Der Südosten der Stadt, unsere Pauluserwacht also, stand ebenso wie Stadtamhof in hellen Flammen, und hätte nicht Marschall Lannes ein Bataillon vom 10. Linienregiment unter General Morand und andere Truppenteile zum Löschen abkommandiert, wäre leicht ein Großteil der Stadt dem Brand zum Opfer gefallen. „Alles, was Widerstand leistete, ward niedergehauen; die Zahl der Gefangenen belief sich auf über 8000", berichtet ein Bulletin des französischen Hauptquartiers am 24. April. „Diese unglückliche Stadt, welche er (der Feind, Anm.) zu verteidigen er grausam genug war, hat viel gelitten. Das Feuer hat einen Teil der Nacht hindurch dort gewütet; aber durch die Sorgfalt des General Morand und seiner Division gelang es endlich seiner mächtig zu werden und es zu löschen."[2] So hielt man die Schäden zwar relativ begrenzt, aber dennoch waren in der Pauluserwacht 105 Häuser, Stadel, Werkstätten und andere Liegenschaften und vier Stadttürme zerstört; Stadtamhof musste mit 95 verbrannten Gebäuden einen ebenso schlimmen Tribut entrichten. Insgesamt beliefen sich die Kriegsschäden in beiden Städten zusammen auf knapp 1,586.088 fl.[3], wovon 693.715 fl. auf Regensburg selbst entfielen, eine geradezu unvorstellbare hohe Summe für die ohnehin von Armut gebeutelte Stadt.

*Die Maximilianstraße in einer Idealansicht von Johann Nepomuk Liebherr, 1811.*

*… dann ein neuer Stadtteil …*

Regensburgs Landesherr Carl Theodor von Dalberg befahl sogleich den Wiederaufbau und übersandte als Ersthilfe 10.000 fl., verbunden mit dem Ansinnen, in der Folge jährlich weitere 80.000 fl. zur Verfügung zu stellen. Sein Regensburger Stadt- und Landbaumeister Joseph Emanuel von Herigoyen entwarf sogleich einen Plan für den Wiederaufbau der zerstörten Pauluserwacht, die nun den Namen Napoleons-Quartier erhalten sollte, ausgerechnet nach jenem benannt, der sie hatte in Brand schießen lassen.

Herigoyens Plan sah im Kern der Pauluserwacht, von einer durchgreifenden Regulierung der Fröhlichen-Türken-Straße und dem Abbruch des Peterstores abgesehen, kaum Änderungen der baulichen Strukturen vor[4]. Der verwinkelte und geknickte Verlauf der Wermuth-Gasse nach Süden zur Stadtmauer hin blieb ebenso bestehen, wie die Parzellenstruktur der beiden großen Hofstättenblöcke zwischen Drei-Kronen-Gasse, Winterling-Gasse und Grasgasse.

Doch Dalberg war der Wiederaufbau seiner Stadt nicht vergönnt – oder besser: er blieb ihm erspart, da Regensburg schon im folgenden Jahr dem Königreich Bayern eingegliedert wurde[5]. Herigoyens Pläne wurden nun ebenso verworfen wie der Name Napoleons-Quartier, hatte der Franzose doch eine Million Francs Kriegsentschädigung der Stadt versprochen, der er nach eigener Aussagen Gutes tun wollte, doch dieses Versprechen freilich nicht eingelöst. Der nun erfolgende Wiederaufbau unter dem neuen Landesherrn, König Maximilian I. Joseph, ging zu Lasten der bayerischen Schuldentilgungskasse. Der Namensgeber wurde auf eine neue Straße beschränkt, wenn auch auf die wichtigste.

## ... und schließlich eine Prachtstraße.

Das für Regensburg Neuartige war die Planung und Anlage einer breiten, mit dem Lineal völlig gerade gezogenen Straße im Jahre 1811, die ohne größere Rücksichten auf ältere Strukturen vom Ende der Speichergasse auf das 1805 errichtete Monument für Johannes Kepler angelegt wurde, das in der Allee südlich außerhalb der Mauer und damals ein ganzes Stück weiter östlich aufgestellt war als heute (es stünde jetzt mitten auf der südlichen Maximilianstraße). Das Keplerdenkmal sollte als *point-de-vue* im Sinne eines optischen Endpunktes dienen. Auch die Nummerierung der neuen Straße von Nord nach Süd zeigt, dass sie nicht als repräsentativer Eingang *in* die Stadt gedacht war. Die Umkehrung dieser Blickrichtung erfolgte erst ein knappes halbes Jahrhundert später. Vielmehr sollte sie eine breite, helle und gerade Passage sein, in der man sich die Ansiedlung von viel Gewerbe erhoffte. Dies brachte der bayerische Hofkommissär Joseph Maria von Weichs zum Ausdruck, als er von der „gewerbevollsten" Straße Regensburgs sprach, „eine einzige nicht finstere, nicht winkelhafte Straße."[6]

*Das Maxtor – Ausschnitt aus einem Aquarell von Heinrich Klonke, 1829.*

Schon auf dem Katasterplan von 1809 ist die neue Straße markiert, die vom Beginn der Speichergasse leicht nach Südwesten zur nun aufgebrochenen Stadtmauer, zum Keplerdenkmal und zur Allee führt. Die neue Trasse verläuft in ihrem nördlichen Bereich teilweise entlang alter Hausgrenzen, aber „schluckte" in ihrem südlichen Verlauf die Gret, Kurzische Gasse, Wolfsgasse, Hütergasse und Spitzbartgasse. In ihrer Mitte legte man die etwas minder breite „Neue Querstraße" als Verbindung von der Schäffnerstraße zum Klarenanger (heute Dachauplatz) an, die erst seit 1885 den Namen Königsstraße trägt. Durch die Beibehaltung der alten Quergassen und diese neue Querachse wurde die neue Straße in das städtische Wegesystem eingebunden.

*Die erste Häuserreihe*

Mit der Realisierung der Pläne beauftragte man den Regensburger Bauunternehmer Johann Nepomuk Liebherr. 1813 wurden die ersten Häuser fertiggestellt. Entgegen seiner Idealplanung, in der Liebherr beiderseits viergeschossige traufständige[7] Häuser mit gebänderten Erdgeschossen und einem trennenden Gesims zum ersten Obergeschoss vorsah[7], wurden anfangs nur dreigeschossige Häuser aufgeführt. Es waren schlichte Reihenbauten, die so gut wie keine städtebaulichen Schwerpunkte setzten.

Den Auftakt bildeten die älteren Stiftsgebäude der Alten Kapelle und des Karmelitenklosters. Hierdurch entstand ein starker Kontrast des „alten" zum „neuen" Regensburg. Auch die neu gebauten Eckhäuser zur Drei-Kronen-Gasse als dem oberen Straßenkreuz waren ein wichtiger Bestandteil dieser Planungen. Aus der frühen Planungs- und Bauphase im ersten Viertel des 19. Jahrhunderts sind noch etliche Beispiele erhalten, wenn auch keines davon unverändert. Wir erkennen sie an den drei Geschossen, dem Gesims über dem Erdgeschoss und den gleichen Geschosshöhen. Hierzu gehören die Häuser Nr. 5 (das als einziges sogar noch einen mittelalterlichen Keller aus dem 14. Jahrhundert bewahrt hat), Nr. 11, 19 und 21. Der Liebherrsche Bebauungsplan blieb längere Zeit bestehen, denn noch im ganzen 19. Jahrhundert entstanden Traufseithäuser mit drei Geschossen, die erst später um ein drittes Obergeschoss aufgestockt wurden (Hausnummern 6, 7, 8, 14). Eine eigenartige Kombination stellen die Häuser Nr. 20 und 22 dar, in denen der damals vielbeschäftigte Maurermeister Madler wohnte: das eine ein 1811/12 erweitertes barockes Kleinhaus, das andere als langgestreckter, eingeschossiger und nie aufgestockter Werkstattflügel als Abschluss eines Gartengrundstücks.

Dass die Maximilianstraße durch die alte Stadtmauer hindurch ohne die gewohnte Zäsur durch ein Stadttor „einfach so" zum Keplerdenkmal führte, scheint so sehr als Mangel empfunden worden zu sein, dass 1820 unter der Mitwirkung des im gleichen Jahr verstorbenen Münchner Architekten Carl von Fischer – zweifelsohne der bedeutendste Baumeister der Zeit König Maximilians I. – nachträglich am Südende das bescheidene Maxtor gebaut wurde, eine kleine Anlage mit zwei Wachthäusern und zwei steinernen Pfeilern. Die Straße verengte sich dadurch und machte die Grenze zwischen der Stadt und der Natur wieder kenntlich.

*Die neue Blickrichtung und ihre Folgen*

Mit dem Bau des Bahnhofs 1859 und seiner Anbindung an die Stadt durch die Bahnhofstraße, die später mit der Maximilianstraße vereinigt wurde, drehte sich die optische Richtung um. Nun ging der Blick der ankommenden Reisenden in die Stadt hinein, was baulich von größter Bedeutung und Wirkung werden sollte.

*Die Maximilianstraße von Süden mit dem Parkhotel Maximilian, gegenüber das Torwächterhaus als damals noch erhaltener Rest des Maxtors, Aufnahme um 1900.*

Der Bahnhof erzwang eine neue „Bauaufgabe" in der Maximilianstraße. Wie schon seit Jahrhunderten an den Hauptstraßen in der Nähe der Stadttore und Märkte zahlreiche Gasthöfe standen, ist dies nun auch hier zu beobachten. Gleich am Südende entstand der Nürnberger Hof (Haus Nr. 27), der 1891 aufgestockt und zum Hotel National ausgebaut wurde. Erst 1979 ist in völliger Unkenntnis seiner herausragenden städtebaulichen Bedeutung der älteren Regensburgern noch Erinnerung gebliebene Hotelkomplex abgebrochen und durch einen gesichtslosen, glatten Bankenneubau ersetzt worden.

Den denkbar prachtvollsten Anblick bot und bietet freilich das von Julius Poeverlein 1889–91 im Stil des dritten Wiener Rokokos und des Dresdner Zwingers erbaute Parkhotel Maximilian, dessen überquellend reiche Fassade den Reisenden auch einen Hinweis auf die Anwesenheit des Fürstlichen Hauses Thurn und Taxis gab, das nicht weit entfernt eines der prachtvollsten Schlösser der Zeit erbaut hatte. Der Bauherr des Hotels, der Bierbrauer Franz Josef Bergmüller, leistete sich hier den größten Bürgerbau des Neubarocks in Regensburg. Noch vielen Regensburgern ist die seit 1970 mit großer Heftigkeit geführte Diskussion um den Abbruch des Hotels zugunsten eines geplanten „City-Centers", einer Kongresshalle mit Hotel, Wohnungen und Großkaufhaus auf dem Areal zwischen St. Petersweg und Grasgasse und Fröhliche-Türken-Straße und Maximilianstraße[9] in Erinnerung. Ein schönes Pendant zum Maximilianshotel bildete das durch den Baumeister und Architekten Hans Gerner 1906 im Stil der Neorenaissance umgestaltete Haus Nr. 27, auf älteren Fotos mit seiner Dachgalerie und seinem Mittelgiebel erkennbar. Davor stand bis 1955 das Torwächterhaus des alten Maxtores. – Der Architekt Julius Poeverlein selbst, Direktor der städtischen Baugewerkschule, besaß um 1910 die bereits erwähnten Häuser Nr. 20 und 22 mit einer Steinmetzwerkstatt.

Das Hotel Maximilian war nicht der erste große Bau Bergmüllers in dieser Straße. Bereits 1876 hatte er prachtvoll den Gaststättenbau „Zum goldenen Stern" (Haus Nr. 9) erweitern lassen und ihm eine aufwändige Fassade im Stil der Neurenaissance gegeben[10]. Der langgestreckte dreigeschossige Komplex besaß einen einem schmalen Innenhof, rückwärtig zur Wermutgasse (Dr. Wunderle-Straße) lagen die Stallungen und das Brauhaus des Sternbräus.

Auf der Ostseite der Maximilianstraße gab es schon 1809 im Haus Nr. 23 den Weingasthof Weidenhof, der im Laufe des 19. Jahrhunderts nach und nach zu einer stattlichen Vierflügelanlage ausgebaut wurde – ohne seine überkommene Dreigeschossigkeit zur Maximilianstraße hin aufzugeben. 1898 hatte der Besitzer Max Obermayer als Reaktion auf die der beiden Hotelbauten gegenüber von dem Architekten Joseph Koch eine gleichfalls neubarocke Fassade gestalten lassen[11]. Obermayer betrieb hier auch eine „Bodega", wie das Adressbuch von 1906 sein Weinlokal nennt. Schließlich ist auf eine weitere, längst vergessene Gastwirtschaft hinzuweisen: Im Haus Nr. 6 mit seiner Fassadengliederung aus einer strengen Reihe von Lisenen gab es das Wirtshaus zum Buxbaum.

*Die „schönen" Wohnhäuser*

Neben den monumentalen historischen Bauten am südlichen Anfang der Maximilianstraße fällt eine Reihe von vier Bauten auf, die sich von der eher durchschnittlichen Qualität der biedermeierlichen Häuser besonders abheben. Die Häuser Nr. 4, 8, 10, 12 auf der Westseite, allesamt viergeschossig und zwischen 1910 und 1924 aufwändig neugestaltet. Sicher das prachtvollste ist das Café Fürstenhof (Haus Nr. 4), 1911 von dem Architekten und zugleich Bauherr Joseph Koch und seinem Geschäftspartner Franz Spiegel als eines der wenigen wirklichen Jugendstilhäuser der Stadt gestaltet. Der Architekt Karl Frank gestaltete die Fassaden der Häuser 8 (1924), 10 und 12 (1910/11). An Nr. 10, im Besitz des Architekten, fällt der mit zwei Standfiguren geschmückte Erker auf.

Wo aber sind die prächtigen Fassaden der anderen Häuser geblieben, die wir aus alten Fotos und Plänen kennen? Warum macht die Häuserreihe der Maximilianstraße einen teilweise so freudlosen Eindruck?

*Der Zweite Weltkrieg und seine Folgen*

Beim Bombenangriff auf Regensburg 1944 waren auch in der Maximilianstraße einige Häuser schwer beschädigt worden. Darunter befanden sich die Kammerlichtspiele, die 1954 durch die Abtrennung vom Sternbräu die Hausnummer 9 a erhielten. Nach einer kurzzeitigen Verlegung des Spielbetriebs in das Stadttheater wurde das Kino 1946 wiederhergestellt und 1979 mit mehreren kleinen Sälen komplett umgestaltet. Das traditionsreiche Haus, 1919 als zweitältestes Regensburger Kino eröffnet, stellte nach über 80 Jahren seinen Betrieb Ende 2001 ein. Der Abbruch des leer stehenden und zum Schandfleck gewordenen Hauses erfolgte Mitte Juli 2003.

Frühe Wiederaufbauten, welche die betreffenden Häuser weitgehend zu Bauwerken des 20. Jahrhunderts umformten, fanden schon 1945/46 in Nr. 22 und 1949 und 1950 in Nr. 13 und 15 statt. Anfang der 1950er Jahre setzten auch in größerem Umfang „Fassadenbereinigungen" ein, verbunden mit erdgeschossigen Ladeneinbauten, so in Haus Nr. 10 (1956), 18 (1952) oder 23 (1952).

Auch das Hotel Sternbräu Haus Nr. 9 hatte schwere Kriegsschäden erlitten. Beabsichtigte man 1950 noch eine Wiederherstellung, änderte die Brauerei 1955 die Pläne zugunsten der Errichtung eines Kaufhauses,

*In den dreißiger Jahren wurde die Maxstraße zur Flaniermeile.*

über das im Regensburger Almanach bereits berichtet wurde[12].

Im gleichen Jahr fiel auch das östliche Torwärterhäuschen des Maxtores, was den Auftakt zu einer völligen Neugestaltung des südöstlichen Teils der Maximilianstraße bildete. Als strenger Rasterbau, aus der Häuserflucht weit zurückspringend und mit einer eingeschossigen Passage zur Straße, ist das 1958 gebaute siebengeschossige Flachdachhaus ein ganz charakteristisches Produkt seiner Zeit, das für sich gesehen durchaus Qualität hat, nur städtebaulich heute als völlige Fehlentwicklung gewertet zu werden droht. Das gleiche gilt für das nur zwei Jahre später erbaute Haus Nr. 27, das als fünfgeschossiger Flachdachbau an dieser Stelle als ein recht dürftiger Ersatz für den oben erwähnten Neurenaissancebau des 19. Jahrhunderts anzusehen ist. (Bis 1775 wohnten auf diesem Grundstück übrigens die Regensburger Scharfrichter.)

Der erste reine Stahlskelettbau Regensburgs und als solcher durchaus schon denkmalwürdig ist das 1954/55 an der Ecke zur Königstraße erbaute Geschäftshaus Nr. 16 (heute Kaufhaus Woolworth). Es setzt mit seinen vier Geschossen und dem flachen Walmdach einen neuen städtebaulichen Akzent, den die ursprüngliche Planung der Maximilianstraße nicht vorgesehen hatte; der Vorgängerbau aus dem 19. Jahrhundert war dreigeschossig gewesen. Dem Neubau des Geschäftshauses Nr. 24 an der Ecke zur Grasgasse fiel 1955 ein kleines Neorenaissance-Palais von 1855, dreigeschossig, mit Walmdach und Ecklisenen zum Opfer – auch hier nicht unbedingt zum Besten des Straßenbildes.

*Anspruch und Wirklichkeit*

Die Maximilianstraße hat nie die im Sinne des Klassizismus geplante einheitliche Bebauung erfahren, die hochgesteckten Erwartungen der frühen Zeit sind nicht erfüllt worden. Immerhin unternahm man im späteren 19. und frühen 20. Jahrhundert nicht ohne Erfolg alle Anstrengungen, eine repräsentative Fassadenfolge im Sinne des Historismus aufzubauen, um in Anlehnung an die Entwicklungen in anderen, wohlhabenderen und größeren Städten die Straße tatsächlich zu einem Boulevard, einer Prachtmeile werden zu lassen. In der Zeit unserer Väter galt die Maxstraße tatsächlich als die Flaniermeile schlechthin, und noch in den sechziger Jahren konnte man beobachten, dass die Regensburger Jugend für den abendlichen Stadtbummel die Maxstraße als die einzige moderne Straße innerhalb der Altstadt bevorzugte. Hier lagen damals auch eine Reihe eleganter Geschäfte, das heute noch hier befindliche Modehaus Sperb, der Schöttl, das große Feinkostgeschäft der Brüder Buchner mit eigener Bäckerei, in dem die Regensburger Oberschicht Kunde war, während die Kaufhäuser Woolworth und Bilka breite Käuferschichten anzogen. Das kleine Eiscafé des Wahl-Regensburgers Michele d'Antoni mit dem ersten italienischen Espresso, den es in der Donaustadt gab, setzte einen unverwechselbaren gastronomischen Akzent, den im weiteren Sinn dann auch die Milchbar am Königshof und das 1961 am Ernst-Reuter-Platz eröffnete Martini fortführten.

Doch leider wurde diese hoffnungsvolle Entwicklung ziemlich abrupt beendet. Gerade die 1950er Jahre waren für die bauliche Gestalt der Maximilianstraße von größten Auswirkungen und prägen das Erscheinungsbild bis heute so sehr, dass die älteren Bauten dahinter zurücktreten. So entstand ein uneinheitliches, städtebaulich zutiefst unbefriedigendes Bild, das dem gewünschten Ziel einer Prachtstraße – anders als zum Beispiel in der Stadtamhofer Hauptstraße – durchaus entgegenwirkt. Hier stehen noch wichtige Aufgaben an.

Ob man mit der jüngst abgeschlossenen Neugestaltung der Fahrbahn diesem Ziel näher gekommen ist, ist höchst umstritten. Die Verkehrsberuhigung 2002 war ein notwendiger und richtiger Schritt. Als gestalterisches Problem jedoch erscheint der Straßenbelag. Hier entsteht durch die flächige, wenig strukturierte und auf Trottoirs verzichtende graue Granitpflasterung von

Hauswand zu Hauswand der Eindruck einer mächtigen, die Häuser dominierenden Wanne. Die klassizistische Planung des 19. Jahrhunderts arbeitete hingegen mit rhythmisierten, auf die Länge der Hausfassaden abgestimmten Bürgersteigen, gab der Straße eine Dynamik, die ihr jetzt fehlt. Zwar ist durch die in Regensburg traditionelle mittige Rinne eine Richtungsachse zum Bahnhof gegeben, diese wird jedoch durch die weißen Querstreifen im Straßenbelag wieder aufgehoben. Die Straße wirkt im Vergleich mit den niedrigen dreigeschossigen Biedermeierhäusern zu breit und zu wuchtig, fast wie ein Hochwasser führender Fluss.

Eine geschmackliche Gratwanderung bei jeder Neugestaltung in historischen Städten ist die Straßenbeleuchtung. Mit den Lichtsäulen, die ein diffuses, blendfreies Licht ergeben, wurde ein mutiger Schritt getan. Es ist zu begrüßen, dass keine historisierenden Straßenlaternen zur Aufstellung kamen. Einen guten Eindruck machen die Lichtsäulen auf dem erweiterten Raum am Ernst-Reuter-Platz, wo man hoffen kann, dass das grässliche Sammelsurium der unterschiedlichsten Leuchtkörper in absehbarer Zeit sein Ende findet. Doch blickt man abends hier vom „Stadteingang" in die Maximilianstraße hinein, erscheinen die Leuchten als eine blendende, geschlossene Lichtwand, welche die dahinterstehenden Hausfassaden völlig verschwinden lässt und der Straße eine ausgesprochene Asymmetrie, ein optisches Ungleichgewicht verleiht.

Der begonnene Gestaltungsprozess hat der Straße viel Gutes – vor allem Menschen – gebracht. Er ist längst nicht abgeschlossen und wird es niemals sein. Die Ladengestaltungen der letzten drei, vier Jahre haben etliche Sünden wieder gutgemacht und lassen hoffen. Die Laden- und Schaufenstereinbauten der Nachkriegszeit jedoch sind in die Jahre gekommen und wirken teilweise schäbig, was durch dilettantische Schaufenstergestaltungen, leerstehende Lokalitäten, durch minderwertige Massenware, die verstärkt gerade in dieser Straße angeboten wird, von den darüber aufragenden Hausfassaden so ablenkt, dass die wirklichen Schönheiten der Maximilianstraße noch immer zu wenigen Besuchern bewusst werden[13].

[1] Die Geschichte der Maximilianstraße ist behandelt in: Baualtersläne zur Stadtsanierung Regensburg V (Lit. G, Pauluserwacht), München 1984, 173–203. – Anke Borgmeyer u.a., Denkmäler in Bayern: Stadt Regensburg, Regensburg 1997, 388–392. Die aus diesen beiden Publikationen entnommenen Daten zur Baugeschichte werden aus Gründen des Umfangs nicht immer kenntlich gemacht.

[2] Julius Wackenreiter, Die Erstürmung von Regensburg am 23. April 1809, Regensburg 1865, 44.

[3] Wackenreiter 123–125. Fl. = florin = Gulden.

[4] Hermann Reidel, Joseph Emanuel von Herigoyen. Kgl. bayer. Oberbaukommissar 1746–1817, München-Zürich 1982, Abb. 171.

[5] Zum Folgenden jüngst: Eugen Trapp, Beziehungs- und Grenzfragen. Regensburger Stadtbaugeschichte zwischen Aufklärung und Vormärz, in: Ausstellungskatalog 1803. Wende in Europas Mitte, Regensburg 2003, 321–326.

[6] Trapp 321.

[7] Die Dachtraufe läuft parallel zur Straße.

[8] Trapp Abb. 39.

[9] Lutz-Michael Dallmeier, Rückblick auf eine Bedrohung der Altstadt vor 30 Jahren, in: Denkmalpflege in Regensburg Bds. 7 (2000), 10–24.

[10] Stadt Regensburg, Bauordnungsamt, Akt Maximilianstraße 9.

[11] Baualtersplan V, 194, Fig. 31.

[12] Peter Morsbach, Kunst am Bau der Nachkriegszeit, in: Regensburger Almanach 2002, 137f.

[13] Zu den Entwicklungen der jüngeren Zeit und der nahen Zukunft auch Rudolf Saule und Gerhard Sperb, in: Bei Uns Nr. 111 (August 2002), 7–9. – In diesem kurzen Abriss konnten die Ergebnisse des Wettbewerbs zur Anbindung der Bahnhofs an die Altstadt nicht berücksichtigt werden. Vgl. Regensburg plant und baut 2: Städtebau. Verbindung Altstadt-Hauptbahnhof. Städtebaulicher Wettbewerb 1997/98. Hgb. Stadt Regensburg, Planungs- und Baureferat, Regensburg 1999.

KLEMENS UNGER / KONRAD MARIA FÄRBER

# „Das muss ein Tiroler gewesen sein!"

## Gedenktafel erinnert an die Verwundung Napoleons in Regensburg

*Am 23. April 1809 belagerte Napoleon mit seinen Truppen das von den Österreichern besetzte Regensburg. Beim Sturm auf die Stadt wagte sich der Kaiser zu nahe an die Mauern heran und wurde durch einen Streifschuss am Fuß verwundet – der Überlieferung nach im Bereich der ehemaligen Kinderklinik. 1911 wurde an dem heute nicht mehr bestehenden Eckhaus Hemauerstraße/D.-Martin-Luther-Straße eine Gedenktafel angebracht. Im Rahmen der Umgestaltung und Neuplanung für die Galgenbergbrücke und die neue Verkehrsanbindung des Hauptbahnhofs sowie des Neubaus des Castra Regina Centers wurde dieser Häuserkomplex 1977 abgebrochen. Die Gedenktafel kam ins Depot des Historischen Museums.*

Im Rahmen der Vorbereitungen auf das Jahresthema „Regensburg im 19. Jahrhundert", für das der Reichsdeputations-Hauptschluss von 1803 den Anlass gab, wurde das Thema Napoleon wieder in besonderem Maße evident. In vorbereiteten Gesprächen zwischen Prof. Dr. Jörg Traeger und dem Kulturreferenten der Stadt Regensburg war auch die „verschollene" Tafel ein Thema. Kulturreferent Klemens Unger erinnerte sich wie viele andere Kinder dieses Stadtviertels, dass er immer auf dem Schulweg in die Klarenanger-Schule an dieser Tafel vorbeigekommen war. Karl Bauer, der damals in der Klarenanger-Schule unterrichtete, hat das seinige zum Geschichtsbewusstsein mancher seiner Schüler beigetragen.

So plante der Kulturreferent bereits seit geraumer Zeit, diese Tafel an dem mittlerweile neu errichteten Gebäude der Hypo Vereinsbank, also auf der gegenüberliegenden Straßenseite ihrer ursprünglichen Anbringung, wieder installieren zu lassen. Nachdem die Leitung der Hypo Vereinsbank in Regensburg mit Thomas Buechl besetzt wurde, einem ehemaligen Schulfreund aus der Gymnasialzeit am Albrecht-Altdorfer-Gymnasium, war die Wiederanbringung der Gedenktafel Dank der großzügigen Unterstützung der Hypo Vereinsbank nur mehr ein „Kinderspiel". Rechtzeitig zum 23. April im Gedenkjahr 1803 wurde die originale Tafel von 1911 an der denkwürdigen Stelle von Napoleons Verwundung in der Hemauerstraße wieder angebracht.

Wie aber war es zu dieser Verwundung gekommen, die als die einzige des als unverwundbar geltenden Kaisers in die Geschichte eingegangen ist? Österreich hatte mit seiner Hauptmacht am 10. April 1809 zwischen Braunau und Schärding den Inn überschritten und damit den sogenannten 5. Koalitionskrieg ausgelöst. Nach anfänglichen Erfolgen wurde jedoch das österreichische Heer von den Franzosen und den mit ihnen verbündeten Bayern geschlagen. In Eggmühl und Abensberg fielen die entscheidenden Schlachten und die von Napoleon zwischen Landshut und Regensburg geführten Manöver galten noch nach über hundert Jahren als Musterbeispiel des modernen Bewegungskrieges. Um seine Armee zu retten, sah sich der österreichische Oberbefehlshaber,

Erzherzog Karl, gezwungen, den Rückzug über die Donau in Richtung Böhmen anzutreten. Regensburg und die Steinerne Brücke waren noch in österreichischer Hand. Erzherzog Karl ließ in der Stadt eine 4000 Mann starke Besatzung zurück, welche die Franzosen aufhalten und seinen Rückzug so lang wie möglich decken sollte. Aus diesem Grund kam es am 23. April 1809, einem Sonntag, zur Schlacht um Regensburg.

Die Einnahme von Regensburg stellte die Franzosen vor ein Problem, mit dem damals niemand mehr gerechnet hatte: die Befestigungsanlage mit Stadtmauer, Wehrgängen, Wehrtürmen, einem Stadtgraben und einer weiteren vorgelagerten Mauer erwies sich zunächst als unüberwindliches Hindernis. Es ist gewissermaßen eine Ironie der Geschichte, dass diese aus dem Mittelalter stammende Befestigung, die im Dreißigjährigen Krieg die Schweden nicht aufhalten konnte und die man längst für unbrauchbar gehalten hatte – zum Teil war sie bereits in eine Promenade für Spaziergänger umgewandelt, ihre Wehrgänge waren an Handwerker vermietet und im Stadtgraben hatte man Gemüsebeete und Gartenhäuschen angelegt – dass diese Befestigungsanlage die mit modernsten Waffen ausgerüsteten Truppen Napoleons zehn Stunden lang aufhalten konnte. Der französische Marschall Lannes musste für seine Soldaten, die für eine Erstürmung einer mittelalterlichen Befestigungsanlage nicht mehr ausgerüstet waren, Leitern aus den umliegenden Dörfern herbeischaffen lassen, die dann als Sturmleitern zum Einsatz kamen.

Aufgrund mangelnder Ortskenntnis ließ Lannes den Hauptangriff nicht gegen die schwache Westseite beim Prebrunntor führen, wo die Befestigungsanlage zum Teil bereits abgetragen war, sondern gegen die noch intakte Südseite zwischen dem Peterstor und dem Ostentor. Dort befahl er einer bayerischen Haubitzen-Stellung, die in der Gegend der heutigen Ecke D.-Martin-Luther-Straße/Hemauerstraße aufgestellt war, eine Bresche in die Stadtmauer zu schießen.

Napoleon, der die vergangene Nacht in Schloss Alt-Eglofsheim zugebracht hatte, nahm um neun Uhr bei Hohengebraching unter einem Baum sitzend ein Früh-

stück ein und erwartete jetzt die rasche Eroberung der Stadt, die er zunächst für problemlos hielt. Gegen Mittag wurde er jedoch ungeduldig und ritt auf seinem Schimmel näher heran, um den Angriff persönlich zu leiten. In der Nähe der kleinen Friedhofskirche von Weih St. Peter in der heutigen Bahnhofsgegend stieg er vom Pferd. Dann richtete er sein Taschenfernrohr auf die Stadtmauer. In diesem Moment spürte er einen brennenden Schmerz am rechten Fuß. „Ich bin getroffen worden," sagte er zu seinem Begleiter. Zu seinem Glück aber war es nur ein harmloser Streifschuss.

Dieser Streifschuss ist als die Geschichte von der einzigen Verwundung des großen Feldherrn in die Napoleon-Legende eingegangen. Die Nachricht, dass der Kaiser von einer Flintenkugel getroffen worden sei, verbreitete sich wie ein Lauffeuer. Mag sein, dass Napoleon als geschickter Regisseur auch seinen Teil dazu beigetragen hat. Es hieß, dass mit der Kunde von seiner Verwundung die Soldaten der nächsten Abteilungen ihre Stellungen verließen, um ihm ihre Teilnahme auszudrücken. Dabei soll er vorübergehend von 15.000 Mann umringt gewesen sein, die sich überzeugen wollten, dass ihr Kaiser noch am Leben war. Noch während die Leibärzte der Garde, Dr. Yvan und Dr. Thoan, gemeinsam versuchten, dem Kaiser einen Notverband anzulegen, stieg dieser ungeduldig wieder auf sein Pferd. Von seinem Adjutanten begleitet sprengte er im Galopp davon, um sich den Truppen zu zeigen. Die persönliche Anwesenheit des als unbesiegbar geltenden Kaisers besaß eine enorme psychologische Wirkung auf die Truppe und erklärt auch bis zu einem gewissen Grad die militärischen Erfolge des großen Vabanque-Spielers. Seitdem er im dichten Gewehrfeuer unverletzt über die Brücke von Arcole gestürmt war, eilte ihm der Ruf der Unverwundbarkeit voraus. Seine Verwundung in Toulon war geheimgehalten worden.

Wie harmlos die Verletzung wirklich gewesen sein muss, zeigt auch die Tatsache, dass sich von den Augenzeugen schon wenige Tage später niemand mehr exakt an die näheren Umstände erinnern konnte und niemand mehr genau wusste, welcher Art die Verletzung eigentlich gewesen war. Die einen sagten, Napoleon sei, als er zu Pferd bis auf zehn Schritt auf die erwähnte bayerische Haubitzen-Stellung herangeritten war, von einer Kugel am Fuß getroffen worden. Andere glaubten sich zu erinnern, dass er zu Fuß gewesen und an der Seite von Marschall Lannes gestanden sei. Marschall Berthier berichtete später, ein Querschläger habe den Kaiser am rechten Fuß getroffen. Andere sprachen schließlich von einer Verletzung an der Ferse. Napoleon soll, nachdem er getroffen worden war, gesagt haben: „Das muss ein Tiroler gewesen sein, der mich in solcher Entfernung aufs Korn genommen hat. Aber diese Burschen sind vortreffliche Schützen." Dem Freiherrn von Albini, Staatsminister im Fürstentum Regensburg, soll er hingegen erklärt haben: „Die Verwundung hat mir nichts ausgemacht. Ich war einfach zu neugierig."

An seine Frau, die Kaiserin Josephine, schrieb er aus Regensburg: „Die Kugel, die mich getroffen hat, hat mich nicht verwundet. Sie hat kaum die Achillessehne gestreift. Meine Gesundheit ist vortrefflich." Seiner Schwägerin, einer württembergischen Prinzessin, die mit seinem Bruder Jérome verheiratet war, teilte er mit: „Das Gerücht von meiner Verwundung ist ein Schwindel. Eine Kugel hat mich zwar erwischt, aber sie hat mich nicht verletzt."

Trotzdem muss die Verletzung relativ schmerzhaft gewesen sein, denn der Kaiser zog sich, nachdem er sich den Soldaten gezeigt und sie erneut angefeuert hatte, aus dem Kampfgeschehen zurück und zwar zunächst in das nahgelegene Schloss Pürkelgut. Sophie Poschwitz, die Tochter des damaligen Besitzers, schilderte dem französi-

*Das Gemälde „Die Einnahme von Regensburg d. 23. April 1809" zeigt im Vordergrund, wie der verwundete Napoleon von einem Feldarzt versorgt wird.*

schen Historiker und späteren Ministerpräsidenten Adolphe Thiers, als dieser 1837 Regensburg besuchte, wie sie als junges Mädchen am 23. April 1809 in Pürklgut das Verbinden Napoleons miterlebt hatte. Nachdem der Kaiser notdürftig verarztet worden war, stellte ihm der Gutsbesitzer eine viersitzige Karosse zur Verfügung, mit der Napoleon nach Karthaus-Prüll gebracht wurde. Der Kaiser hatte sich wohl nicht träumen lassen, dass diese Kutsche, die später in den Besitz des Ökonomierats Lang im damaligen Untertraubling überging, noch bis zum Jahr 1905 als Feuerwehrwagen Verwendung finden sollte.

Im Hauptquartier von Karthaus-Prüll konnte dann der Leibarzt die Wunde eingehender untersuchen. Der Verletzung war tatsächlich nicht schwer, verursachte jedoch starke Schmerzen. Der Arzt stellte eine Quetschung mit starkem Bluterguss fest. Ein Nerv war ebenfalls in Mitleidenschaft gezogen. Der Fuß war ziemlich angeschwollen, nicht zuletzt aber auch deshalb, weil der Kaiser seit drei Tagen seine Stiefel nicht mehr ausgezogen hatte.

Die Einnahme der Stadt ist – ähnlich wie die Verwundung Napoleons – von der historischen Legendenbildung verfolgt. Nach den Memoiren des französischen Generals Pelet, denen auch Wackenreiter folgt und die hier kurz zusammengefasst werden sollen, stellte der Graben, der zwischen der Bresche und den anstürmenden Franzosen lag, wie bereits erwähnt, zunächst ein unüberwindliches Hindernis dar. Die mit Sturmleitern vorrückenden Grenadiere wurden jedes mal von einem starken Kartätschen- und Gewehrfeuer der österreichischen Verteidiger niedergestreckt. Als nach dem dritten erfolglosen Versuch die Mannschaft zu zögern begann, soll sich Marschall Lannes den Stern der Ehrenlegion von der Brust gerissen und den mutlos gewordenen Soldaten gezeigt haben. Obwohl daraufhin hundert vorstürmten, darunter viele Offiziere, gelang es nicht einem, eine Leiter an die andere Seite des Grabens zu bringen. Als bei einem nochmaligen Aufruf selbst die Tapfersten verzagten, soll Lannes den Soldaten zugerufen haben: „Ihr sollt sehen, dass euer Marschall noch Grenadier ist!" und eine Leiter ergriffen haben, um sie selbst über den Graben zu bringen. Als ihm daraufhin seine Adjutanten, die Obersten Labédoyère und Marbot, die Leiter aus den Händen reißen wollten, drängten sich, das feindliche Feuer nicht achtend, die Grenadiere in solchen Massen vor, dass sie kurz darauf mit Labédoyère und Marbot an der Spitze die Bresche erklommen hatten. Kaum dass die beiden Offiziere in die Stadt eingedrungen waren, stürmten sie mit kleiner Bedeckung zum nahen Peterstor. Die österreichische Besatzung streckte die Waffen, das Tor wurde von innen aufgesprengt, die Zugbrücke herabgelassen und Marschall Lannes ritt an der Spitze des 85. Regiments in die Stadt ein. Das war zwischen 18 und 19 Uhr, also unmittelbar vor Einbruch der Dunkelheit.

Ein Teil der österreichischen Besatzung konnte sich in letzter Minute auf das nördliche Donauufer zu retten. Die Franzosen nahmen die Verfolgung auf, und so tobte auf der Steinernen Brücke ein Kampf Mann gegen Mann. Eine auf dem Dreifaltigkeitsberg postierte österreichische Geschützstellung gab den Fliehenden Feuerschutz und schoss dabei Steinweg und Stadtamhof in Brand. Von ganz Stadtamhof blieben nur zehn Häuser übrig.

Die Stadt wurde mit der Begründung, dass sie im Sturm genommen war, der Plünderung preisgegeben. Durch den Beschuss mit Brandhaubitzen waren in mehreren Stadtteilen, so am Klareneranger und im Bereich zwischen der heutigen Maximilianstraße und Obermünsterstraße Feuer ausgebrochen. Löscharbeiten kamen jedoch viel zu spät in Gang, denn die Regensburger Bürger waren zum großen Teil bereits vor der Schlacht aufs Land geflüchtet oder hatten sich in ihren Kellern versteckt, wie zum Beispiel die Frau des bayerischen Diplomaten Graf Rechberg, die in einem Keller in der Gesandtenstraße während des Angriffs von einem gesunden Jungen entbunden wurde.

Nach einem Bericht des Domherrn Graf Sternberg, dessen klassizistisches Gartenkasino (später Theresienruhe) ebenfalls schwer in Mitleidenschaft gezogen worden war, sollen sich die französischen Offiziere bei ihm mit dem Befehl ins Bett gelegt haben, sie erst dann zu wecken, wenn der Brand das Nachbarhaus erreicht habe. Dass nicht die ganze Stadt niedergebrannt sei, sei dem Bericht Sternbergs zufolge, in erster Linie Graf Rechberg zu verdanken. Er soll sich den Hut eines bayerischen Generals aufgesetzt und eine alte Paradeuniform angezogen haben. Die französischen Soldaten hätten ihn daraufhin für den bayerischen Kronprinzen gehalten und sich von ihm willig zum Löscheinsatz führen lassen. Als der Kaiser am 24. April durch das Jakobstor in die Stadt Regensburg einzog, waren viele Straßen wegen der Leichen und Trümmer kaum passierbar. An manchen Stellen brannte es noch immer. Wie Oberapellationsgerichtsrat Kayser berichtet, wurde Napoleon aber „nicht mit dem vielleicht erwarteten Jubelruf empfangen, ja nicht einmal die Neugierde, den großen Feldherrn zu sehen, versammelte, wo Napoleon während seines kurzen Aufenthalts mit seinem Gefolge sich blicken ließ, in größerer Anzahl Regensburgs Einwohner um ihn. Dafür erhielten die öffentlichen Autoritäten, die höheren Dikasterien und Civilbehörden, so wie das Militär und die Geistlichkeit die Erlaubnis, am 25. April dem Kaiser die Aufwartung machen zu dürfen.

Napoleon hatte jetzt in der Fürstprimatischen Residenz am Domplatz sein Hauptquartier aufgeschlagen. Und Kayser berichtet weiter, wie, nachdem Napoleon am Peterstor eine Truppenparade abgenommen und dort an seine Soldaten großzügig Geld und Orden verteilt hatte, bei dem abendlichen Empfang der Kammerherr die in Staatsuniform erschienen Herren mit einem schneidenden „Entrez!" einzeln eintreten ließ. Der Kaiser sei in einfacher Generalsuniform in der Mitte des Audienzzimmers unter einem Kronleuchter gestanden, während im Hintergrund seine Marschälle in glänzenden Uniformen aufgestellt waren. „Der Stiefel an seinem verwunderten Fuße war auf dem Riste aufgeschnitten und mit Bändern zugebunden."

Am übernächsten Tag, es war der 26. April, verließ der Kaiser die Stadt. Zwei Wochen später schlief er in Schloss Schönbrunn. Trotz seiner raschen Anfangserfolge zog sich der Feldzug noch über Monate hin. Mit ein Grund war, dass Erzherzog Karl seine über Regensburg gerettete Hauptmacht unbehelligt über Böhmen und Mähren bis in die Donauauen vor Wien bringen und dort Napoleon nochmals gegenüberstellen konnte. Die Schlacht um Regensburg – am Arce de Triomphe in Paris als „Bataille de Ratisbonne" gerühmt – war in Wirklichkeit nicht der große Sieg Napoleons, zu dem ihn seine Propaganda hochstilisierte. Sie war im Grunde ein Erfolg der Österreicher, denen es damit gelungen war, die Franzosen an der Donau vorübergehend aufzuhalten. Die Verteidigung Regensburgs als eine sinnlose Opferung von sechs österreichischen Regimentern zu bezeichnen, wie es in Kurt Klingers Napoleon-Memoiren hieß, erscheint daher nicht gerechtfertigt.

*Literatur und Quellen*

J. Wackenreiter, Die Erstürmung von Regensburg am 23. April 1809, Regensburg 1865.

Napoleon. Ich, der Kaiser. Eine Autobiographie. Aus der Chronik seines Lebens herausgegeben und kommentiert von Kurt Klinger, München 1978.

Ausgewählte Werke des Grafen Kaspar von Sternberg, Bd. 2, Materialien zu meiner Biographie, hrsg. v. W. Helekal, Prag 1909.

J. Tulard / L. Garros, Itinéraire de Napoléon au jour le jour 1769–1821, Paris 1992.

Regensburger Tagblatt Nr. 270/Jg. 1905.

SIGFRID FÄRBER †

# Der Herzogshof zu Regensburg

*Ein neuer Anfang in einem traditionsreichen Gebäude*

*Der Herzogshof zu Regensburg ist das bedeutendste weltliche Bauwerk der an Geschichtsdenkmälern so überaus reichen Donaustadt. Er ist in seinem erhaltenen Baubestand über hundert Jahre älter als das Alte Rathaus und in seiner Tradition und Geschichte auch älter als die Steinerne Brücke.*

Der Herzogshof war die Pfalz der Agiloifinger. Pfalz hieß damals lateinisch „palatio" – der Begriff war vom römischen Palatin, dem Kaiserhügel abgeleitet. Als solcher war der Herzogshof nicht nur die erste bayerische, sondern auch die erste deutsche Residenz. Karl der Große erhob diese zur wichtigsten Kaiser- und Königspfalz im süddeutschen Raum, und mehrere der nachfolgenden Karolinger hatten enge Beziehungen zu Regensburg. Später waren die Burggrafen Betreuer der Königsburg und Vertreter der kaiserlichen Macht in der Stadt, und nach ihrem Aussterben wurden sie von den bayerischen Herzögen aus dem Haus Wittelsbach beerbt.

Der Bau des Herzogshofs in seinem heutigen Bestand um das Jahr 1200 fällt in die Zeit des bayerischen Herzogs Ludwig des Kelheimers. Nachdem in der nachmittelalterlichen Zeit das Gebäude durch Um- und Zubauten völlig verändert wurde, erfolgte 1937–40 im Auftrag der Reichspostdirektion Regensburg, die den Herzogshof 1935 erworben hatte, eine Wiederherstellung. Diese Wiederherstellung, bei der auch als seltenes historisches Kleinod ein erhaltener spätromanischer Pfalzsaal, der Herzogssaal, freigelegt wurde, geschah in Verbindung mit dem Umbau des aus dem Jahr 1895 stammenden Direktionsgebäudes und mit der Neuanschaffung von Diensträumen. Im Herzogshof selbst mußten nach zwei Jahrzehnten und in den folgenden Jahren neuerdings verschiedene Instandsetzungen vorgenommen werden, um das historische Gebäude zu erhalten.

## Tradition und Geschichte

Die Geschichte des Herzogshofes reicht in die Zeit der Römer zurück. Regensburg, ursprünglich eine Keltenstadt mit dem Namen „Radaspona", dann um die Zeitenwende ein römisches Kohortenkastell, wurde unter Kaiser Marc Aurel 179 n. Chr. als mächtige Militärfestung Castra Regina gebaut, wo der Oberbefehlshaber der Provinz Rätien seinen Sitz hatte. Der Umfang des römischen Castrums ist auf jedem Stadtplan noch heute zu erkennen. Er ist über gewaltigen, nur teilweise freigelegten Mauern für immer ins Stadtbild eingeprägt, und auch das wuchtige Nordtor, die Porta Praetoria, ist erhalten.

Ende des 3. und Anfang des 4. Jahrhunderts kam es mit dem Niedergang des römischen Imperiums zu Verwaltungsänderungen und Heereseinschränkungen. In Regensburg, das vorher mit 6000 Mann der III. Italischen Legion belegt war, lagerte nur noch eine Tausendschaft, für die das alte Castrum zu groß war. So wurde in der Nordostecke von Castra Regina ein Innenkastell errich-

*Nach seinem letzten Umbau ist der Herzogshof jetzt auch ein Gasthof.*

tet, der römische Vorgänger der späteren Herzogsburg, wobei der dort befindliche sogenannte Römer- oder Heidenturm zwar nicht römisch ist, wohl aber auf eine Befestigungsanlage dieses römischen Innenkastells zurückgeht.

Die Zeit der Auflösung der römischen Herrschaft und der Beginn der Einwanderung der Baiern liegen im Dunkel. Anfang des 6. Jahrhunderts nahmen die Baiern die ehemaligen römischen Provinzen Noricum und Raetien in Besitz. Wohl im Einverständnis mit den Franken, deren nomineller Oberherrschaft sie sich jahrhundertlang widersetzten, machten sie Regensburg zu ihrem Regierungssitz. Sehr mächtig waren diese Herzöge aus dem Stamm der Agiloifinger, die im ehemaligen, ausgebauten Römerkastell, besser gesagt in der Herzogsburg saßen, denn ihr baierisches Reich erstreckte sich bis zur Adria. Zur Herzogspfalz gehörte auch eine Pfalzkapelle. Ob sie die Vorgängerin der Alten Kapelle war oder der bei den Niedermünster-Ausgrabungen entdeckte älteste Kirchenbau, der auch die älteste Bischofskirche gewesen sein könnte, ist fraglich. Nach 250jährigem Widerstand wurden die Agiloifingerherzöge abgesetzt und Bayern dem Fränkischen Reich einverleibt. 788 mußte Tassilo III., der letzte Agiloifingerherzog, der Macht Karls des Großen weichen.

Karl der Große machte nun Regensburg zur Königsstadt, die vormalige Herzogspfalz zur Königspfalz und zur Stätte wichtiger Entscheidungen. Es fanden Reichs- und Kirchentage statt, er sammelte sein Heer für die Feldzüge gegen die Awaren, und hier entstand wohl auch der berühmte und in die Jahrhunderte bis zur Gegenwart wirkende Plan, die Donau mit Main und Rhein durch einen Kanal zu verbinden. Als Kaiser kam Karl 804 wegen neuer Kriegszüge gegen die Awaren und Böhmen wieder in die Stadt, wie eben Regensburg vor allem für seine Ostpolitik von großer Bedeutung war. Enge Beziehungen zur Stadt hatte auch Karls Enkel Ludwig der Deutsche, der 830 in Regensburg „in palatio nostro" Urkunden ausstellte und in den folgenden Jahren hier auch wichtige Gesandtschaften empfing.

Die letzten Karolinger, Kaiser Arnulf († 899) und sein Sohn Ludwig das Kind († 911), hatten beide – wie auch aus ihrer Begräbnisstätte St. Emmeram hervorgeht – ebenfalls enge Verbindungen mit Regensburg. Kaiser Arnulf erbaute auch eine neue Pfalz, die am heutigen Ägidienplatz oder auch noch näher dem Kloster St. Emmeram gewesen sein könnte. Aber wie man hier nur mutmaßen kann, so kann man sich auch kein deutliches Bild von der karolingischen Pfalz am Alten Kornmarkt machen, wenn hier auch sicher die großen Empfangs- und Versammlungsräume gewesen sein müssen, von denen der Mönch Otloh später in seiner Chronik um 1050 spricht.

Der Pfalzbezirk erstreckte sich aber bis in die Südostecke des ehemaligen Römercastrums, jedenfalls war hier der Wirtschafts- und Bauhof, auf die noch heute die Straßenbezeichnung „Am Königshof" hinweist. Auch der Römer- oder Heidenturm, mit dem Herzogshof heute wieder wie einst durch einen Schwibbogen verbunden, wird in karolingischer Zeit als Schutz- und Trutzturm ausgebaut worden sein, mit hölzernen Aufbauten, wie es damals üblich war, da die mit dem Herzogssaal gleichartigen Fensterarkaden im Turm deutlich darauf hinweisen, daß der Ausbau in Stein erst viel später erfolgte.

Nach dem Aussterben der Karolinger kam Anfang des 10. Jahrhunderts wieder ein bayerischer Stammesherzog, Arnulf der Böse († 937). Er widersetzte sich König Otto I., ebenso sein Sohn Eberhard, der deshalb vom König 938 abgesetzt wurde. König Otto, der Regensburg als militärischen Stützpunkt benötigte, übergab das bayerische Herzogtum seinem Bruder Heinrich (948–955),

*Historische Ansicht des Herzogshofs. Stahlstich von Bernhard Grueber, 1844.*

mit dem die Reihe der stammesfremden Herzöge beginnt. Sie werden in der alten Kaiserpfalz gewohnt haben, wenn auch nun durch Schenkungen der Pfalzbezirk aufgeteilt wird und ein gewisser Verfall einsetzt.

976 schenkte Otto II. dem Erzbischof von Salzburg einen Hof westlich vom Pfalzgebäude gelegen, den sogenannten Salzburgerhof. Auch Kaiser Heinrich II. (1002–1024), zuerst als Heinrich IV. Herzog von Bayern, suchte die geistlichen Reichsfürsten als Hauptstützen seiner Politik zu gewinnen und übertrug ihnen deshalb reichlich Königsgut, vor allem aus dem Regensburger Pfalzbereich, aus dem er die Alte Kapelle 1009 dem damals neugeschaffenen Bistum Bamberg schenkte.

Man kann aber sicher annehmen, daß das Hauptgebäude mit dem Pfalzsaal als wichtigster und wertvollster Bestandteil der Pfalz am längsten in kaiserlichem Besitz blieb, weil nach wie vor Hof- und Reichstage in Regensburg stattfanden. Auf diese Weise gelangte das Gebäude schließlich in die Hand der Regensburger Burggrafen. Regensburg hatte nicht wie andere, später gegründete Städte einen einzigen Stadtherrn. Die Herrschaft innerhalb der Stadt teilten sich der Kaiser, der vom kaiserlichen Burggrafen vertreten wurde, der Bischof und als Grundherren die Reichsstifte St. Emmeram, Ober- und Niedermünster. Als Vertreter der kaiserlichen Macht und des Reiches betrafen die Befugnisse des Burggrafen vor allem das Kriegswesen. Ihm oblag die Verteidigung der Stadt, die Instandhaltung der Mauern, der Befehl über die Bürgerwehr. Außerdem war er der Inhaber der Hochgerichtsbarkeit, und für die Ausübung der niederen Gerichtsbarkeit wurden ihm Zinsen gezahlt.

*Der historische Herzogssaal war einst Festsaal der Herzogspfalz.*

Als Stammvater der Regensburger Burggrafen gilt Pabo, Herr von Stefling am Regen, der schon 991 und 996 als Stadtpräfekt bezeugt ist. Später schied sich das Geschlecht in eine burggräfliche und landgräfliche Linie. Als vornehmste Persönlichkeit der burggräflichen Linie begegnet uns Heinrich III. um die Mitte des 12. Jahrhunderts. 1185 endete die burggräfliche Linie und ihre Eigengüter kamen an die landgräfliche Linie. Als auch diese 1196 im Mannesstamm ausstarb, fiel das Erbe an die Wittelsbacher, an Herzog Ludwig den Kelheimer, der von 1183 bis zu seiner Ermordung im Jahr 1231 Herzog von Bayern war.

Dem Herzogshof in Regensburg – der erst ab dieser Zeit diesen Namen führte! – kam nunmehr besondere Bedeutung zu, weil nach dem Aussterben der Burggrafen die Regensburger Bürgerschaft immer mehr Rechte beanspruchte, dagegen aber der Herzog in „unserm Hof ze Regenspurch" (wie er noch im 14. Jahrhundert genannt wurde), seine Hoheitsrechte den Bürgern und auch dem Bischof vor Augen führen konnte. So scheute Ludwig keine Aufwendungen und ließ den Herzogshof um 1220 neu bauen.

Diese Zeit wird durch Stilmerkmale belegt, wobei die Beziehungen zu Salzburg eine große Rolle spielen, weil Erzbischof Konrad von Salzburg Vormund Ludwigs war, als dieser zehnjährig die Regierung antrat. Die Zeit wird aber auch durch einen Vertrag zwischen Bischof Konrad von Regensburg und Herzog Ludwig aus dem Jahr 1213 belegt, wo es heißt, daß der Bischof die Bürger nicht zurückhalten dürfe, wenn sie für den Herzog ein Haus bauen – was dieser also vorhatte zu tun.

Die Stadt Regensburg erreichte nach Verleihung mehrerer kaiserlicher Privilegien im Jahr 1245 ihre Reichsunmittelbarkeit und blieb fünfeinhalb Jahrhunderte freie Reichsstadt. Der Herzogshof hingegen blieb noch Jahrhunderte lang bayerisch – herzoglich, kurfürstlich und schließlich königlich bayerisch. Er bildete bis 1810, als Regensburg zu Bayern kam, eine wittelsbachische Enklave in der Stadt. 1809 wurden hier die Kgl. Bayer. Hauptmaut, 1811 das Kgl. Bayer. Salzamt, 1900 das Kgl. Bayer. Forstamt untergebracht, und bis zur Einführung des bürgerlichen Gesetzbuchs im Jahr 1900 galt in diesem Bereich nicht Regensburger Stadtrecht, sondern bayerisches Landrecht – ein Kuriosum, kennzeichnend für Regensburg, das im Lauf seiner Geschichte so viele Merkwürdigkeiten aufweisen kann. Die Stadt selbst war nie Besitzerin des Herzogshofes. Die Reichspostdirektion hatte 1935 das Gebäude vom Staatlichen Zollärar erworben. Über ein halbes Jahrhundert blieb die Post Besitzerin. 2001 wurde der gesamte Gebäudekomplex der ehemaligen Oberpostdirektion, zu dem auch der historische Herzogshof gehört, an die privaten Regensburger Investoren Jürgen Geisler und Georg Köpl verkauft.

*Gebäude und Pfalzsaal*

Als 1937 der Um- und Erweiterungsbau des aus dem Jahr 1895 stammenden Gebäudes der Reichspostdirektion Regensburg am Domplatz vorgesehen war, plante man zunächst einen zweckdienlichen Betonbau. Bald aber erkannte man, daß das Gebäude am Alten Kornmarkt, der Herzogshof, eine sehr wertvolle historische Bausubstanz barg und daß bei dem Bauvorhaben auch der Denkmalschutz zu seinem Recht kommen mußte.

Unter dem damaligen Präsidenten der Reichspostdirektion Regensburg, Eusebius Walberer, ergab sich nun eine sehr glückliche und fruchtbare Zusammenarbeit zwischen Postoberbaurat Karl Schreiber (einem Schüler von Professor Vorhoelzer, dem bedeutenden Architekten und Chef der Postbaubehörde), Postbaurat Hans Merkenthaler und Postbauassessor Erich Guppenberger einerseits und Professor Dr. Georg Lill vom Bayerischen Landesamt für Denkmalpflege und dem städtischen Denkmalpfleger Museumsdirektor Dr. Walter Boll andererseits, unter Mitwirkung von Architekt Walter Tonner.

Die Aufgabe war nicht einfach: Es galt, das bedeutende mittelalterliche Gebäude des Herzogshofes, das in späterer Zeit durch Einfügung von Wänden und Decken und durch Vermauerungen aller Art völlig verbaut worden war, wieder in Erscheinung treten zu lassen, es galt aber ebenso, dieses Gebäude mit dem bestehenden Direk-

tionsgebäude zu verbinden und notwendige neue Diensträume zu schaffen. Außerdem mußte auf den Verkehr Rücksicht genommen werden, da vom Alten Kornmarkt zum Domplatz ein Engpaß bestand. Dabei mußte größte Sorgfalt angewandt werden, da das gesamte Mauergefüge des alten Gebäudes durch die vielen früheren Umbauten und durch verschiedene Durchbrüche sehr gelitten hatte.
Die Aufgabe wurde hervorragend gelöst. Vom Alten Kornmarkt aus stellt sich der Herzogshof seit dem Abschluß der Wiederherstellung 1940 sehr eindrucksvoll dar, mit seinen schönen romanischen Bogenfenstern des Pfalzsaals, einer Dreier- und einer Viererarkade, zur Linken mit seinem spätgotischen Anbau mit Erker und dem kleinen Turm, dessen Untergeschoß romanisch ist, zur Rechten aber flankiert durch den wuchtigen Heiden- oder Römerturm, mit dem Herzogshof durch einen Schwibbogen verbunden. Durch den Durchbruch unter den Bogenfenstern des Pfalzsaals, der, sich glücklich einfügend, für den Fußgängerverkehr geschaffen wurde, gelangt man an der frühgotischen Ulrichskirche vorbei zum Dombereich und wendet sich zum Altdorferplatz und zum Eingang des Herzogshofes.
Der einstige Vorraum im Erdgeschoß – einstmals die Kantine der Oberpostdirektion, heute die Gaststätte „Der Andechser" – ist eine große Halle, die bei der Sanierung mit einem stilvoll gefertigten Holzpfeiler gestützt werden mußte. Eindrucksvoll sind die Bogenöffnungen zum Alten Kornmarkt, die durch ein Tieferlegen des Platzes freigemacht werden konnten. Der Abguß einer hochromanischen Plastik aus dem Jahr 1207, deren Original früher am Mittelturm der Steinernen Brücke angebracht war und das sich nunmehr im Historischen Museum befindet, bezeichnet mit PILIP' RX'ROMA (Philipp römischer König), also Philipp von Schwaben (1198–1208) vorstellend, schmückt den Raum.

In der Vorhalle des Herzogssaals im ersten Stock blickt man durch eine schöne romanische dreiteilige Rundbogenöffnung und durch eine neue Gittertür in den stimmungsvollen Kapellenraum. Eine Säule der Dreierarkade trägt das sogenannte lombardische Würfelkapitell, das den Altarsäulchen der Allerheiligenkapelle im Domkreuzgang entspricht. So kann hier ein enger Zusammenhang angenommen und auch vermutet werden, daß der Kapellenraum aus der Mitte des 12. Jahrhunderts stammt und daß die Bogenöffnungen einst ins Freie gingen. Im Chorraum der Kapelle, der durch einen schlichten Gurtbogen vom kleinen Hauptraum getrennt ist, leuchten zwei farbige Fenster, deren Glasmalereien – Ludwig der Deutsche und Heinrich der Heilige – um 1940 von Professor Joseph Oberberger, München, ausgeführt wurden. Er schuf auch die Glasmalereien mit Blatt- und Fruchtornamenten, die in die alten Rundbogenfenster des Kapellen- und Chorraums eingefügt wurden.
An die Kapelle schließt sich der spätgotische Vorbau gegen den Alten Kornmarkt an, dessen schmaler Raum mit alter Decke nunmehr als kleiner Konferenzraum dient.
Der Höhepunkt des Herzogshofes ist sein Pfalzsaal, den man durch ein an seiner Westseite eingefügtes Portal betritt, das Bildhauer Karl Kroher, München, zur Zeit der Wiederherstellung in Anlehnung an romanische Formen schuf. Aus seiner Hand stammt auch das große Doppelbogenfenster in der westlichen, einst fensterlosen Saalwand, darüber ein romanischer Vierpaß, der aus dem beim Bau der Reichspostdirektion 1895 abgebrochenen Salzburger Hof stammt. Im übrigen ist die Raumarchitektur des Saals, der mit 9,50 zu 20 Metern das Hauptgeschoß des Herzogshofes in der gesamten Breite und etwa drei Viertel der Länge einnimmt, originales Mittelalter.
An der Ostseite gegen den Alten Kornmarkt die Dreier- und Viererarkade von Rundbogenfenstern, die einst of-

*Aus der alten bayerischen Herzogspfalz ist zum Teil jetzt ein bayerisches Wirtshaus geworden.*

fen in den Hofraum der Pfalz hinausgingen, nunmehr durch Fenster mit netzartiger Bleiverglasung geschlossen sind – an der Ostwand eine weitere Vierergruppe, einst ebenfalls in den Hofraum der romanischen Pfalz geöffnet, dann durch den gotischen Anbau geschlossen und also heute nur im Innern des Saals zu sehen. An der Nordwand des Raums finden sich zwei Dreierarkaden, ehemals dem Römertrum zugewandt, die aber aus statischen Gründen nicht geöffnet, also wiederum nur im Saalinnern sichtbar gemacht werden konnten.

Alle Fensterarkaden werden durch einheitliche schlichte Säulen gegliedert. Der Schaft aller Säulen ist achteckig und ruht auf attischer Basis mit kleinen Eckknollen. Bekrönt wird jeder Säulenschaft durch ein Blattkapitell, das durch fünfeckige konkave Blätter geformt wird. Diese Kapitellform läßt nun – wie Richard Strobel nachgewiesen hat – auf eine direkte Abhängigkeit von Salzburg schließen. Dort ist sie in St. Peter und in der Franziskanerkirche anzutreffen, ferner finden wir diese Form im Kreuzgang von Berchtesgaden und in einigen anderen bayerischen Kirchen und Klöstern. Obgleich diese Salzburger Arkaden in ihrer Form sehr schlicht sind, bieten sie Abwechslung und Zier durch ihre Farbigkeit: Schaft und Kämpfer sind aus Rotmarmor hergestellt, während Kapitell und Basis aus Kalkstein gebildet sind und ursprünglich leuchtend weiß waren, ein farbiger Wechsel von großem Reiz. Das Vorhandensein der Salzburger Zierformen mit Salzburger Material beweist, daß der Herzogshof in seiner endgültigen mittelalterlichen Form unter Herzog Ludwig dem Kelheimer um 1220 entstanden ist, dessen enge Beziehungen zu Salzburg bereits dargestellt wurden und der auch 1228 die Stiftskirche von Altötting gründete, wo ebenfalls die schlichten Blattkapitelle als Konsolen, zum Teil auch schon mit Zierrat bereichert, anzutreffen sind.

Die Schönheit und Feierlichkeit des Herzogssaals wird auch durch die gotische Wappendecke bestimmt. Bei der Wiederherstellung des Herzogshofes wurde im Pfalzsaal die ursprüngliche Balkendecke freigelegt, die zwei Schichten von Malereien erkennen ließ, eine ältere mit Rankenwerk, eine jüngere mit Wappen. Die Wappendecke wurde schließlich restauriert und auch da und dort ergänzt. Sie zeigt zwischen ornamentierten Leisten fünf verschiedene, jeweils wiederkehrende Zeichen: den schwarzen Adler, die weiß-blauen Rauten, einen schwarzen Löwen mit roter Zunge und roten Krallen, einen roten Panther und eine rote Rose. Ohne jeden Zweifel handelt es sich hier um Wappen der Wittelsbacher. Der Adler ist ihr altes Zeichen, das auf das Reichslehen hinweist, der schwarze Löwe bezieht sich auf die Pfalzgrafschaft bei Rhein, die Rauten stammen von den Burggrafen von Bogen und gingen nach deren Aussterben in das Wittelsbacher Wappen über, ebenso wie der rote Panther eine Erbschaft der Grafen von Ortenburg ist und die Riedenburger Rose nach dem Ende der Burggrafen mit deren Besitz übernommen wurde. Bemerkenswert ist, daß das auffälligste Zeichen, das Rautenwappen, das Symbol Bayerns, stets elf Rauten, früher Wecken genannt, zeigt, wie es der alte heraldische Brauch vorschrieb. Die weiß-blauen Rauten wurden 1242, der rote Ortenburger Panther erst 1248 von den Wittelsbachern übernommen, so daß sich als früheste Zeit der gotischen Wappendecke die Mitte des 13. Jahrhunderts ergibt. Die Untermalung weist aber darauf hin, daß der Saal selbst älteren Datums ist.

Eine Reihe von Wappen finden wir auch auf dem Wandteppich, der anläßlich der Wiederherstellung des Herzogshofes in Auftrag gegeben wurde und nun die Westwand schmückt, da es ja im Mittelalter üblich war, in Sälen bei festlichen Gelegenheiten „umbgehänge" anzubringen. Es handelt sich um einen sogenannten Applikationsteppich von Professor Heinz Dallinger, München, der das Turnier zwischen dem Regensburger Ritter Heinz Dollinger und dem heidnischen Hunnenfürsten Krako zeigt – die älteste deutsche, in Regensburg überlieferte Turniersage, die auch in einem Gedicht des 16. Jahrhunderts niedergelegt ist. Daraus werden auf dem Spruchband des Wandteppichs die Worte zitiert: „Das ander Reiten, das sie thaeten, da stach der Ritter Dollinger den Ritter Krako ab, daß er auf dem Ruecken lag – So geschehen im Jahre DCCCCXXX (930)."

Das Turnier fand zwar nach der Regensburger Überlieferung auf dem Haidplatz statt; aber auch auf dem Kornmarkt hat es Turniere gegeben, und zwar sind vom 13. bis zum 15. Jahrhundert hier Turniere bezeugt, denen die Fürstlichkeiten vom Herzogshof aus zusahen, das letzte unter Herzog Albrecht 1487. Die Wappen, die unter der Turnierszene angebracht sind, bezeichnen die bis 1939 freie Stadt Danzig und die bis zur gleichen Zeit zum polnischen Staatsgebiet gehörenden Städte Thorn, Krakau, Posen, Romberg, Graudenz, Kattowitz, die sich zur Zeit der Herstellung des Teppichs im deutschen Herrschaftsbereich befanden.

Der Herzogssaal war einst Festraum der Herzogspfalz und bildet heute einen stilvollen Rahmen für öffentliche wie geschlossene Veranstaltungen, Tagungen, Vorträge, Eröffnungs- und Abschlußfeiern oder Kammerkonzerte.

Der Saal einst hatte auf der Westseite eine geschlossene Wand, und durch die Arkaden der Nordseite schaute man auf den mächtigen dunkel-drohenden Römerturm; die ganze Ostwand aber war durch die Arkadenreihen licht und weit auf den freien Pfalzplatz geöffnet. Alle Arkaden waren ja einst offen, nur mit Vorhängen oder Holzläden versehen, die gelegentlich geschlossen wurden.

Der Saal heute bietet, wenn auch ausgestattet mit modernen Einrichtungen, weitgehend das Bild des alten Pfalzsaals. Er ist ein seltenes historisches Denkmal von großer Schönheit und Würde. Wenn man bedenkt, daß man bei Beginn der Umbau- und Wiederherstellungsplanungen von diesem Saal noch nichts wußte, ihn kaum ahnte, kann man die Bedeutung der denkmalpflegerischen Arbeit um 1940 erst recht ermessen. Aber auch später hat die Post ihre hohe Aufgabe als Besitzer und Bewahrer des wertvollen historischen Denkmals stets voll erfüllt: Von 1962 bis 1974 wurden Instandsetzungen durchgeführt, die insgesamt einen Aufwand von rund einer Million D-Mark erforderten.

Wenn wir den Herzogshof verlassen und uns nochmals zurückwenden, fallen das große Doppelbogenfenster des Saals, ferner über dem Fußgängerdurchgang ein mächtiges Rotmarmorwappen ins Auge, das früher an der Ostseite zwischen den damals verbauten Arkadenfenstern angebracht war. Es ist ein bayerisch-herzogliches Wappen, das im viergeteilten Schild die bayerischen Rauten und den pfälzischen Löwen zeigt, und nicht – wie mitunter fälschlicherweise vermutet wird – ein kurfürstliches Wappen, da im Herzschild der Reichsapfel fehlt. Die bayerischen Herrscher waren ja stets, auch nachdem sie die Kurwürde erhalten hatten, vor allem Herzöge von Bayern. Der Orden ist vom Bildhauer nicht richtig gestaltet, weil die Kette vom Hausritterorden des Hl. Georg, das Kreuz aber vom Hausritterorden des Hl. Hubertus ist. Bekrönt ist das Wappen vom Kurfürstenhut, der auch als Herzogshut gedeutet werden kann. Es erinnert nochmals daran, daß der Regensburger Herzogshof die erste bayerische Residenz war und in der Reichsstadt und über die Reichsstadtzeit hinaus jahrhundertelang bayerisch blieb.

Vor dem Herzogshof ist man im historischen Mittelpunkt Regensburgs, und man hat hier auch den schönsten Architekturblick, den man in dieser so kunstreichen Stadt finden kann. Wendet man, in der Ecke des Altdorferplatzes stehend, dem Herzogshof den Rücken zu, so schweift der Blick vom wuchtigen Römerturm zur frühgotischen Ulrichskirche mit ihren starren Strebemauern und weiter zum Dom St. Peter, hinauf zu den kühn schwingenden Strebebogen, zu den Wasserspeiern, den Fialen, den hochragenden Türmen mit ihren Krabben und Kreuzblumen. Römisch – romanisch – gotisch! Der historische Dreiklang Regensburgs – und in dessen Mittelpunkt der Herzogshof.

HERMANN RAU

# Ein Schlosspark mitten in der Stadt

*Wo einst die Fürstlichkeiten lustwandelten*

*Der Regensburger Schlosspark der Fürsten von Thurn und Taxis, in Regensburg kurz „Fürstenpark" genannt, ist neuerdings zum Thema geworden. Der bei den Kommunalwahlen von 1972 und 1978 erhobene Ruf „Öffnet den Fürstenpark!" war zwar ungehört verhallt, inzwischen aber hat sich der für die Öffentlichkeit gesperrte Schlosspark zu besonderen Gelegenheiten aufgetan. Nicht zuletzt hat auch der Plan, die künftige Kongresshalle in einem Teil des Schlossparks zu errichten, in Regensburg für Aufregung gesorgt. Hermann Rau war als in fürstlichen Diensten stehender Architekt auch für den Schlosspark verantwortlich und schildert hier seine Entstehung und Geschichte.*

Als sich 1806 das alte Reich und der Regensburger Reichstag ihrem Ende zuneigten, trug sich der damalige Fürst Carl Anselm von Thurn und Taxis (1733–1805) mit dem Gedanken, Regensburg zu verlassen. Bekanntlich hatte das Fürstenhaus im Jahr 1748 nach Ernennung von Fürst Alexander Ferdinand (1704–1773) zum Vertreter des Kaisers am Reichstag seine Residenz von Brüssel und Frankfurt am Main nach Regensburg verlegt. Carl Theodor von Dalberg, der seit 1803 das neu geschaffene Fürstentum Regensburg regierte, bemühte sich, dies zu verhindern. Er wollte der Stadt die fürstliche Residenz erhalten und gewährte den Taxis weitgehende Erleichterungen und Privilegien.
1810 endete die Regierungszeit Dalbergs und Regensburg fiel an das Königreich Bayern. König Max I. Joseph erklärte sich jedoch bereit, die dem Fürstenhaus von Dalberg gewährten Privilegien anzuerkennen. Und mehr noch: Mit Lehensbrief vom 28. April 1812 erhalten die Taxisfürsten vom König als Entschädigung für die vom Königreich Bayern abgelösten Postrechte die Klostergebäude des säkularisierten ehemaligen Reichsstiftes St. Emmeram samt weiterem Besitz und Rechten.
Mit dem Übergang des gesamten ehemaligen Klosterareals an die Taxisfürsten konnte die Umwandlung der Emmeramer Klostergebäude zu einer Fürstenresidenz in Angriff genommen werden. Es war ein ausgesprochener Glücksfall, dass zu dieser Zeit Fürst Karl Alexander (1770–1827) und seine kunstsinnige Gattin, Fürstin Therese von Thurn und Taxis, eine geborene Herzogin von Mecklenburg-Strelitz (1773–1839), an der Spitze des Hauses standen. Mit allen Kräften setzten sie sich bei allergrößter Rücksichtnahme auf den schützenswerten, historischen Baubestand für den Ausbau zu einer fürstlichen Residenz ein. Vorausschauend wird dabei jede Gelegenheit wahrgenommen das Klosterareal zu arrondieren und damit die Voraussetzung zur Schaffung eines fürstlichen Schlossparks zu treffen.

## Seine Entstehung

Das ehemalige Kloster St. Emmeram hatte nur über wenige Gärten und Grünflächen verfügt. Im Süden und Osten stieß es an die engen mittelalterlichen Stadtbefes-

*Das einst im Schlosspark gelegene Gartenkasino „Theresienruh", Ölgemälde von Heinz Gassner, 1941.*

*Mutter und Kind, eine Metallplastik der Fürstin Margarete.*

*Treppenaufgang im Schlosspark.*

tigungen. Aus einem Kupferstich um 1750 – er zeigt das Reichsstift aus der Vogelperspektive – geht die damalige Situation deutlich hervor. Hier befinden sich im Westen der Abteigarten, im Osten der Konventgarten, im Inneren des Schlosses bei der Klosterküche der kleine Kuchlhof und im heutigen Davidhof das „Bassin-Gärtl."

Bereits 1805 hatte Fürst Karl Alexander aufgelassene mittelalterliche Befestigungsanlagen bei St. Emmeram erworben, darunter Reste der alten Emmeramer Bastei, einen alten Mauerturm, an dem heute noch erhaltenen Teilstück der arnulfinischen Stadtmauer am Ägidiengang, sowie das Emmeramer Torwerk XXX. 1812 kam ein weiterer Teil des Stadtgrabens vom sogenannten „Prinzengarten", einer seinerzeit sehr beliebten Ausflugsgaststätte, bis zum alten St. Peterstor hinzu. 1813 folgte der Ankauf des „Ludewig'schen" Gartens, der einst vor dem Peterstor lag. Bedeutend war der Erwerb des Sternberg'schen Gartens, einer botanischen Anlage mit klassizistischer Gartenvilla und einer Fläche von insgesamt etwa einviertel Tagwerk Grund. Noch bis ins Jahr 1840 sind weitere Geländezukäufe nachzuweisen.

Damit waren die Voraussetzungen für die Anlage eines Schlossparks gegeben. Er entstand in zeitlichen Abschnitten, wobei es weder eine Gesamtplanung gab noch eine Orientierung an den damaligen Vorbildern, wie etwa an den klassischen Gartenanlagen Italiens und Frankreichs oder den Landschaftsgärten Englands. Verantwortlich für die Neuanlagen und Pflege der Anpflanzungen waren die jeweiligen Schloss- und Hofgärtner, die traditionsgemäß zu dieser Zeit zum Hofpersonal gehörten und vielfach Meister ihres Faches waren. Auch die jeweiligen fürstlichen Baumeister und Forstleute wurden zu Rate gezogen.

Erst ab 1872 zog die Erbprinzessin-Witwe Helene von Thurn und Taxis, eine geborene Herzogin in Bayern (1834–1890), den namhaften Gartenarchitekten Carl von Effner (1831–1884), Hofgärtner Königs Ludwig II., zur Regensburger Schlossparkgestaltung hinzu. Die Arbeiten Effners und seines 1874 hinzugezogenen Mitarbeiters, des Gartenineigenieur Graevell, betrafen das Parkareal entlang des Petersweges und das ehemalige Stadtgrabengelände zwischen Emmeramer Tor und Eichhorngasse, heute Kumpfmühlerstraße. In diesem Zusammenhang ist ein Hinweis in einem Brief eines Freundes von Effner aus dem Jahr 1885 von Interesse. Hier heißt es: „Eine Menge kleinerer und größerer Gärten, unter denen insbesondere der herrliche Hofgarten des Fürsten Taxis und der Garten des Grafen Dernburg [gemeint ist Dörnberg] zu nennen wären, wurde nach seinen Plänen [gemeint ist Effner] ausgeführt." (Vgl. Dokumentation über den Dörnbergpark, Gartenamt Regensburg, 1996).

*Der Schlosspark in seiner heutigen Gestalt*

Der Park umschließt das Schloss ringförmig und setzt sich aus drei zusammenhängenden, doch unterschiedlich großen Abschnitten zusammen. Der größte von ihnen liegt langgestreckt in West-Ost-Richtung vor dem Ostflügel mit der Sichtachse Arkadenbalkon zur ehemaligen „Theresienruh". Dieser Teil wird begrenzt im Norden vom Petersweg, im Osten von der Bahnhofsallee und im Süden von der Carl-Anselm-Allee. Vor dem über 160 Meter langen Südflügel mit seinem Fahnenturm liegt der schmale, etwa 200 Meter lange Mittelteil mit der Einfahrtsallee von der Margaretenstraße und einer Durchfahrt unter der städtischen Allee. Der letzte Teil ist wiederum langgestreckt, liegt hinter der Waffnergasse und reicht von der Helenenbrücke und dem Emmeramer Torwerk bis zur Kumpfmühlerstraße bzw. dem Wiesmeierweg. Auf der Westseite wird er von der städtischen Allee begrenzt.

Die Geländestruktur erinnert an den Verlauf der mittelalterlichen Stadtbefestigung, die erst im 18. Jahrhundert großenteils beseitigt wurde. Die Senken des einstigen Stadtgrabens sind trotz ihrer Auffüllung mancherorts noch erkennbar, Torwerke, Türme und Reste der alten Stadtmauer sind teilweise noch erhalten. Bemerkenswert ist der Rest der alten Emmeramer Bastei an der Südgrenze zur Allee. Hier stand ursprünglich ein Pulverturm, der als Magazin zur Lagerung des Schießpulvers diente. Bei einem heftigen Gewitter im Jahr 1624 kam es durch Blitzschlag zu einer heftigen Explosion. Stein- und Mauerteile übersäten die Umgebung. Heute noch erinnert eine Gedenktafel im großen Schlosshof hinter der Einfahrt an dieses Unglück.

*Der kleine Rundtempel stammt aus dem Park des Frankfurter Palais.*

Den heute begrünten und begehbaren Erdwall ziert ganz oben ein achteckiger Pavillon, auch Salettl genannt. Er stand ehedem im Südost-Eck des Dörnberg Parks, wo er wohl als Teehaus diente. 1949 konnte er von Fürst Albert I. (1867–1952) erworben werden. Die Unterkellerung des Turms, die einst als Eiskeller diente, ist erhalten geblieben.

Ein weiteres Zeugnis der Stadtbefestigung befand sich am Petersweg, ein Stadtturm, benannt nach einem Pater und Naturwissenschaftler von St. Emmeram, J. H. Placidus. Im Zug einer Straßenverbreiterung musste er 1902 abgetragen werden. Im Südwest-Teil des Parks, nächst der Helenenbrücke und der Waffnergasse steht noch das Emmeramer Torwerk XXX aus dem 13. Jahrhundert. Es wurde 1808 bei einer neuen Straßenführung außer Funktion gesetzt, 1812 kam es in den Besitz des Fürstenhauses. Bei Vollendung des Südflügels wurde es gekonnt mit dem Westtrakt verbunden, restauriert und als Malatelier für die Fürstin Margarete (1870–1955) ausgestattet. Der gesamte Bereich ist höchst romantisch, verträumt und ein beliebtes Motiv für Maler. Am nördlichen Parkende zwischen Ägidiengang und -platz hat sich noch ein Stück der frühmittelalterlichen Stadtmauer mit dem fünfgeschossigen Turm XXXII erhalten.

Mitten im langgestreckten Parkteil vor dem Ostflügel liegt der Entenweiher. In der Fachliteratur wird seine Entstehungszeit auf das Jahr 1825 datiert. Belege hierfür werden nicht genannt. Vermutlich aber war der Weiher bereits in der Dalbergzeit – wohl als Arbeitsbeschaffungsprojekt – im damaligen Sternberg'schen botanischen Garten um 1804/05 angelegt worden. Der erste nach katastermäßiger Vermessung erstellte Regensburger Stadtplan von 1812 im Maßstab 1:2500 mit dem Bestand von 1809 zeigt bereits diesen Teich.

Der künstlich angelegte Weiher hat eine Fläche von etwa 1.750 Quadratmetern und ist etwa ein Meter tief. An der Sohle ist er mit Lagen von Ton gedichtet. Gespeist wird er vom Vitusbach, einem Stadtbach, der schon zu Römerzeiten bekannt war und heute noch erhalten ist. Die ursprüngliche Fassung aus Hausteinen und Ziegeln musste allerdings im Verlauf der Jahrhunderte vielfach Rohrleitungen weichen. Die alten Absperr- und Umleitungseinrichtungen sind noch im Schlosspark erhalten und teilweise brauchbar.

In der Endphase des Zweiten Weltkrieges fielen auch Bomben in den Park. Der damalige Schlossgärtner August Roth berichtete von 30 Bombentrichtern. Nach Kriegsende bedurfte der Weiher einer Sanierung, er wurde gründlich entschlammt, neu gedichtet, die Randbefestigungen, teilweise aus Hausteinen, instandgesetzt. Ohne Wasser kein Leben! Teiche, Brunnen und Wasserspiele beleben und bereichern jeden Garten. Der idyllische Schlossweiher erweckt Träume, vor allem im Sommer, wenn die Seerosen blühen und ihn die Vogelwelt, Libellen und Enten bevölkern. Bis hinein in die 80er Jahre des letzten Jahrhunderts wurde der Weiher auch für die Fischzucht verwendet – Hechte, Waller und Karpfen. Den Wildenten dient er bis heute als Rast- und Ruhestätte. Der frühere fürstliche Bauhof hatte den Auftrag, die Ein- und Ausläufe bei strengem Frost eisfrei zu halten. Maruschka, eine Ungarin aus dem Haushalt des österreichischen Erzherzogs Joseph (1872–1962), der nach seiner Flucht eine zweite Heimat bei seiner Schwester, der Fürstin Margarete fand, sorgte jahrelang für die tägliche Fütterung der großen Entenschar. Der Überlieferung nach wurden bis in die 70er Jahre des 19. Jahrhunderts hier auch Schwäne gehalten.

Schloss und Park der früheren Residenz schmücken eine Reihe beachtenswerter Brunnen. Drei davon sind in den inneren Höfen, wobei der Kurfürsten- oder Arnulfsbrunnen im großen Schlosshof wohl der bekannteste und älteste ist. Im Park selbst befinden sich eine Reihe weiterer Anlagen, von denen der italienisch anmutende vor der Ostflügel-Parkseite mit seinem Figurenschmuck der größte ist.

All diese Brunnen wurden seit Klosterzeiten bis Ende des Zweiten Weltkrieges von der historischen Dechbettener Wasserleitung gespeist. Diese erste Versorgungsleitung der Stadt stammt aus dem 12. Jahrhundert und wurde von

*Das „Emmeramer Tor", eines der mittelalterlichen Regensburger Stadttore, gehört seit 1812 zum Schlosspark.*

Emmeramer Abt Peringer geschaffen. Quelle und Brunnstube liegen in Dechbetten, das kostbare Nass wird im natürlichen Gefälle über eine Strecke von 2.700 Metern ins Kloster- bzw. Schlossareal geleitet. Im letzten Krieg wurde die Wasserleitung von Bomben getroffen und unterbrochen. Dem traditionsbewussten und baufreudigen Fürsten Franz Joseph (1893–1971) gebührt Dank, dass sie nach Kriegsende unter großen Schwierigkeiten wieder instandgesetzt wurde. Erst 1972 waren die Arbeiten beendet: nach 25-jähriger Unterbrechung floss erstmals wieder das Wasser ins Schlossareal und erweckte die Brunnen zu neuem Leben. Im Zuge dieser Maßnahmen konnte auch die Versorgung des Parkweihers verbessert werden, das Dechbettener Quellwasser durchfließt und belebt zusätzlich zum Vitusbach den Teich.

Bei der Beschreibung der Bauten im Park muss an erster Stelle ein Gebäude erwähnt werden, das leider nach dem letzten Krieg verloren gegangen ist. Dies ist die Gartenvilla des böhmischen Grafen von Sternberg, die spätere „Theresienruh" der Fürstin Therese von Thurn und Taxis am Ostende des Parks beim ehemaligen St. Peterstor. Sie war ein bauliches Juwel im Stil des Klassizismus aus der Hand des portugiesischen Architekten Joseph von Herigoyen, errichtet in den Jahren 1804/06. Herigoyen war unter Carl von Dalberg der Stadt- und Landbaumeister für das Fürstentum Regensburg. 1813 konnte Fürst Karl Alexander das in der Zwischenzeit an die bayerische Krone gefallene Gartenkasino zum Preis von 6.000 fl erwerben. Er ließ mit erheblichem Aufwand das im Feldzug von 1809 schwer beschädigte Gebäude samt Park in zweijähriger Arbeit wieder instandsetzen und stellte es mit dem Namen „Theresienruh" seiner Gattin als Sommerschlösschen und Privatbibliothek zur Verfügung.

Fürst Albert Maria Lamoral zog sich hier gerne zurück, seine Gattin Fürstin Margarete, die als Künstlerin mit den Namen „Margit" und „Valsassina" signierte, veranstaltete hier 1922 eine vielbeachtete Ausstellung ihrer Werke. Vom Petersweg aus waren Villa und Park für die Öffentlichkeit zugänglich. Der Gesamterlös aus dem Verkauf der Ausstellungsstücke kam den von ihr geförderten karitativen Einrichtungen zugute.

Kurz vor Kriegsende wurde das Gartenhaus von Bomben getroffen und beschädigt. Bedauerlicherweise konnte sich die damalige Verwaltungsspitze nicht zu einer Wiederinstandsetzung, die nach der Meinung von Zeit- und Fachzeugen durchaus möglich gewesen wäre, durchringen. Stück für Stück wurde das klassizistische Baujuwel bis zum Jahr 1949 restlos abgetragen. Heute erinnern nur noch Teile des geretteten Mobiliars und die unbeschädigten Sphinxen der Freitreppe – nunmehr vor der Ostflügel-Parkfassade – an den noblen Bau.

Neben dem Salettl auf der Höhe der Bastei ist der benachbarte offene Rundtempel mit den Doppelsäulen, dem geschweiften Kupferdach und der Sandsteinplastik der spielenden oder streitenden Buben erwähnenswert. Er stammt aus dem Park des alten Frankfurter Palais und wurde, wie auch große Teile der Inneneinrichtung dieser Residenz, Ende des 19. Jahrhunderts nach Regensburg überführt.

Beiderseits des Treppenweges an der südlichen Parkgrenze zur Allee in Höhe des Endes der Bastionsmauer stehen auf Postamenten Figuren der vier Jahreszeiten. Nach den „Kunstdenkmälern der Stadt Regensburg" stammen sie aus dem Eichstätter Hofgarten. Dieser Parkteil, die frühere städtische Lindenallee, war erst 1899 durch einen Tausch mit dem Regensburger Magistrat zustande gekommen. Die bis dahin vorhandene Engstelle dort konnte auf diese Weise beseitigt und ein neuer Parkweg geschaffen werden.

In einer Beschreibung des fürstlichen Schlossparks dürfen die beiden Portierhäuschen am St. Petersweg und an der Einfahrt an der Margaretenstraße nicht fehlen. Sie stammen von dem Architekten Max Schultze, dem Erbauer des neuen Südflügels, und entstanden um die Wende zum 20. Jahrhundert. Oberbaurat Max Schultze entwarf auch die obenerwähnte Treppenanlage mit dem Plastikschmuck. Eine von ihm signierte Bleistiftskizze vom 30. Dezember 1903, die bislang unerkannt war, lieferten hierfür den Beweis.

Zur Parkausstattung gehören noch die eisernen Laubenpavillons, wie sie schon in Gärten des Mittelalters bekannt waren, eine Vielzahl von Steinvasen auf Postamenten, Plastiken aus Stein und Metall und Ruhebänke. Als Besonderheit dürfen die Grabstätten und Gedenksteine von Pferden und Hunden der Fürstenfamilie im äußersten Nordwest-Parkeck, nächst der Ramwoldskrypta nicht vergessen werden.

## *Flora und Fauna*

Es würde zu weit führen, den Baum- und Strauchbestand, die Pflanzen und deren Standorte im einzelnen aufzuführen. Die botanisch interessierten Almanachleser darf ich auf die Fachliteratur, vor allem auf die Veröffentlichungen des Naturwissenschaftlichen Vereins Regensburg und eine Diplomarbeit der Fachhochschule Weihenstephan verweisen – die Bände 27 (1966) und 44 (1986) über die Parkanlagen Regensburgs von Ludwig Pongratz und Norbert Limmer – sowie eine Arbeit von Erwin Koller, Fachbereich Landespflege, Fachhochschule Weihenstephan, 1985.

In Parkanlagen und Landschaftsgärten spielen Bäume wegen ihrer raumbildenden Möglichkeiten eine herausragende Rolle. Neben den heimischen Arten findet man oft viele Sonderheiten und Exoten. Ihre Anordnung, Mischung und Pflanzung, die Kunst der Gartenanlagen, beschäftigen die Menschheit seit über fünftausend Jahren. Jedem Zeitalter waren die Aufgaben neu gestellt, ihre Vielfalt ist ein Spiegelbild des Paradieses, des Gartens Eden. Gehölze werden in zwei Hauptgruppen eingeteilt: die Nadelbäume oder Koniferen und die Laubbäume. Von beiden Arten befinden sich im fürstlichen Schlosspark eine große Zahl, sowohl einheimischer als auch ausländischer Herkunft, darunter viele dendrologische Besonderheiten. Aus der Fülle des Bestandes sollen hier nur einige erwähnt werden wie zum Beispiel die besonders mächtigen Platanen am Ende des Parks an der Bahnhofsallee. Sie wurden schon in der Dalbergperiode gepflanzt und dürften zu den ältesten Bäumen unserer Stadt gehören. Von ehemals sieben Exemplaren sind heute noch vier vorhanden. Auch an der Südseite der alten Bastei stehen zwei weitere Platanen, allerdings von einer anderen Art. Entlang des Petersweges kann man noch einige der letzten Feld- bzw. Bergulmen sehen, die das große Ulmensterben der Jahre 1949/50 überlebten. Als Seltenheiten sind noch der Tulpenbaum, Silberpappel, Fächerahorn, Rotepavie, Säulenkiefer, Helmlockstanne, Gingko und Zypressen erwähnenswert. Interessant in diesem Zusammenhang ist das von Koller beschriebene Baum- und Vitalitätskataster von 1981. In ihm werden im Schlosspark etwa 35 Gattungen mit über 40 Arten von Laubbäumen und fast 20 Arten von Nadelgehölzen ohne Berücksichtigung von Sträuchern aufgelistet. Der Anteil von Laubbäumen wird mit 93 % des Gesamtbestandes von insgesamt 940 Bäumen angegeben. Zum Vergleich die Zahlen für den benachbarten Dörnbergpark nach dem Parkpflegewerk des städtischen Gartenamtes: Hier wurden 1994 von einem Gesamtbestand von 1.408 Gehölzen 1.166 Laub- und 242 Nadelbäume gezählt.

Auch in dem langgezogenen Parkteil zwischen Helenenbrücke und Wiesmeierweg ist der Baumbestand beachtenswert. Infolge der dichten Pflanzung erreichen hier die Bäume – vorwiegend Laubgehölze aus dem fürstlichen Forst – eine Höhe von über 30 Meter. Sie stehen auf dem Gelände des alten Stadtgrabens, der hier aufgefüllt wurde.

Wenig bekannt sind die Plastiken der Fürstin Margarete, die auf den Parkseiten der beiden Rundtürme des sogenannten Alberttraktes an der Waffnergasse aufgestellt wurden. Die Kopfbüsten zeigen den Bauherren, Fürst Albert I. und seinen Architekten Max Schultze. Überliefert ist der Kommentar des Fürsten als er mit Schultze zum erstenmal die Arbeiten in Augenschein nahm: „Hat er es nun endlich geschafft, auf mich herunterzuschauen." Wohl des Blickkontaktes wegen ließ der Architekt seine Büste hoch oben am linken Turm und die des Bauherrn weit unten am rechten Rundturm anbringen.

Auch Sträucher sind im Park ein wichtiges Mittel zur Gestaltung. Artenwahl, Situierung und Pflanzung sind dabei von Bedeutung. Von diesem Unterwuchs gibt es im Park eine Vielzahl, zum Beispiel die Kornelkirsche, Flieder, Jasmin, Goldregen, Deutzien, Schneeball, Forsythien und Liguster.

Einen besonders schönen Anblick bietet der Park im Frühjahr, wenn ein Teppich von Schneeglöckchen, Blausternen, Schlüsselblumen, Krokussen und Buschwindröschen die weiten Flächen bedeckt. Im Sommer sind die weißen, creme- und rosafarbenen Blüten der Seerosen im Weiher, im Herbst die lilafarbenen Herbstzeitlosen eine Augenweide. Ältere Regensburger können sich vielleicht noch an die Rosen- und Sommerblumen-Anpflanzungen erinnern, die sogenannten „Teppichgärten" vor dem Südflügel und an das „Frühlingseck" beim Portierhäuschen am Petersweg – dort wohnte seinerzeit der Schlossgärtner Roth. Prinzessin Fernanda von Thurn und Taxis, die letztlebende Tochter des Fürsten Franz Joseph, berichtete, dass ihre Großmutter, die Fürstin Margarete, in großen Mengen aus ihrer ungarischen Heimat stammende, zum Verwildern geeignete Blumenzwiebeln in den Park pflanzen ließ. Ihrer Anregung entsprechend wurde auch das große, langgezogene Rosen-Lavendelbeet mit den herrlichen Magnolien – es besteht heute noch – angelegt. Die Blumen für die Anpflanzungen wurden ebenso wie das Gemüse für die Hofküche und die Dekorationen für das Schloss seit 1892 in einer eigenen Hofgärtnerei in Kumpfmühl herangezogen. In den vierziger Jahren des letzten Jahrhunderts mussten die umfangreichen Gewächshäuser und Frühbeete einer Wohnbebauung weichen.

Die Bedeutung von Grün in einer Großstadt ist mittlerweile allgemein bekannt. Regensburg darf sich glücklich schätzen, eine Vielzahl solcher Grünflächen und Parkanlagen zu besitzen. Eine große Allee umschließt die Stadt dank einer großzügigen Stiftung eines Fürsten Thurn und Taxis und der Vollendung durch den reformfreudigen und tatkräftigen Fürstprimas Carl von Dalberg. Dieser Bestand ist äußerst wichtig und bietet Schutz für Boden und Grundwasser. Alle Pflanzen nehmen Kohlendioxyd auf und geben Sauerstoff – das Lebenselixier für Mensch und Tier – ab. Hinzu kommt die große Filterwirkung des riesigen Blätter- und Nadelwerks. Fachleute haben ausgerechnet, dass bei Buchen rund 56 Tonnen Staub pro Hektar, bei Fichten rund 37 Tonnen pro Hektar festgehalten und beim nächsten Regen wieder in den Boden gespült werden.

Für eine hohe Biotopqualität sind auch die vorkommenden Vogelarten, Höhlen- wie Bodenbrüter gleichermaßen, von Bedeutung. Der Schlosspark schneidet auf Grund seiner geringen Störfaktoren vergleichsweise außergewöhnlich gut ab. Nach einer jüngsten Erhebung der Ornithologischen Gesellschaft Ostbayerns wurde hier ein Spitzenwert von 33 Brutvogelarten nachgewiesen.

Der Regensburger Schlosspark hat glanzvolle, schöne, aber auch schwierige Zeiten erlebt. Überalterung, Krankheiten und Sturmschäden erforderten Fällungen und Neupflanzung von Bäumen. Anfang 1968 mussten zwei der mächtigen Platanen mit einem Stammdurchmesser von über einem Meter und einer Höhe von 40 Metern aus Sicherheitsgründen gefällt werden. Eine Reihe von großen Feldulmen entlang der Mauer am Petersweg fielen in den 50er Jahren einer Pilzkrankheit zum Opfer. Alle Rettungsversuche, zu denen auch Experten aus dem Ausland hinzugezogen wurden, blieben erfolglos. Auch die rotblühenden Stiel-Rosskastanien beiderseits der Einfahrtsallee an der Margaretenstraße mussten in den 60er Jahren durch Neupflanzungen ersetzt werden.

Anfang der 70er Jahre – kurz vor einer Kommunalwahl – und nochmals 1978 sorgten eine neugegründete „Junge Alternative", eine Absplitterung der „Jungen Union", mit der Forderung „Öffnet den Fürstenpark" für Schlagzeilen. Wie immer man auch zu diesem Begehren stehen mag, muss man bedenken, dass Privateigentum unter dem Schutz unseres Staates steht. Regensburg, eine Stadt im Grünen, hat es zum Glück nicht nötig, private Gärten für die Allgemeinheit zu öffnen. Auch für die Zukunft sollte man dafür sorgen, dass der historisch wertvolle und unter Denkmalschutz stehende ehemalige Klosterkomplex sowie der Park mit seiner hohen Biotopqualität keinen Schaden erleidet.

1975 plante die Stadtverwaltung einen vierspurigen Ausbau des Petersweges mit Durchbruch beim Roten Lilienwinkel bis zur Wittelsbacherstraße mit Durchschneidung des Schlossparks und der städtischen Grünanlagen. Dieses Verkehrsprojekt hätte für das fürstliche Haus Grundabtretungen entlang des Petersweges, den Abbruch des dortigen Portierhäuschen und große Einschnitte in den Schlosspark nach sich gezogen. Fürst Franz Joseph war darüber sehr bestürzt, er sah in diesem Vorhaben eine Beeinträchtigung des Stadtbildes und machte seine Zustimmung davon abhängig, dass für jeden abzutretenden Quadratmeter Parkfläche an anderer Parkstelle ein Ausgleich gefunden werden müsse. Ich war in die Verhandlungen eingebunden und beauftragt, die Forderungen geltend zu machen. Das Vorhaben musste von der Stadt aufgegeben werden, die Planung einer Südtangente durch die Altstadt versank in den Schubläden der Verkehrsplaner.

Im Herbst 1999 brachte die Verwaltung des Fürstenhauses auf der Suche nach einer wirtschaftlicheren Nutzung das Schlossareal als möglichen Standort für eine seit langer Zeit geplante Stadt- und Kongresshalle ins Gespräch. Die Anfangsbegeisterung für diese Idee war überraschend groß, die vielfach variierten Gestaltungspläne hingegen geradezu abenteuerlich. Von Denkmal- und Naturschutz, von Rücksichtnahme auf ein Kulturerbe hohen Ranges konnte keine Rede sein. Es kamen nach und nach Bedenken gegen dieses Projekt auf, ein Arbeitskreis für die Vorbereitung eines Bürgerbegehrens wurde gegründet. Namhafte Fachleute, Kunstgeschichtler und Historiker meldeten sich zu Wort. Vernunft und Respekt vor der einmaligen Bausubstanz bekamen die Oberhand, man beschränkte sich bei dem Projekt auf das Areal der ehemaligen „Theresiensruh".

Den wenigsten ist bekannt, dass bereits in den dreißiger Jahren des letzten Jahrhunderts für diese Parkecke ein Hotelprojekt eines Münchner Architekten im Auftrag der damaligen Verwaltung vorlag. Fürst Albert, der nachträglich davon erfuhr, war äußerst ungehalten und verlangte die sofortige Einstellung des Projekts, wobei er sich für die Zukunft jeglichen Eingriff in den Park verbat. Der damalige Rentkammerdirektor Dr. Karlheinz Meßenzehl schilderte diese Episode höchst anschaulich.

Der verträumte Park mit seinen malerischen Winkeln, die Schloss- und ehemaligen Klostergebäude, die verloren gegangene Gartenvilla, sind in vielen Zeichnungen, Stichen, Aquarellen und Ölgemälden von Künstlern, darunter auch der Fürstin Margarete, festgehalten. Vom Beginn der Biedermeierzeit bis heute hat der Park seine Funktion erfüllt und das Bild der Stadt mitgeprägt. Es ist zu wünschen, dass dies so bleibt und der Park noch vielen Generationen in seiner Schönheit erhalten bleibt.

REINHARD KELLNER

# Der Regensburger *DONAUSTRUDL*

*Eine Straßenzeitung wird fünf Jahre alt*

Das erste Heft

*Anfang der neunziger Jahre tauchten in England die ersten Straßenzeitungen auf. Unter dem Namen Big Issue haben sie es bis heute zu einer wöchentlichen (!) Auflage von 250.000 Exemplaren gebracht und werden von Glasgow bis London vertrieben. Anders als in Deutschland gibt es eine gemeinsame Auflage für den gesamten englischsprachigen Raum bis hin nach Australien! Auf den Titelbildern tummeln sich Spiderman oder David Beckham und der Inhalt ist trotz der sozialen Themen im Stil einer Illustrierten aufgemacht. Aus den Zeitungserlösen wurde inzwischen sogar eine Bank für Obdachlose ins Leben gerufen: Selbsthilfe für Menschen in sozialer Not, die im richtigen Leben und auf dem Ersten Arbeitsmarkt wenig Chancen haben.*

Seit 1993 – ziemlich zeitgleich in Hamburg, Köln und München – sind auch in Deutschland Arbeitslose und Sozialhilfeempfänger unterwegs und versuchen sich als Unternehmer: Sie kaufen Soziale Straßenzeitungen bei den örtlichen Redaktionen und bieten sie für das Doppelte auf Straßen und Plätzen an. Mit dem Erlös lässt sich der karg bemessene Lebensunterhalt etwas aufbessern: Sich wieder mal einen Kinobesuch leisten, Essengehen oder eine neue Handykarte, kleiner Luxus im Rahmen des festgelegten Zusatzverdienstes neben den staatlichen Sozialleistungen. Um es gleich vorwegzunehmen: Obdachlose finden sich unter den Straßenzeitungsverkäufern höchstens im 10%-Bereich, der oft strapazierte Begriff „Obdachlosenzeitungen" ist ein Mythos, denn nur in Hamburg verkaufen ausschließlich Wohnsitzlose. In allen anderen 30 deutschen Städten mit Straßenmagazinen handelt es sich um Projekte für Langzeitarbeitslose und Sozialhilfeempfänger. Die Namen der Zeitungen sind zugleich Programm: *Strohhalm* wollen die Rostocker sein, *Frei(e)bürger* die Redaktion aus dem Breisgau, *Notausgang* ins bürgerliche Leben die Leute aus Jena und mit *Biss* pochen die Münchner auf Gerechtigkeit und Solidarität.

Der Regensburger *Donaustrudl* hat ein Stück Heimat zur Namensmetapher gemacht: Jeden kann es in den Strudel ziehen und ohne Hilfe gibt es kein Hochkommen. Deshalb posierten die Gründungsmitglieder für den ersten Titel auch gleich neben einem Rettungsring am Donauufer neben den Strudeln an einem mittelalterlichen Weltwunder, der Steinernen Brücke.

Übrigens hat einer vom Nürnberger *Straßenkreuzer* die Regensburger auf den Trichter gebracht: Peter Echter, gebürtiger Domstädter, Exilfranke, Sozialhilfeempfänger und Lebenskünstler kam im Herbst 1997 nach Regensburg und verkaufte die Straßenzeitungsidee so überzeugend, dass sich bald Nachahmer fanden. Unter Federführung des Sozialpädagogischen Arbeitskreises (SAK) beschlossen Engagierte aus Selbsthilfegruppen, Caritas, VdK und sozialen Initiativen das Wagnis einer Straßenzeitung. Der Ideengeber aus Nürnberg sollte allerdings die Geburtsstunde seines Zeitungsablegers nicht mehr erleben, denn er verstarb im Dezember 1997 an den Folgen seiner Suchtkrankheit. Über 200 seiner Leidensgenossen begleiteten ihn auf dem Nürnberger Ostfriedhof auf seinem letzten Weg. „Haha, said the clown!", sang einer mit der Gitarre an seinem Grab und die Regensburger Delegation legte ihm die ersten Manuskripte des *Donaustrudl* mit in die Grube. Der Tod hat den Strudl in all den Jahren seit Erscheinen im April 1998 begleitet. Fünf Verkäufer hat er geholt und sie alle haben die Macht der Sucht unterschätzt und mit ihrem Leben gespielt. Sie sind gestorben, bevor sie soweit waren, Hilfe annehmen zu können, denn immer gilt der Satz: Man kann nur dem helfen, der sich helfen lässt und der sich selber helfen will! Soziale Straßenzeitungen sind Selbsthilfeprojekte für Menschen, die schon durch viele Maschen des Hilfesystems gefallen sind: Kaputte Elternhäuser oder gescheiterte Beziehungen haben sie in den Strudel von Suchtkarrieren gebracht. Die Situation erscheint oft aussichtslos: Ohne Arbeit, verschuldet, psychisch angeschlagen und chronisch pleite gibt es nur noch einen Freund: Den Joint, den Alk, Tabletten oder alles im Dreierpack. Jenseits von Drogenberatungsstellen, Fachambulanzen und Therapiestationen … Das Büro einer Straßenzeitung ist an manchen Tagen alles zusammen: Uwe kommt um 10 Uhr morgens völlig übernächtigt und schwankend wie ein angeschlagener Boxer herein und will Zeitungen auf Pump. Der Sozialarbeiter bietet erst mal einen Kaffee an

*Die Donaustrudl-Straßenzeitungsverkäufer vor dem Alten Rathaus*

und erinnert ihn so nebenbei an den Termin mit der Schuldnerberatungsstelle, den er gestern vermasselt hat. Er verweigert dem Angetrunkenen die Herausgabe von Zeitungen und es folgt eine ganze Palette von Empfehlungen: Von der Entgiftung im Krankenhaus bis zum längeren stationären Aufenthalt in einer Suchtklinik ist alles im Angebot! Ab dann ist alles möglich: Uwe trinkt seinen Kaffee aus und geht nach Hause zum Ausschlafen. Er ruft die Schuldnerberatungsstelle an und vereinbart einen neuen Termin. Er verlässt schimpfend und fluchend das Büro Richtung Bahnhofspark oder er steigt in ein herbeigerufenes Taxi und fährt zu einem Aufnahmegespräch ins Bezirksklinikum. Er wird auf jeden Fall wiederkommen, denn das Büro ist inzwischen zu seiner zweiten Heimat geworden, eine erste hatte er nie oder er hat alle Zelte zu seinen Angehörigen abgebrochen.

Es sind überwiegend Menschen, die keine Wurzeln mehr haben, denen Straßenzeitungen helfen wollen. Die Hamburger von *Hinz und Kunz* versuchen es zum Beispiel mit einem „Wohnungspool" für Obdachlose inklusive pflegerischer Begleitung und Mietgarantien. *Trott-War* aus Stuttgart hat die Kickers und den VfB auf sich aufmerksam gemacht, um der Verkäufermannschaft neues Selbstbewusstsein zu geben. *BoDo* probiert in Bochum und Dortmund mit Trödelmärkten einen ersten Einstieg ins Berufsleben für ehemalige Langzeitarbeitslose. Der Jenaer *Notausgang* arbeitet eng mit der örtlichen Tafelinitiative zusammen und garantiert seinen Verkäufern so wenigstens täglich eine warme Mahlzeit. Die *Bank Extra* in Köln verzichtet bewusst auf Anzeigenerlöse und motiviert die Verkäufer so zu verstärkter redaktioneller Mitarbeit: Betroffene sollen die Anwälte ihrer Interessen und Sprachrohr für die Themen von Unten sein!

Andere Zeitungen haben Notschlafstellen eingerichtet, unterhalten Suppenküchen oder Tagescafes oder betreiben – wie der *Donaustrudl* – einen schwunghaften Handel mit alten Büchern. „Zweites Standbein" heißen diese Ansätze inzwischen und sie ermöglichen in der Regel erst, dass Büros unterhalten, Sozialarbeiter angestellt und geförderte Arbeitsplätze unterhalten werden können. Immerhin fünf von Sozial- und Arbeitsamt geförderte Arbeitsplätze bilden beim *Donaustrudl* inzwischen das zweite Bein. Es konnte sich allerdings nur deshalb so positiv entwickeln, weil Monat für Monat in 5.000 Heften dafür geworben wird: „Bücher sind zu schade für die Papiertonne" lautet der Slogan und „Gute Bücher, guter Zweck, guter Preis" heißt die Devise. Für viele Regensburger sind die allseits bekannten Verkaufs- und Annahmestellen inzwischen zum Begriff geworden: Bücherkiste am Alten Kornmarkt, Bücherbazar am Vier-Eimer-Platz, Bücherstube im Büro und Direktverkauf ab Garage in der Sternberg-

*Trödelmann Kurt Zehetmeier und eine Kundin mit einem Pappmasche-Kunstwerk von Rainer Fürst bei der Eröffnung von „Kunst und Trödel" in der Hemauerstraße.*

straße haben einen guten Klang für Buchliebhaber und Leseratten. Weil auch alte und seltene Exemplare hereinkommen, konnte inzwischen auch ein Internet-Buchvertrieb (www.donaustrudl.de) eingerichtet werden. Und da beim Bücherabholen oft auch Nippes, Schallplatten und allerlei Hausrat mitgegeben werden, entstand der *Donaustrudl*-„Kunst- und Trödel" in der Hemauerstraße 20. Wieder zwei geförderte Arbeitsplätze und damit Lebensperspektiven mehr!

Übrigens haben sich beim *Donaustrudl* auch sieben Straßenzeitungsverkäufer als Festangestellte versucht, allerdings gelang von diesem Sprungbrett aus keinem der Zugang zum Ersten Arbeitsmarkt. Vor allem Suchtprobleme hatten die Latte zu hoch gelegt. Also verkaufen sie noch heute ohne Tarifvertrag, beziehen weiter staatliche Unterstützung und sind vielleicht erst übermorgen bereit, sich aus ihrer Abhängigkeit zu befreien! Der Strudl wird weiter Sprachrohr für sie sein und sie können sich in den wöchentlichen Redaktionssitzungen jederzeit einbringen, ihre Erfahrungen niederschreiben oder auf den Erlebnisseiten über Stationen ihres Leben berichten. Das Straßenzeitungsteam versucht eine große Familie zu sein und deshalb sind neben den regelmäßigen Treffen auch Rituale sehr wichtig: Gemeinsame Unternehmungen, der Leichenschmaus nach der Beerdigung, die Weihnachtsfeier oder Betriebsausflüge gehören dazu.

Im Strudl-Team sitzen alle in einem Boot! Einige haben feste Rubriken übernommen („Kochen mit Karin!"), andere schreiben serienweise (Zwangsarbeiter, Stadtführung, Ausländer etc.) oder zeichnen für Buchbesprechungen oder Rätselseite. Mit viel ehrenamtlichem Engagement entsteht so alle vier Wochen eine Magazin mit einer Verkaufsauflage von immerhin 5.000 Heften pro Monat. Diese Zahl liegt im Bundesdurchschnitt der Sozialen Straßenzeitungen vor so mancher Großstadt.

Auflagenstärkster Spitzenreiter ist übrigens *Hinz und Kunzt* Hamburg mit 60.000 Exemplaren. Insgesamt kommen die Straßenzeitungen deutschlandweit auf etwa 300.000 Hefte pro Monat. Deren Herausgeberschaft ist übrigens so kunterbunt wie die Zeitungen selbst: In Freiburg zeichnen die Bewohner einer Bauwagensiedlung verantwortlich, in Hamburg und München stehen große Sponsoren Pate (HeinGas und Rudolf Mooshammer), in Rostock finanziert die Arbeiterwohlfahrt und in Stuttgart die Diakonie. Etwa die Hälfte der bundesweit 30 Straßenmagazine ist – wie der *Donaustrudl* – als Verein organisiert und alle kommen sie ohne nennenswerte staatliche Zuschüsse aus. Das schafft Unabhängigkeit, aber auch chronische Finanznot und mit diesem Spagat müssen die Straßenzeitungen wohl noch eine ganze Weile leben. Sie bilden aber gerade in Zeiten knapper öffentlicher Kassen eine wichtige Plattform für Menschen in sozialer Not und ermöglichen eine authentische Berichterstattung. Im Juli 2003 hat zum Beispiel das *International Network of Streetpapers (INSP)* mit einer Weltmeisterschaft in Europas Kulturhauptstadt Graz auf sich aufmerksam gemacht. 18 Mannschaften aus allen Kontinenten erspielten sich dabei viel öffentliche Aufmerksamkeit über den Fußball hinaus. In der Schlusserklärung hieß es: „Der Fußball lehrt Regeln, Respekt vor dem Mitspieler und er ist Katalysator für eine weitere gesellschaftliche Integeration. Viele Spieler haben ihre Jobs, Familien und die Normalität des Alltags verloren. Doch wer nichts mehr hat als seinen eigenen Körper, der beginnt am besten genau mit diesem Körper einen Anlauf für einen Neuanfang zu wagen. Wem es beim Fußball gelingt, ein neues Selbstbewusstsein zu entwickeln, der kann danach auch weitere Schritte bei der Wohnungs-, Ausbildungs- und Jobsuche tun." Dem ist nichts hinzufügen und dafür stehen auch die Sozialen Straßenzeitungen.

WILHELM HAUSENSTEIN

# Pfingstfahrt nach Regensburg

*„Ist nicht das Sichtbare und Erhaltene schon fast mehr, als auch ein weit aufgespannter Sinn zu fassen vermag?"*

*Der feinsinnige Kunsthistoriker und Publizist Wilhelm Hausenstein, von 1951 bis 1955 der erste deutsche Botschafter nach dem Zweiten Weltkrieg in Paris, hatte seine Doktorarbeit über Regensburg geschrieben. Als Leiter der Literaturbeilage der „Frankfurter Zeitung" besuchte und bereiste er mehrmals die Stadt und ihre Umgebung. Nachfolgend ein Beitrag, den er 1935 in seinem Buch „Wanderungen auf den Spuren der Zeiten" veröffentlichte – drei Jahre bevor er von den Nationalsozialisten mit Schreibverbot belegt wurde.*

Donauland wird fühlbar; der Boden wird heller, der fruchtbare Boden; schon sieht man Anhöhen, die dem jenseitigen Donau-Ufer angehören. Die Turmpyramiden des Domes fahren auf in einen zarten Himmelsdunst, und schon ist man in der Stadt des Albertus Magnus, des Kepler – fast ehe man sich von außen her ihres Profils bewusst werden konnte.

Da steht man nun wieder in dem uralten Regensburg, seit mehr als dreißig Jahren zum soundsovielten Male: in einer Stadt, die man studiert hat bis auf den erreichbaren Grund ihrer Vergangenheit – und die man doch nie ganz kennen wird; denn sie ist eine einzige und undurchdringliche Dichtigkeit. Ist es auszudenken, daß Kelten in dieser Gegend einmal eine starke Gegenwart besessen haben? Ist nicht das Sichtbare, das Erhaltene schon fast mehr, als auch ein weitaufgespannter Sinn zu fassen vermag? Da ist noch, mitten in der Altstadt, der schwere Turm der Römer und ihre Porta Praetoria. Nach ihnen bildet sich die romanische Welt aus, wie sie es auf deutschem Boden sonst wohl nur in Köln getan hat. Romanische Stumpftürme heben sich zu jener massiven und mäßigen Höhe, die zu uns oft stärker und inniger spricht als das ins Grenzenlose strebende Steinfiligran gotischer Kathedraltürme: die beiden kurzen dunklen Türme vom Niedermünster, der Campanile der Alten Kapelle, der vom Obermünster, der von Sankt Emmeram, dem auch der barocke Helm das romanische Grundwesen nicht nehmen kann, und noch dazu das Türmepaar der Schottenkirche, das schwer und schwärzlich in das lichte Maigrün des Theaterplatzes hersteht. Obermünster und die Jakobskirche der Schottenmönche sind romanische Basiliken mit flachen Decken, schlichtem Gewände, stillen und festen Rundbogenfenstern; über die Alpen hin sind diese Kirchen denen des heiligen Apollinaris und des heiligen Franz in Ravenna zugeordnet, wenn es auch in Regensburg keine Mosaiken gibt. Sankt Emmeram wird durch eine romanische Vorhalle hin erreicht; sie steht in großen Maßen und gewaltiger Einfachheit. Den alten Boden der erstaunlichen Stadt unterwölben Krypten aus einer Zeit, die noch in die Erde drang, um sich zu Gott zu sammeln. Hinterm Dom bezeichnet der Eselsturm das Innerste des romanischen Regensburg – jener abseitige Turm, der seinen Namen von den biblisch-geduldigen Grauen trägt, weil sie den Baustoff geschleppt haben. Im doppelten Kreuzgang verbirgt sich die Allerheiligenkapelle und nahe ihr die Stefanskapelle: romanisches Kirchentum des frühen Mittelalters, gestaltet aus einem Baugeist, der die Einfachheit des Notwendigen verehrte. Der Haustein der Allerheiligenkapelle steht geschwärzt überm Gartenhöfchen, in dem zwei Kinder spielen wie mit der Unschuld und Weichheit junger Tiere. Drinnen in der Kapelle steigen Fresken an den Wänden; ihre fast byzantinische Formel ist für Regensburg nichts anderes als das musivische Bilderwesen für Ravenna. Und wahrhaftig steht dem Schauenden, dem Ergriffenen immer wieder dies eine Wort im Hintergrunde: Ravenna. Regensburg ist eine Stadt mit ravennatischem Wesen. Wenn Bamberg das deutsche Rom geheißen werden darf, dann mag man Regensburg füglich das deutsche Ravenna heißen.

Darüber hinaus, zu diesem großen Titel hinzu, besitzt Regensburg freilich noch die ganze Urgewalt seiner nordisch-romanischen Skulptur: den Beichtenden und Beichtiger außen am Portal der Alten Kapelle und die aufregenden Steinbildnereien am Portal der Schottenkirche – chimärische Figuren in schwärzlichem Stein. Da fällt uns das Romanische mit der ganzen Gewalt einer schier noch heidnischen Ursprünglichkeit an. Regensburg ist eine Schwester des romanischen Ravenna; aber in diesen Steinbildnereien ist es für sich allein; da ist Norden mit geheimnisvollen Hintergründen, mit der Angst vor den Dämonen und dem Trotz und Zorn wider sie. Da ist die schauerlichste Wand, die der romanische Geist hervorgebracht hat – und die am gewaltigsten mit magischen Urkräften begabte.

Der Weg führt durch Gassen, die dicht ummauert sind, ohne verklemmt zu sein. Jene romanische Wand mit den dunklen Steinchimären ist unheimlich – aber es gibt in Regensburg auch das Bild einer schönen geistlichen und bürgerlichen Freiheit; es ist, eine Stadt im schweren und geschlossenen, aber auch im großen, gedehnten Stil. Vielleicht muss man im Mai hinkommen, am ehesten im

*Wilhelm Hausenstein*

Mai, wenn es zwischen den schwarzen alten Steinmauern an den Bäumen auf eine tief erquickende Weise immer wieder grün wird; im November oder im Dezember wird der ganze Spielraum dieser Stadt kaum offenbar; dann merkt man nur das Massive, das Beängstigend-Mysteriöse die lastende Geschichtlichkeit, die mit Zentnergewichten auf das Gemüt niedergeht. Aber im Mai, auf Pfingsten, macht die neu ergründende Stadt auch die dunkelsten Gemäuer wieder menschlich und zu Gehäusen der Gottseligkeit.

Vorüber an einem dunklen romanischen Torbogen führt der Weg nun auch ohnehin zu Dingen zarteren Gewichts. Das gotische Regensburg tritt auf und das barocke. Der gotische Dom Sankt Peter steht da, und gar in diesem lichtgrünen Monat ist dem Schauenden zumute, als würde das Steinwerk anfangen zu knospen und, Ästen, Blättern gleich, sich zu regen. Der Engel der Verkündigung im Dom hat ein menschliches Lächeln, ein verwegenes fast, ein spielend-mutwilliges. Gotisches Gewände vor Sankt Emmeram hegt einen besonnten Vorgarten ein, einen reizenden Zwingergarten, und die Magdalena aus Stein am Kreuz trägt ihre verzweifelte Trauer mit der Feinheit, fast sagt man: Eleganz einer gotischen Dame. Die Größe der Königin Hemma drinnen in der Kirche des heiligen Emmeram ist mit der Anmut gepaart; das Feierlich-Bedeutende der Gestalt eint sich mit der Grazie … Das schwere, steinschwere, altersschwere Regensburg hat angefangen, sich zu lösen und leichter zu machen. Sankt Ulrich und die Dominikanerkirche aus der frühen Gotik erwachen mit begnadeter Heiterkeit unter dem freundlichen Himmel und im Grün der Anlagen. Das Barock endlich verkündet von Sankt Emmeram bis zur Alten Kapelle seine befreite Fülle mit allem erdenklichen Überfluss: in der Alten Kapelle wird das Barock sein eigenes Nonplusultra; der Altar in Silber und Gold wölbt seine Kurven ansprechend, angreifend gegen uns vor; an der Decke sind Mohr und Indianer und Türke wie Siegeszeichen einer kolonisierenden Gegenreformation plastisch angeheftet; Logen mit Scheiben machen dies Innere zu einem kostbaren Schauspiel. Im Rokoko von Sankt Kassian spielen Gold und Silber und das barocke Nilgrün miteinander, und goldene Blätter schlagen aus wie Flammen.

Aus den Augenblicken solcher Leichtigkeit kehrt man wieder in die dunkle, ganz alte Stadt zurück: in das Regensburg der großartigen Düsternis, in das Regensburg, das die Gefahren der Seele und des Leibes gekannt hat; in das Regensburg romanischer Kirchen und Kapellen und in das Regensburg gewaltiger Wachttürme, die da nicht viel anders über Häusern und Kirchen stehen als die Wachttürme von San Gimignano … Aber es ist wunderbar, zu fühlen, dass man in diesem Monat Mai, in dieser Zeit der Erhöhung und Befreiung des Gemüts auch das Dunkle dieser Stadtseele mit Zuversicht ans Herz nimmt.

Und doch wären Bild und Gefühl nicht so vollständig, wie sie in Regensburg zu sein vermögen, gewahrte man nicht schließlich noch den Beitrag einer menschlich gestimmten Klassizistik, den die Zeitwende um 1800 zum Antlitz der Stadt hinzufügte. Da ist der milde Bau des Theaters; auch sonst beggegnet hin und wieder eine freundliche Spur jener im Politischen so tief beunruhigten, im Künstlerischen so ruhigen und klaren Zeit – bis hinein in den stillen Domwinkel, in dem der sanfte Fürstprimas Karl von Dalberg, durch Napoleon Landesherr von Regensburg, hinter einem Grabstein im Stil Canovas bestattet ist. Das klassische Regensburg trägt einen Widerschein vom Licht Goethes.

Dies ist der Weg vom antiken Regensburg, dem römischen, bis zum antikisierenden, bis zum klassizistischen. Die größte Station am Wege ist aber das romanische Regensburg: dies frühmittelalterlich geistliche Regensburg, das in der Tat noch mehr Gewicht besitzt als das bürgerlich-gotische, in dem schlichten Rathaus bekundete; dies uraltkirchliche Regensburg, das, im Ganzen seiner inneren und äußeren Ausdehnung gesehen, auch mächtiger dasteht als das Regensburg der bürgerlichen Großhändler des späten Mittelalters, obwohl diese Bürger bis Venedig und Kiew und in die Zonen der Kreuzzüge drangen und in einer Stadt von fast hunderttausend Menschen eine großartige Rolle spielten; dies frühmittelalterlich-geistliche Regensburg, das am Ende auch mehr bedeutet hat als das dicht mit Gesandten besetzte Regensburg nach 1663, das hochdiplomatische, wo der alte deutsche Reichstag bis 1806 versammelt blieb, so dass dies uralte Regensburg, Sitz eines bedeutenden Bistums seit 739, seit 1245 mit dem Rang einer freien Reichsstadt ausgezeichnet, dem es großartig entsprach, als politischer Vorort des heiligen römischen Reiches deutscher Nation gelten durfte. Trotz allem außerordentlichen anderen ist das romanische Regensburg das eigentlichste Regensburg.

Das Klassizistische, das sich in dem geistlichen Louis-Seize-Palais am Dom bescheiden ankündet und im Theater enthaltsam ausbildet, vollendet sich in wahrhaft großem Stil draußen vor der Stadt: in der Walhalla und in dem ferneren Freiheitstempel, dort bei Kelheim, über dem Zusammenstoß von Donau und Altmühl, nahe der Stelle, wo vordem der Limes an die breite Grenze der Donau traf.

Der Weg zur Walhalla geht zuerst über die schweren Steinbogen der alten Brücke, die, im zwölften Jahrhundert entstanden, zu den schönsten Brücken des alten Deutschland gehört. Nun erst formt sich das Profil der Stadt mit ganzer Gewalt; dem Fortfahrenden stellt es sich deutlicher und voller dar als dem Ankommenden drüben auf der Südseite. Nur dass die Türme des Domes – wenn alte Bilder die Wahrheit reden – vielleicht merkwürdiger waren, ehe das neunzehnte Jahrhundert sie zu gotischen Pyramiden vollendete. Goethe hat die Domtürme auf dem Weg nach Italien noch im alten Stande gesehen, damals, als er – im Herbst 1786 – vom Norden kommend die Worte schrieb: „Regensburg liegt gar schön. Die Gegend musste eine Stadt herlocken; auch haben sich die geistlichen Herren wohlbedacht. Alles Feld um die Stadt gehört ihnen, in der Stadt steht Kirche gegen Kirche und Stift gegen Stift. Die Donau erinnert mich an den alten Main …"

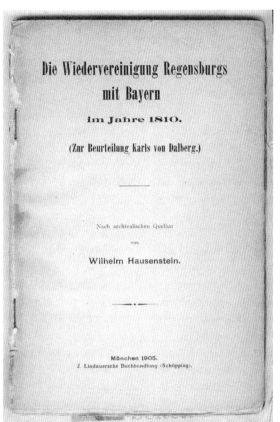

*Die Dissertation von Wilhelm Hausenstein*

Wie ist es möglich, dass neuere Generationen den Tempel Walhalla, den Ludwig I. von Bayern mit dem großen Klenze erdacht hat, lieblos, ja fast ironisch betrachteten – so, als hätte dies nachgelebte Griechische keinen rechten Sinn? Der Tempel ist mehr als „Philhellenentum", wiewohl das Philhellenentum, die Liebe zur nationalen Erhebung der Griechen vor hundert Jahren, auch an sich selbst etwas Schönes gewesen ist – eine Begeisterung, deren Reinheit Bewunderung verdient. Die neue Antike der Walhalla, zwischen 1830 und 1842 im Osten von Regensburg, über Donaustauf, in erhaben Linien verwirklicht als ein Pantheon deutschen Geistes, – diese neue Antike ist ein edles Wort deutschhumanistischen Wesens überhaupt, und zwar in einer natürlichen Vermählung mit der Landschaft ob der Donau. Auch nördlichere und sprödere Bereiche haben die Liebe zum klassischen Genie bekannt und gepflegt: das Berlin des Brandenburger Tores, des Karl Gotthard Langhans, das Berlin Schinkels. Doch steht Klenzes Walhalla in einem engeren und selbstverständlicheren Zusammenhang mit der umgebenden Natur. Unter dem Himmel des Maimonats begreift man die Walhalla, wenn man nur einigermaßen willig ist, ohne Vorbehalt: da sagt der Tempel aus Marmor und Kalkstein, der Tempel mit der einfachen, elementaren Größe seiner dorischen Säulen ein unmittelbar überzeugendes Gleichnis des Griechischen hei'. Der unverkennbar deutsche Strom, die Fruchtbarkeit heimischen Geländes, die alte deutsche Stadt drüben – dies alles schließt sich mit dem antikischen Tempel gern und gut in Eins. Indem man über das heroische Stufensystem zu Füßen des Tempels niedersteigt, fühlt man Fug und Sinn der Verknüpfung zu gemeinsamem Bilde.

Der Tag neigt sich – aber noch bewahrt er mir eine zwiefältige Überraschung auf: im Westen von Regensburg, stromaufwärts, das doppelte Schauspiel der antikischen Berghalle, die im Zeichen Ludwigs I. von 1842 an durch Klenze und Gärtner zur Erinnerung an die deutsche Erhebung des Jahres 1813 erbaut worden ist, und einer strahlenden Kirche zu Füßen des Berges, im kühlen Grunde. Wie viel nachdrücklicher, als man erwarten mochte, beschäftigt einen doch die klassizistische Rotunde, so innen wie außen! Von der Befreiungshalle, die das Deutsche dem Antiken stolz vergleicht, endlich weitertrachtend, feierlich entlassen aus dem Kranz weißer Göttinnen im Tempelrund über Kelheim, heimwärts strebend von dieser kühnen Höhe, die zu den schönsten in Deutschland gehört, um so mehr, als dort das Romantische der Landschaft in der Ruhe und Klarheit des Antikischen einen großmütig gedachten Ausgleich findet – heimwärts fahrend, erreiche ich durch Wälder das Kloster Weltenburg. Die Donau strömt zwischen kühnen grauen Felsbastionen; zwischen Berg und Wasser, am kiesigen Ufer, verbirgt sich die Einsamkeit der geistlichen Siedlung. Welcher Siedlung? Cosmas Damian Asam, der Münchener Barockbaumeister, hat in der Kirche eines der unbegreiflichen Kunstwerke getan, über die sein souveräner und inbrünstiger Geist gebot. Das Bayrische in der Einheit mit dem Genius der Welt des Bernini steht hier unter dem Zenitzeichen der Vollendung. Gold auf Ocker und Grün; alle Formen wie Wellen, bewegt, strömend gleich dem großen Fluss, der draußen rauscht; die gewölbte Decke ins Unendliche gehoben; lichtbraune Säulen zwischen grauen Wandstreifen; eine Kanzel in Ocker oder Hellbraun, triumphal sich anschwingend, als wollte sie den Himmel erreichen; weiße Stuckwolken in üppiger Ballung, dazwischen überall die rosige Buntheit der Engelbübchen; farbiger Marmor, der aus dem Reichtum dieser Gegend gehoben ist; das Ganze ins Oval gezogen; die Hand des Cosmas Damian Asam zu einheitlicher Gebärde gekreuzt mit der Hand des Giorgioli; über dem Hochaltar, in einer goldgelb leuchtenden Durchsicht, der heilige Georg zu Pferde, den Drachen erlegend, ein gewagtes Schauspiel auf hoher Bühne der Andacht: dies ist Weltenburg – dies und noch viel mehr.

Auf der Weiterfahrt in die Nacht hinein spielen um das müde Hirn die schönen Gassennamen aus Regensburg: „Roter Herzfleck" und „Zur schönen Gelegenheit" und wie sie alle heißen. Irgendwo auf der Höhe schimmert, in Säulen gegliedert, das Tempelweiß der Walhalla, und der Reiter Georg stürmt galoppierend die großen Stufen hinauf zu dieser bayrischen Akropolis.

GERTRUD MARIA RÖSCH

# Die Schwestern des Alexandre Dumas

*Die Regensburger Schriftstellerinnen Therese Keiter (1859–1925) und Clara Menzer (1886–1973)*

*Im Wintersemester 2002/03 war an der Universität Regensburg mein Hauptseminar „Frauenliteratur der Neunziger Jahre" angekündigt. Auf die Frage, von welchen Autorinnen sie bisher Bücher gelesen hätten, kamen von den Teilnehmerinnen – denn es waren alles Frauen – folgende Namen: Ingrid Noll, Christa Wolf, Isabell Allende, Simone de Beauvoir, Hera Lind, Gabi Hauptmann, Marianne Frederiksson, Birgit Vanderbeke, Joy Fielding, Donna W. Cross, Tanja Kinkel, Kate Chopin, Zeruya Shalev, Jane Austen, Elizabeth George, Elfriede Jelinek, Zoe Jenny (in der Reihenfolge nach der Häufigkeit der Nennungen).*

## Frauen greifen zur Feder – heute wie früher

Immerhin, sagt sich die Germanistin, die auch eine Krimi-Leserin ist, stehen da mit Ingrid Noll und Elizabeth George zwei „Königinnen des Krimis" neben Tanja Kinkel und Donna W. Cross, die mit intrigenreichen und farbigen Historienromanen national und international erfolgreich sind. Während Zoe Jenny, Birgit Vanderbeke und Christa Wolf, im Altersabstand drei Generationen umgreifend, die weibliche Lebensrealität selbstkritisch ausleuchten, setzen Hera Lind und Gabi Hauptmann auf die starken, schlagfertigen Frauen im pointenreichen Geschlechterkampf und präsentieren damit den Leserinnen vielleicht gerade jene „neue Weiblichkeit", die im feministischen Diskurs bei Simone de Beauvoir und Elfriede Jelinek vorgedacht wurde.

Alles in allem richten sich diese Lektürevorlieben jenseits aller Zuordnung zur Hoch- oder Trivialliteratur tendenziell – nicht ausschließlich – auf jene Texte, die zeitaktuelle Probleme aufgreifen, die einer kohärenten und spannenden Erzählstruktur folgen und Einfühlung mit den präsentierten Personen erlauben. Die genannten Namen markieren sehr gut, dass es seit dem beginnenden 19. Jahrhundert – dafür stehen Jane Austen und Kate Chopin – auf dem Buchmarkt ein bedeutendes Segment gibt, das der Frauenliteratur vorbehalten ist. Wer in dieser Reihe auch hätte stehen können, ist die Regensburgerin Sandra Paretti (1935–1994). Sie bezeichnete sich einmal in einem Interview als eine „Tochter oder Enkelin des Alexandre Dumas". Gemeint hatte sie vermutlich den älteren der beiden französischen Autoren dieses Namens, Alexandre Dumas (1802–1870), der bis heute durch seine historischen Romane „Die drei Musketiere" (1844) und „Der Graf von Monte Cristo" (1845/46) berühmt ist.

Die literarische Verbindung mit Dumas, die Paretti für sich beanspruchte, gilt auch für zwei weitere Regensburger Autorinnen, die zu ihrer Zeit bekannt und viel gelesen waren, heute aber in Vergessenheit geraten sind: Therese Keiter und Clara Menzer, deren literarisches Feld ebenfalls die historischen Romane und Novellen waren. Beide, gewissermaßen „die Schwestern des Alexandre Dumas", haben mit der jüngeren Paretti gemeinsam, dass sie als Schreibende einen „nom de plume", ein Pseudonym wählten. So nannte Therese Keiter sich M. Herbert, Clara Menzer verwandelte sich in Alex Menter, während aus Irmgard Schneeberger jene eingangs erwähnte Sandra Paretti wurde. Diese Parallele ist keine zufällige, denn sie resultierte aus der allgemeinen Situation der Schriftstellerin auf dem literarischen Markt. Eine Annäherung an Therese Keiter und Clara Menzer, der zu einem späteren Zeitpunkt ein Essay über Sandra Paretti folgen soll, wird daher zwischen zwei thematische Pole eingespannt sein: Einerseits muss sie den regionalen Bezug berücksichtigen, weil er sich vielfach thematisch in ihren Texten niederschlägt, andererseits die Modalitäten eines Literaturbetriebs, der dauerhaften Erfolg nur dann einbrachte, wenn die Autorinnen sowohl auf einer regionalen wie einer überregionalen Ebene präsent waren.

Therese Keiter, die am 20. Juni 1859 als Therese Kellner geboren wurde, wohnte in der Richard-Wagner-Straße 12, Clara Menzer, am 23. März 1886 geboren, lebte in der Wittelsbacher Straße 4. In beiden Fällen handelt es sich um eine städtische Villa, die im Parkgürtel, aber in unmittelbarer Nähe der historischen Altstadt lag und in Größe und Bauweise den Anspruch auf Repräsentation und Wohlhabenheit verrät. Die Suche nach ihren Lebensspuren verlangte Pionierarbeit vor Ort, in den Ämtern, Archiven, Bibliotheken und nicht zuletzt den Friedhofsverwaltungen der Stadt. Dank der Hilfe zahlreicher MitarbeiterInnen, die mich durch ihre Hinweise auf immer neue Spuren brachten, kamen bislang unbekannte und auch unerwartete Zusammenhänge zum Vorschein, von denen noch zu reden sein wird.

*Clara Menzer*

### Eine Anti-Moderne innerhalb der katholischen Literaturszene: Therese Keiter alias M. Herbert

Als Therese Kellner im hessischen Melsungen 1859 geboren, bereitete sie sich privat in Kassel auf das Examen als Lehrerin vor. Im Feuilleton der „Kölnischen Volkszeitung" konnte sie 1882 ihre erste Novelle „Miss Edda Brown" unterbringen. Wie auch in ihrem folgenden Roman „Die Idealisten" lieferte sie ein biographisch unterfüttertes Porträt ihrer amerikanischen Freundin Anna Fuller. Der Kontakt zu dem Herausgeber Joseph Bachem hatte sich soweit etabliert, dass er sie zur weiteren Mitarbeit aufforderte. Ihre rund siebzig in Buchform erschienenen Texte kamen überwiegend bei Bachem in Köln und dann in den Regensburger Verlagen Habbel und Pustet heraus. An der Zeitschrift „Die Oberpfalz", die in dem am 20. September 1906 gegründeten Verlag J. B. Laßleben in Kallmünz erschien, arbeitete sie ebenfalls mit.

Ihr späterer Mann Heinrich Keiter war selbst als Autor und Kritiker tätig. Therese heiratete ihn 1888 und zog im gleichen Jahr mit ihm nach Regensburg, wo Heinrich Keiter als Redakteur der im Verlag Friedrich Pustet herausgegebenen Familienzeitschrift „Deutscher Hausschatz in Wort und Bild" arbeitete. Diese seit 1874 erscheinende illustrierte Zeitschrift war ein unterhaltendes und informatives Blatt katholischer Prägung. Der heute bekannteste unter den Autoren des Blattes dürfte Karl May gewesen sein. Neben Belletristik brachte das Wochenperiodikum Gedichte, historische und naturwissenschaftliche Essays sowie eine aktuelle Rundschau und einen unterhaltenden Teil.

Mit ihren Eltern, der Tochter Änne aus der ersten Ehe des verwitweten Keiter und ihrem Sohn Engelhard lebte Therese seitdem in Regensburg, wo sie ihre bisherigen Kontakte wie die Tätigkeit ihres Mannes für ihr eigenes Schreiben nützte.

Als 1898 ihr Mann starb, engten sich ihre finanziellen Verhältnisse offenbar ein. In erster Linie sah sie sich wegen ihrer Kinder gezwungen, sich ein Einkommen zu schaffen. Daher ersuchte sie Bachem in Köln, eine Anzeige erscheinen zu lassen: „Katholische Schriftstellerin von bedeutendem Rufe sucht Beschäftigung als Feuilleton-Redaktrice oder zur Beurtheilung belletristischer Manuskripte bezw. andere einschlägige Arbeit."

Die Anzeige muss offenbar Erfolg gehabt haben, denn von jetzt an erschienen von ihr fortlaufend Gedichte, Erzählungen und Romane in fast allen katholischen Periodika der Zeit. Darunter war auch ihr Regensburg-Roman „Die Schicksalsstadt", den die bei Pustet erscheinende Monatsschrift „Der Aar" 1910 erstmals abdruckte. Die Handlung des Romans beginnt mit einem Spaziergang durch Regensburg, den der neu angekommene Maler Konstantin Webermeister unternimmt und in den zahlreiche Ansichten und Szenen des alten Regensburg eingelagert sind. Jede dieser Szenen ist mit stimmungs- und geschichtsgesättigten Details beladen, wie die folgende Episode zeigt, als Konstantin Webermeister von der Steinernen Brücke in die Ferne blickt:

*Ueber dem leuchtenden, duftumwobenen Strom stiegen in der Ferne reingezeichnete, sanftgeschwungene Gebirgsrücken auf. Sie waren weich und durchsichtig wie aus Aether geformt, von märchenhaftem Licht umflossen, in Ultramarin, Violett und Purpur getaucht. Auf einer der Höhen stand ein weißer, schimmernder Griechentempel, leuchtend wie ewige Heiterkeit, fremdartig in seiner keuschen Strenge und Unnahbarkeit, und doch wie ein Gruß von ewiger Schönheit, ein Gruß aus der Götterwelt Homers. Giebel und Säulen glänzten stolz über Strom und Lande.*

In Regensburg lernt der junge Kunstmaler die schöne und exzentrische Gräfin Nina Vacalli kennen, wagt es aber nicht, sich ihr näher zuzuwenden, weil er – obwohl er auf Betreiben seiner Frau geschieden wurde – sich als bekennender Katholik seinem Eheversprechen weiterhin verbunden fühlt. Der Graf Gravenklett, der Nina Vacalli vergeblich umwirbt, verfolgt die Gräfin mit seiner Eifersucht. Am Höhepunkt des Romans erschießt der eifersüchtige Graf Nina und ertränkt sich anschließend in der Donau. Der Kunstmaler hingegen stirbt entsagungsvoll eine Art Liebestod, um wenigstens im Tod mit Nina vereint zu sein.

In ihrem Roman „Vittoria Colonna" ist das Beziehungsgeflecht zwischen den Figuren in ähnlicher Weise gestrickt: Vittoria Colonna, von ihrem herzlosen-frivolen Mann Ferrante betrogen, wird von dem berühmten Maler Michelangelo begehrt. In platonischer Liebe begegnen sich die entsagende Frau und der geniale Künstler. Mit derartigen Sujets knüpfte Keiter auch an die damalige Hausse der historischen Romane an, wobei zu ihrer Zeit die Begeisterung für die italienische Renaissance einen Schwerpunkt bildete.

Ihr Werk wurde ab 1911 zunehmend kritischer besprochen. Die Rezensionen monierten, dass die ethische Aussage nicht in überzeugende und unmittelbar eingängige Figuren- und Handlungskonstellationen übersetzt sei, sondern auf der Ebene einer allwissenden Erzählstimme als Postulat vorgebracht werde. So urteilte auch

Georg Britting, der ihren Roman „Die Schicksalsstadt" am 13. August 1912 in den „Regensburger Neuesten Nachrichten" besprach: Die Hauptfigur des Malers Konstantin Webermeister sei viel zu ideal gezeichnet und werde dadurch unplausibel.

Die Regensburgerin Berta Rathsam (1901–1982), die als junges Mädchen regelmäßig im Haus von Therese Keiter verkehrte, charakterisierte sie später in ihrem 1961 erschienenen Essay „Werdegang der Dichterin": „Als sie noch ausgehen konnte, war sie eine auffallend vornehme Erscheinung mit weiten Hüten und dichtem Schleier vor dem Gesicht. Sie war eine markante Persönlichkeit für Regensburg und schrieb jahrelang Schauspielkritiken für das Stadttheater."

In ihrer Eigenschaft als Kritikerin erhielt Keiter am 26. März 1913 eine Abschrift von drei Einaktern Georg Brittings, die für eine Aufführung im Regensburger Stadttheater vorgesehen waren: „Madame", „Potiphar" und „Der schöne Jüngling". Therese Keiter rezensierte damals für den konservativ-katholischen „Regensburger Anzeiger", während Britting selbst für die liberalen „Regensburger Neuesten Nachrichten" als Kritiker tätig war. Der Inhalt dieser leider verloren gegangenen Einakter lässt sich nachträglich aus Keiters Besprechung erschließen. In „Madame" verehrt ein junger Dichter heimlich eine Frau, die er zu einem Idol an Tugend erhebt, um sich dann enttäuscht zurückzuziehen, als ein Freund ihn über Frauen aufklärt. In „Potiphar" bedrängt eine Ehefrau ihren Mieter, einen jungen Gelehrten, während der Ehemann ahnungslos bleibt. Der Gelehrte zieht sich jedoch im letzten Augenblick von ihr zurück. In „Der schöne Jüngling" wird die Rettung einer Varieté-Sängerin erzählt, die sich ihrem Retter hingibt, allerdings nicht aus Liebe, sondern aus Dankbarkeit. In der Betonung des Erotischen bis zum unverhüllt

*Therese Keiter*

angedeuteten Ehebruch, so urteilte Keiter, seien die Einakter deutlich mit Schnitzlers dramatischen Texten verwandt und spiegelten eine charakteristische Tendenz in der gegenwärtigen Literatur: die weltmännische Frivolität, der gegründete Moralvorstellungen fremd seien.
Keiter ihrerseits blieb hingegen dem katholischen Umfeld verhaftet und inszenierte sich wiederholt als eine Wesensverwandte einer anderen katholischen Lyrikerin – Annette von Droste-Hülshoff. Aber wo die Texte der Droste die Lust zum Ausbruch und zur Provokation nur mühsam bändigen, verschloss sich Keiter gegen die Provokationen der Gegenwart, mögen sie in der sich wandelnden Beziehung der Geschlechter oder in der sozialen Thematik gelegen haben.
Die Rückbesinnung auf den Glauben und die Stärkung einer christlich fundierten Moral als die Botschaft, die Elemente der Unterhaltungsliteratur als das Mittel, um eine breite Leserschaft zu erreichen und die sich herausbildende Presselandschaft, die den politischen und gesellschaftlichen Zielen einer sich reorganisierenden katholischen Kirche dienten – diese Faktoren, so das Urteil von Claudia Kucznierz, waren ausschlaggebend für den Zeit ihres Lebens anhaltenden Erfolg Therese Keiters. Sie starb am 25. April 1925 in ihrem Haus in der Richard-Wagner-Straße. Eine von Prof. Franz Ermer gestaltete Gedenktafel erinnert an die Dichterin. Sie hinterließ ein episches Werk bestehend aus insgesamt 62 Büchern sowie ein lyrisches Werk von zwei Dutzend Titeln.
Im Familienhaus in der Richard-Wagner-Straße lebten nach ihrem Tod ihr Sohn Engelhard Keiter (1889–1974) und seine Frau Tilde (1894–1982). Beide sind, wie auch ihr Mann Heinrich Keiter (1853–1898) und ihre Eltern Engelhard Kellner (1821–1893) und Ida Kellner (1835–1920), in Regensburg auf dem Unteren Katholischen Friedhof beerdigt. Die Grabstätte existiert noch (Abt.5/Reihe 28).

## *Zuerst höhere Tochter aus reichem Hause, dann lebenserfahrene Autorin: Clara Menzer alias Alex Menter*

Die Suche nach Clara Menzer führt in die Wittelsbacher Straße 4/1. Stock. Das 1863 erbaute Haus, das noch heute den Charakter eines repräsentativen Palais besitzt, gehörte ihrem Vater, dem Regensburger Kommerzienrat Wilhelm Neuffer (1847–1917), einem zu Ansehen und Reichtum aufgestiegenen Guts- und Fabrikbesitzer. Ihre Mutter Ida, eine geborene Mez (1855–1932), war eine aus Freiburg stammende Fabrikantentochter. Die beiden waren protestantischer Konfession und hatten am 3. April 1879 im Badischen geheiratet. Clara verschwieg in ihrer Selbstvorstellung die gesellschaftliche Position und das hohe Ansehen, das sich ihre Eltern in Regensburg erworben hatten. Ihr Vater amtierte jahrelang als Vorstand des Gemeindekollegiums, während die Mutter in der freiwilligen Krankenpflege tätig war. Die Krönung des gesellschaftlichen Aufstiegs der Familie dürfte das Ritterkreuz des Verdienstordens der Bayerischen Krone gewesen sein, das Wilhelm Neuffer am 13. Juni 1914 mit der gleichzeitigen Erhebung in den persönlichen Adelsstand erhielt.
Ida Clara Amalie Helene wurde als erste Tochter am 23. März 1885 geboren. Sie wuchs mit einem älteren Bruder, Richard Gustav Friedrich, und der um zwei Jahre jüngeren Schwester Ida auf. In einer Art Selbstvorstellung schrieb sie über ihre Familie: „Sie war in einer klaren Ordnung geborgen, von Güte behütet, von der selbstsicheren Hand einer Elterngeneration geführt, die in vornehmer, bewußter Tradition verwurzelt war, nicht nur in äußeren Formen, sondern von der Sinngebung: einem bewährten, unerschütterten Christentum."
Vor Clara waren zwei Brüder zur Welt gekommen: Richard Gustav Friedrich und Paul Wilhelm Adolph, der

bereits mit drei Jahren verstarb. Ihre jüngere Schwester erhielt, wohl in Erinnerung an den früh gestorbenen Bruder, die Namen Emma Adolphine Ida Edith Erna.

Die beiden Schwestern Clara und Ida wurden standesgemäß erzogen, wobei der Schwerpunkt auf Sprachen, Literatur und Musik lag. Sie besuchten die Höhere Töchterschule in Regensburg und gingen dann anschließend an das vornehme Mädchenpensionat in Neuf-Châtel in der Schweiz. Clara verbrachte schließlich zwei Jahre in England, wo sie sich zur Malerin ausbilden lassen wollte. 1909 heiratete sie in Nürnberg den 30jährigen Konsul und Gutsbesitzer Julius Menzer aus Neckargmünd. Menzer fiel schon in den ersten Kriegstagen des Ersten Weltkriegs in Frankreich.

In ihrem 1949 erschienenen Lebensabriss „Wie ich Schriftstellerin wurde" kommt sie allerdings nur lakonisch auf diesen Verlust zu sprechen. Auch ist die Chronologie unsicher, wenn sie schreibt: „Später nach dem Tode meines Vaters, bin ich, selbst Witwe, nach Regensburg zurückgekehrt. Kurz danach habe ich angefangen, schriftstellerisch zu arbeiten." Der Vater war 1917 gestorben, aber erst ab 1929 ist in den Regensburger Adressbüchern die „Privatiere" und „Gutsbesitzerswitwe" Clara Menzer mit einer Wohnung in der Wittelsbacher Straße verzeichnet.

Sehr anschaulich schilderte sie ihre falschen Erwartungen, die zunächst ihren literarischen Erfolg verhindert haben könnten: „Wie jeder echte Schriftsteller begann ich mit Lyrik und hatte viel Freude an meinen Gedichten. Leider gefielen sie den Verlegern nicht ebenso gut wie mir, so mußte ich meinen ersten Gedichtband selbst mit der Maschine schreiben und auf eigene Kosten binden lassen. Trotzdem war ich sehr stolz darauf. In Tageszeitungen und Zeitschriften wurden in der Folge viele dieser Gedichte abgedruckt. Auf die Lyrik folgten Skizzen, Kurzgeschichten, Artikel für das Feuilleton, zumeist historischen oder literarischen Inhalts." Keiner dieser Texte konnte jedoch in dem bisher kaum dokumentierten Werk von Clara Menzer nachgewiesen werden.

Der Durchbruch gelang ihr erst zu Beginn der dreißiger Jahre mit Unterhaltungsromanen, die der besseren Honorierung wegen zunächst vorabgedruckt wurden. So erschienen 1934 „Die Schlußrunde. Ein Roman vom weißen Sport". 1935 druckte die „Münchner Zeitung" ihren Gesellschaftsroman „Gritta soll heiraten", im selben Jahr die „Stuttgarter Illustrierte" den Frauenroman „Lu im Lebenskampf".

Die Handlungskonstellation und vor allem die Frauenfiguren in diesen Romanen ähneln sich stark: Beinahe immer gerät eine junge Frau aus reichen Verhältnissen an einen Punkt, an dem sie sich bewähren muss, diese Prüfung schließlich erfolgreich besteht und am Ende ihr Glück an der Seite eines tüchtigen Mannes mit Aussicht auf neuen Wohlstand findet. Der anfängliche Konflikt wird häufig durch einen Vermögensverlust veranlasst, wie er etwa die junge Lu Valley in „Lu im Lebenskampf" trifft. Sie muss sich anschließend als Sekretärin durchbringen und lernt dabei zwei Männer kennen, den draufgängerischen Ferdinand Varescu und den schüchternen Erich Sivertsen, den sie schließlich, nach Zweifeln und Irrungen bis hin zur lebensgefährlichen Erkrankung, heiratet. Auch die junge Gritta Naubert ist nach dem Tod ihrer Tante zwischen zwei Männer gestellt und entscheidet sich am Ende für den aufrichtigen, aber kaum vermögenden Axel.

In „Die Schlußrunde" ist es der junge Detlef Harte, der sich diszipliniert den Champion-Titel in Wimbledon erkämpft. Lebendig und eindringlich führt Menzer in diesem Roman das luxuriöse Leben in England vor und entwirft ein reiches Bild von den Anfängen des Tennis und der Gesellschaft in den zwanziger Jahren. Verbunden mit dieser Handlung ist die Geschichte einer älteren Frau, die um ihrer Liebe zu dem jungen Tennisstar willen ihre Ehe aufs Spiel setzt, dann aber plötzlich an Einsicht gewinnt und zu ihrem Mann zurückkehrt. Stets werden diese Figuren von einer allwissenden Erzählinstanz gelenkt und in ihren Reaktionen durchleuchtet; die narrative Technik ist nur gelegentlich mit den Verfahren im modernen Roman, etwa der Innensicht und dem Bewusstseinsstrom, vergleichbar. Sorgfältig werden aktuelle Anspielungen, etwa auf die Kriegsfolgen und die Inflation, über den Text verteilt. Auch Landschaften und Städte sind auf Wiedererkennbarkeit hin geschildert.

Ihr erster historischer Roman galt einer bekannten Regensburger Frauengestalt – Barbara Blomberg – und trug den Titel „Die schöne Barbara" (1938). Nicht mehr die Unterhaltung, sondern der ethische Nutzen sollten jetzt ihren eigenen Worten nach im Vordergrund stehen. Wie sie auf den Schock des Zweiten Weltkriegs reagiert, deutet sie in ihrem autobiographischen Abriss von 1949 nur verhalten an: „Zum zweiten Mal ging die Welt in Trümmer, mußte man irre werden an jeder menschlichen Vernunft und vor allem, an jeder menschlichen Kultur. – Von nun ab habe ich mich ganz dem Studium der Historie gewidmet, es ist das Herrlichste was es gibt. Traurig ist, daß die Menschen so wenig aus der Geschichte lernen."

Verbunden bleiben ihre historischen Texte mit ihren Unterhaltungsromane durch die Hauptfiguren: Wieder sind dies tatkräftige, durchsetzungsfähige Frauen, die entweder ihre Liebe finden oder einer anderen, größeren Aufgabe wegen klug entsagen. Unter diesem Vorzeichen beschreibt sie das Leben Katharinas von Rußland (Von der Magd zur Kaiserin, 1941; Auf Befehl der Kaiserin, 1949). Therese Huber ist die Hauptfigur einer Romanbiographie aus der Zeit der französischen Revolution: Therese heiratet den damals berühmten Forschungsreisenden Johann Georg Forster und reüssiert schließlich – hierin durchaus vergleichbar mit Menzers eigenem Lebensweg – als Redakteurin und Romanautorin (Therese. Lebensroman einer bedeutenden Frau, 1948). In dem groß angelegten historischen Panorama führt sie die Titelfigur, eine Zeitgenossin Goethes, durch die Zeit des zusammenbrechenden Ancien Regime, der Napoleonischen Kriege und des Biedermeier, immer bedacht auf das Gleichgewicht von historischer Treue und lebendiger Spannung. Diese Mischung prägt ihr Werk, über das sie in ihrem Lebensabriss urteilte: „Kein Leser, der mir seine Zeit schenkt, soll meine Bücher enttäuscht aus der Hand legen; er darf überzeugt sein, dass er nicht nur Ablenkung und Anregung darin findet, sondern auch sein Wissen entscheidend erweitert hat." Clara Menzer starb – offensichtlich kinderlos – am 7. Februar 1973 in Regensburg.

## Regensburg als „geistige Lebensform"

Die Biographie und das literarische Profil der zwei hier vorgestellten Frauen ist unterschiedlich und unverwechselbar ausgeprägt. Therese Keiter war eine etablierte Vertreterin der katholischen Literaturszene, die es verstand, sich über die Jahrhundertwende hinweg bis zum Lebensende, also bis in die Zwanziger Jahre, in der Belletristik, in der Lyrik wie in der Kritik Gehör zu verschaffen. Das Zusammenspiel von eindeutig identifizierbarer ethischer Aussage, guten Verlagskontakten und einer Orientierung an einem etablierten erzählerischen Muster verhalf ihr zu mehr als nur regionalem Erfolg. Wenig beeinflusst wurde sie darin von den deutschen bzw. europäischen Literaturströmungen des Naturalismus oder der Décadence; das verdankte sie einer konsequenten Orientierung an dem Vorbild des realistisch-psychologischen Erzähltechnik des 19. Jahrhunderts.

Clara Menzer hingegen geht in ihren Romanen erkennbar auf die Bedürfnisse eines literarischen Marktes ein, auf dem sich Romane mit aktuellen Themen und zeitnahen Figuren gut unterbringen ließen. Anders als bei Keiter sind ihre Figuren und Handlungskonstellationen durchaus modern angelegt, nehmen zeitgenössische Fragen wie zum Beispiel nach der Berufstätigkeit der Frau oder nach der Gleichberechtigung von Frau und Mann in der Beziehung auf; darin wäre sie mit den anderen Unterhaltungsautorinnen der Weimarer Republik – Vicki Baum, Irmgard Keun, Rut Landshoff – durchaus gleichrangig. Aber anders als bei diesen wird das Experiment mit der „neuen Frau" zu einem Happyend geführt, zur Ehe, die dann die erreichte Selbständigkeit sehr schnell wieder überflüssig macht.

Gemeinsam ist beiden Schriftstellerinnen Regensburg als „geistige Lebensform", um es in den Worten des Zeitgenossen Thomas Mann zu sagen. Immer wieder rekurrieren sie auf diese Stadt, sei es als historischen Schauplatz wie als Symbol für Geschichte selbst. Eindrückliche Szenen von der Architektur und der Umgebung sind in die Texte eingelagert. Immer ist, wo der norddeutsche Autor das Bürgerliche als prägendes – und gefährdetes – Element sieht, bei ihnen die religiöse Fundierung der Existenz ausschlaggebend.

*Literatur*

Zu Therese Keiter (20. Juni 1859 – 5. April 1925)

J. B. Laßleben, M. Herbert †, in: Die Oberpfalz 1925, 85f. – Berta Rathsam, Werdegang der Dichterin. In: Gedichte von M. Herbert. Hrsg. v. Berta Rathsam. Regensburg: Habbel o.J. [1961], 121–138. – Jutta Osinski, Katholizismus und deutsche Literatur im 19. Jahrhundert. Paderborn, München u.a. 1993, bes. 335–337 (dort über Heinrich Keiter). – Claudia Kucznierz, M. Herbert – eine Regensburger Schriftstellerin der Jahrhundertwende und ihr Umfeld. Magisterarbeit, Universität Regensburg 1996 (dort weitere Literatur sowie ein Verzeichnis der Publikationen Keiters im Anhang). – Bernhard Gajek, An der Schwelle zum Eigenen. Georg Brittings Regensburger Theaterkritiken (1912–1914 und 1918–1921). In: Goethezeit – Zeit für Goethe. Auf den Spuren deutscher Lyriküberlieferung in der Moderne. FS Christoph Perels. Hrsg. v. Konrad Feilchenfeldt, Kristina Hasenpflug, Gerhard Kurz, Renate Moering. Tübingen 2003, 413–426. – Abb. in: G. Bauernfeind, Zu M. Herbert's 50. Geburtstag, in: Die Oberpfalz 1909, 92–93.

Werke Therese Keiters (in Auswahl): M. Herbert, Die Schicksalsstadt. 1.–3.Tsd. Köln: Bachem 1912. – M. Herbert, Vittoria Colonna. Ein Lebensbild aus der Zeit der Hochrenaissance. 5.u.6. verb. Tsd. Ravensburg: Alber o.J. – M. Herbert, O Stern und Blume, Geist und Kleid. Verse. Regensburg 1918. – M. Herbert, Tragödie der Macht. Erzählung aus den letzten Tagen Napoleons. 1.–5. Tsd. Bachem 1920. – M. Herbert, Ein Buch von der Güte. Novellen. 4.–8.Aufl. Bachem 1921. – Schieder, Elmar (Hrsg.): Es kommt der Tag... Ausgewählte Lyrik der Regensburger Dichterin M. Herbert. Regensburg 1981.

Zu Clara Menzer (23. März 1886 – 7. Februar 1973)

A. Menter: „Wie ich Schriftstellerin wurde". Die Verfasserin unseres Romans erzählt aus ihrem Leben. In: Das freie Wort, Donnerstag, 13. Oktober 1949, Nummer 2, S. 7.

Werke Clara Menzers (in Auswahl): A. Menter, Die Schlußrunde, Ein Roman vom weißen Sport. Leipzig 1934. – A. Menter, Lu im Lebenskampf. Berlin o.J. [1935] – A. Menter, Gritta soll heiraten. Berlin 1935. – A. Menter, Die schöne Barbara. Roman aus der Zeit Karls V. und seiner Geliebten Barbara Blomberg. 9.–12.Tsd. Köln 1939. – A. Menter, Von der Magd zur Kaiserin. Katharina I. und Peter der Große. Wiesbaden, Köln 1941. – Therese. Lebensroman einer bedeutenden Frau. Mainz 1948. – Auf Befehl der Kaiserin. Novelle. Bonn o.J. [1949].

HERBERT SCHINDLER

# Jugend an der Donau

*Als Barbing noch ein richtiges Dorf war*

*Der Personenzug hielt in der Station Obertraubling. Die Koffer wurden im Bahnhofsgebäude beim Stationsvorsteher hinterstellt. Den Sommerhut auf dem Kopf, den Mantel über den Arm gelegt und den Buben an der Hand machte sich die Mutter auf den einstündigen Weg zum Dorf. Zuerst ging es über die Bahngleise, dann zog sich die Chaussee schnurgerade in die Ebene hinein, von zwei Reihen schütterer Vogelbeerbäume begleitet. Zwischen den Bäumen schwebte ein ferner blassgelber Punkt: die Wallhalla. „Dieses Stück Straße hat ein König gebaut", fing die Mutter zu erzählen an. „Er hieß Ludwig und hatte eine Geliebte." „Was ist eine Geliebte?" fragte der Bub. –*

Die Stadt Neutraubling, die sich heute an dieser Straße, auf dem Gelände eines Militärflugplatzes, ausgebreitet hat, gab es damals noch nicht. Es stand noch kein einziges Haus am Weg. „Diese Straße", fuhr die Mutter fort, „sollte die Walhalla mit der Hauptstadt München in einer schnurgeraden Linie verbinden. Dazu ist es aber nicht gekommen, weil der König abdanken musste. Dann kam das ‚Bründl', eine eisenhaltige Wasserstelle mitten in der Ebene, hinter Maisfeldern versteckt. Dort konnte man sich erfrischen, um den Rest des langen Weges, der die Hauptstadt München mit dem Heimatdorf an der Donau verband, zu bewältigen. Der blassgelbe Würfel wurde nun größer, man konnte die Säulen erkennen, dann verschwand er mit einem Male hinter den Bäumen.

Die Straße der Mutter an der Allee der jungen Träume, Teil einer gedachten Straße, bog jetzt zum Dorf hinüber. Das Dorf hieß Barbing. Ich sage: *es hieß*, denn das

*Das alte „Schindler"-Haus in Barbing neben der Dorfkirche St. Martin.*

Dorf, von dem ich erzähle, existiert nicht mehr oder es ist nicht wiederzuerkennen. Die Großstadt, die damals noch weit entfernt lag, hat das Dorf erreicht, die Baulust der Dorfbewohner und der Siedlungseifer der Heimatvertriebenen taten das Ihre. Eine neue Autobahn zieht jetzt vorbei, sie berührt Dörfer und entlegene Gutshöfe, unterquert die Obertraublinger Chaussee,

Bilder und Umrisse sind uns fremd und die Entfernungen kürzer geworden. Ist das vielleicht Oberheising? Gerade noch, dass man das Schloss an seiner mächtigen Dachpyramide erkennt. Die alten Kastanien, die es einst eingefasst haben, sie sind gefallen. Das Fürstliche Schloss ist jetzt Rathaus, nur die Kirche, die von jeher etwas unansehnlich war, behauptet mit ihrem Erweiterungsbau den Hügel gegen die Donauwiesen hin.

Diese Wiesen ist der Bub oft hinausgelaufen, barfuß, allein oder mit den Freunden. Zuerst Äcker, dann gute Wiesen, dann saure Wiesen, dann die ‚Doana' mit dem Paradies ihrer Altwasser. Lautlos glitt der Strom zwischen den von Steinen gesäumten Ufern dahin. Jetzt warf sich ein Fisch über die schimmernde Wasserfläche, dann näherte sich ein Schleppzug. Tiefgehend kämpfte er sich stromauf, gischtige Wellen vor sich herschiebend. Die Schiffleute winkten. Von Schwabelweis herüber ertönte ein Glockenschlag. Ein zweiter, noch ferner, folgte. Drüben am Saum der Waldberge hob sich der Bergkegel von Donaustauf ab, dahinter die Heilstätte. Dort lockte eine Burg und ein schattenreicher Park. Die Walhalla lag greifbar nahe, man konnte die Säulen zählen. Eine alte schmale Eisenbrücke führte über den Strom. Hatte man das Hindernis einer Brückenmaut umgangen oder mit der Zille am Ufer angelegt, dann gelangte man über Schleichpfade an den Fuß des Tempels.

*Drei Lausbuben: Bindl-Schooß, Wagner Kari und Schindler Herbert, 1936.*

Eine Freitreppe aus weißgewaschenem Stein, die „Himmelsleiter" geheißen, führte nach oben. „Dreihundertvierundsechzig Stufen sind es", sagte die Mutter, „die man hinaufsteigen muss." Und wenn man oben ist, hat man eine schöne Aussicht, bis nach München, wo wir jetzt herkommen. Und die Straße, die wir jetzt gehen, ist nur ein kurzes Stück, ein winziger Strich".

Das Laufen auf der glatten, steil ansteigenden Rampe, das Versteckspiel hinter den mächtigen Säulen, barfuß auf dem von der Sonne erwärmten Marmorgestein, hatte einen besonderen Reiz, weil es verboten war. Man konnte dabei von einem der uniformierten Wärter ertappt werden. So gingen die Spiele im Tempel zuerst lautlos vor sich. Wenn dann am späten Nachmittag die hohe Flügeltür abgesperrt wurde, die letzten Besucher sich entfernt hatten, die Schritte des Walhallawärters verklungen waren, gehörte uns der ganze riesige Tempel mit einem Säulenwald aus Stein. Aufrechtstehend und gestreckt, oder klein zusammengekauert, passte so ein Bubenrücken genau in die Kanneluren der Säulen hinein. Was im Innern des Gebäudes zu sehen sei, wurde so ein Barbinger Schlingel gefragt: „Lauter Köpf! Und ganz hinten sitzt oana, ganz traurig, mit an weißn Hemmat, des is da Kini!" Zeitvergessen auf den Stufen des Tempels zu sitzen, in den lauen Sommerabend hineinzuträumen über schwindelnden Tiefen, während drunten die Schiffe und

Schlepper mit gesenktem Kamin qualmend unter der Eisenbrücke hindurchzogen, über der weiten silbernen Sichel des Stroms – das war jedenfalls eine sehr unbekümmerte, leibhaftige Begegnung mit der Antike. Bis die Nachtkühle aus den Laubwäldern herauskroch und zum Heimweg zwang. Als wir über die Wiesen ins Dorf hineingingen, stand ein goldener Julimond über dem Tempel und die Lichter der Heilstätte glitzerten wie ein Geschmeide.

Das Dorf war behäbiger niederbayerischer Alltag, begleitet vom Hahnenschrei, dem Kreischen der Kreissäge, dem Bellen der Hunde. Dann ging auf einmal das Summen der Dreschmaschinen von Hof zu Hof, Geschäftigkeit verbreitete sich, die Maschinisten machten sich wichtig. „Der Gansmeier drischt heute", sagte man dann, „Und morgen der Bäuml." „Dann kommt der Dampf zu uns. Da darfst mithelfen, Bub!" Und der Bub ängstigte sich, daß die Dreschmaschine durch das Stadeltor nicht hineingehen könnte ...

*Das nicht mehr bestehende „Protschky"-Haus in Barbing.*

Vor dem kleinen Haus an der Obertraublinger Straße (das längst einer Straßenbegradigung zum Opfer gefallen ist) traf sich am Abend die Dorfjugend. Tante Franz saß auf ihrem Bankerl und die beiden Cousinen gesellten sich dazu. Da wurden Neuigkeiten ausgetauscht. Der Melker drüben im Polenhaus hat wieder einmal seine Frau geschlagen. Und beim Bäuml hat sich gestern der Stier losgerissen. Es ist nichts passiert. Aber an einem heißen Sommernachmittag lief alles zum untern Wirt. Der hitzige Mann hatte sich im Schlachthaus erhängt. Eines jener Sommergewitter, vor denen sich die Mutter so fürchtet, ging über das Dorf hinweg und entlud sich in Mangolding, wo ein Hof und eine Scheuer nieder brannten.

Ein Ereignis im dörflichen Alltag war es, wenn der Dampfpflug durch das Dorf ratterte. Diese technischen Dinosaurier, die noch größer waren als Dampfmaschinen, wurden zum Pflügen auf den großen Feldern des fürstlichen Domänenbesitzes eingesetzt. Dabei wurde ein fast haushoher Pflug mittels starker Drahtseile hin- und hergezogen und schaffte in einem Zug an die dreißig Furchen. Draußen, wo heute der Mähdrescher seine Bahn zieht, lag der Gutshof Oberheising. Dort war eine der beiden Cousinen eingezogen, als sie einen jungen Gutsverwalter geheiratet hatte. Das Verwalterhaus war geräumig und kühl. Es gab ein Speisezimmer mit noblen englischen Möbeln, die Bernhard aus seiner westfälischen Heimat mitgebracht hatte, ein Büro mit Stehpult und großem Barometer. Und das Herrlichste war der Garten hinter dem Haus mit seinen Obstbäumen und Stachelbeersträuchern. Schnell stellten sich Kinder ein. Doch bevor es im Oberheisinger Gutshaus richtig wohnlich wurde, musste Bernhard in den Krieg, aus dem er nicht mehr zurückkam.

Man lebte hier auf einer kleinen Insel mit dem Brennmeister, den Landarbeitern und Taglöhnern zusammen. Alles war geordnet und die Arbeit auf ein einziges Ziel gerichtet: die Ernte. War die Ernte eingebracht, dann kannte man nur eine Sorge, dass es nur nicht brannte. Es gab keinen Wasserlauf weitum. Die Brunnen mussten tief geschlagen werden.

In den dreißiger Jahren brannte das Dorf Sarching ab. Ich erinnere mich, dass ich nachts durch den Lärm aufwachte und den Feuerschein im Fenster des Stöckls stehen sah. Ich lief mit den Dorfbuben nach Sarching hinunter und verfolgte die Löscharbeiten, die mit ungeheurem Kraftaufwand betrieben wurden; allerdings ohne viel Erfolg. Das Feuer sprang durch das ganze Dorf.

Geisling heißt ein anderes Dorf, weiter an der Straße nach Straubing, mit einer hellen Barockkirche. Daneben die kleine Gottesackerkirche, ein Bau der Spätgotik mit mittelalterlichen Scheiben, darunter ein Sankt Georg mit dem Wappen der Herren von Brennberg: drei flammenden Bergen. Noch stattlicher ist Pfatter, das erste Gäubodendorf mit wenigstens vier großen Wirtshäusern. Die Häuser haben gelegentlich noch den donauländischen Schweifgiebel oder die hochgezogenen Stirnmauern. Als das Schönste mochte mir immer der Gasthof Schwarz erscheinen. Besaß er doch an seiner Front ein Marienbild. Vielleicht war es dieser Gasthof, in den am 9. Juli anno 1798 Ernst Moritz Arndt hineinverschlagen wurde. Was er uns erzählt, klingt sehr artig. Aber es entspricht vermutlich nicht der niederbayerischen Wirklichkeit, denn ich erinnere mich, dass in diesem Wirtshaus nicht selten gerauft wurde.

Arndt berichtete: „Wir landeten im Dorfe Pfatter ... Die Gesellschaft theilte sich. Wir, die rüstige und unbeweibte und unbepackte Jugend, nahmen sogleich das beste Wirtshaus ein und machten eine frohe Mahlzeit und einen muntern Kommers, bestehend aus mir, einem Buchhändler nebst seiner Gefährtin, einem Studenten aus Würzburg, einem Schweitzer und einem teutschen Kaufmann, einem englischen Fabrikanten und unserm Kondukteur. Um 12 lagen wir auf dem Ohre, nicht ohne manchen Spas und eine verwünschte Hitze, auch die Mücken schwiegen die ganze Nacht nicht. Der arme Engländer versteht fast kein Wort teutsch; Ich machte ihm, so gut ich konnte, den Dollmetscher; er war einem Entzückten ähnlich, als er die süßen Töne der Themse hörte."

*Meine Mutter, Rosa Schindler, am Ufer der Donau.*

In das Barbinger Schloss, das damals noch dem Fürsten gehörte und später von dessen Verwaltern und Buchhaltern bewohnt war, bin ich seinerzeit nie hineingekommen: dafür aber um so öfter in die Barbinger Kirche. Keine der bayerischen Dorfkirchen ist mir so vertraut wie diese, bis in die Einzelheiten hinein. Sogar den rührenden Vers auf dem Grabmal des Johann Georg Molitor konnte ich auswendig hersagen. Dabei ist über die Barbinger Kirche nicht mehr zu berichten, als dass sie eine ziemlich trockene klassizistische Ausstattung besitzt, im Hochaltar das Altarblatt eines Lokalmeisters mit der Darstellung des heiligen Martin hoch zu Ross, wie er einem Bettler seinen halben Mantel reicht.

Als das Speisegitter der Kirche repariert wurde, fand sich zwischen zwei Brettern ein Streifen altes Papier. Darauf stand mit ungelenker Hand in brauner Tinte geschrieben: „Die Kantzel und die seitten Altär seind in ein Jahr gemacht worden, zu Stattamhof bey Monsig. Schweiger im Mang gassel, Joseph Staub Schreinergesell, gebürtig in der Schweitz am Bodensee." Auf der Rückseite war eine Semmel in Querschnitt und Längsschnitt aufgerissen, und zwar, wie man an den etwas sperrigen Linien sah, direkt am Objekt konturiert. In das kleinere Oval, das so groß wie ein Hühnerei war, stand hineingeschrieben: „Kipfel breit hoch breit Durchschnitt mittel." In das Längsoval war eingetragen: „1 Kreutzer Kipfel groß 1805 den 9 october." Darüber stand: „Der schaff korn hat da zu mahl 60 gulden gekost."

Was hat den Schreinergesellen Joseph Staub wohl bewogen, diesen Zettel zwischen die Bretter des Speisegitters zu legen? Wahrscheinlich dachte er sich, dass seine Botschaft später einmal von einem anderen Gesellen gefunden werden könne, wie es dann tatsächlich geschehen ist. Und dass es wohl überhaupt für die nach ihm Kommenden nützlich sein könnte zu wissen, wer die Kanzel und die Seitenaltäre gemacht habe und wie notig die Zeit damals gewesen sei. Er hat uns ein zwar bescheidenes, aber sehr anschauliches Zeitdokument hinterlassen, das uns nebenher noch über die Gesellenwanderschaft um 1800 informiert.

Gleich neben der Kirchhofmauer lag die Schreinerwerkstätte meiner Verwandten, in der ich viele Stunden verbracht habe, angezogen vom Kreischen der Säge, vom Holz- und Leimgeruch, dem Vielerlei der sorgfältig gehüteten Werkzeuge. Im Halbdämmer dieser Werkstatt war einige Zeit ein taubstummer Geselle tätig, „Stummerl" genannt. Leicht reizbar – und deshalb das Opfer mancher Späße – ging er geschickt mit dem Hobel um. Die Grabsteine auf dem Barbinger Friedhof tragen lauter vertraute Namen: die Bindl, die Waas, Röhrl und Gansmeier, die Bäuml, die Harvolk, die Nierbauer und Biermeier, Protschky und Binzer. Auf diesem Dorffriedhof, der die erste Erhebung in der Ebene darstellt, liegt auch meine Mutter begraben, nur wenige Schritte von ihrem Heimathaus entfernt. Obwohl sie die längste Zeit ihres Lebens in München verbracht hat und dort auch gestorben ist, hatte sie sich gewünscht, „daheim" begraben zu werden.

Und da ist auf einmal die Erinnerung an die Jugendfreunde: der langaufgeschossene Bindl Schooß (Georg),

*Schleppzug auf der Donau.*

der so herrlich pfeifen, mit der Peitsche knallen konnte, und Xari, der wendige Wagnerssohn, der wie kein anderer alte „Holländer" reparieren, Wagen mit Gummirädern bauen und wasserfeste Zillen herstellen konnte, während ich mehr auf das Bauen von Häusern spezialisiert war. Diese nahmen oft beträchtliche Ausmaße an. Und man erzählte mir lachend, dass man im letzten Jahr einen ganzen Leiterwagen voll „Gerümpel" in den „Sand" fahren musste. Das abendliche Füße waschen, die knarzende Treppe zum Ausbau, der Gang durch den finstern Dachboden, wo Fledermäuse hingen und verstaubtes Gerümpel lag ...

Eine große übermalte und mit silbernem Flitterwerk ausstaffierte Ansichtskarte von Budapest hing an der Wand. Sie stammte vom Baumann Luck, einem Verwandten, der Matrose geworden und nun auf dem Strom zwischen Regensburg und dem Schwarzen Meer irgendwo unterwegs war. Der Bub glaubte, ihn einmal unter den winkenden Matrosen ganz bestimmt erkannt zu haben.

Am Sonntag wusch sich der Bub am großen Wassergrand, streifte sich ein weißes Hemd über. Die Cousinen achteten darauf, dass er sauber angezogen und schön frisiert in die Kirche ging. Die Messe in der Martinspfarrkirche dauerte eine Stunde. Der Weihrauchduft und der vertraute leiernde Gesang aus bäuerlichen Kehlen, ein Latein, das mundartlich klang. Die große Versammlung der Dorfburschen nach

*Der kleine Herbert Schindler vor dem Felber-Baum, der dem Bau der Kläranlage zum Opfer fiel.*

der Messe, auf der beschlossen wurde, wo man heute hinging, wer sich zu wem gesellte, die Ausschau nach den Mädchen. „Wos is, gemma nach Irl, fahrn ma nach Stauf? Z' Pfatter war heint a Kirta!"

Und mit einem Mal ging ein Mädchen vorbei, schlank und für diese Verhältnisse fast fremd, streifte mich mit einem Blick: Hedwig hieß sie und war die Verwalterstochter. Und man wusste jetzt, dass man am letzten Feriensonntag weder nach Irl, noch nach Stauf hinüberging, auch nicht zur Kirta in Pfatter, sondern sich einfach sonntags faul in die Hängematte des Gartens pflanzte. Denn drüben hinter dem Polenhaus lag der weite Verwaltersgarten, eine grüne Wildnis mit einem großen Wasserzuber zum Gießen der Blumen und Beete. Da lag ich nun unter der stechenden Sonne, ein Buch in der Hand, ein großer Feriensommer ging zur Neige, Wehmut schlich sich ins Herz. Eine Wolke zog vorüber. Bis endlich drüben im Garten ein weißes Sommerkleid aufleuchtete ... Doch Hedwig war nicht allein, es begleiteten sie ihre Schwester und die Mutter ...

An Sommertagen – und zumal, wenn man sich weiter von ihr entfernt – liegt diese Landschaft, die von ernsteren Zügen nicht frei ist, in einer arkadischen Heiterkeit da. Doch könnte es sein, dass dies nur Erinnerung ist. Habe ich doch hier jenen Teil der Jugend verlebt, von dem die Erinnerung anscheinend nur die Sonnentage gespeichert hat.

MANFRED ENGELHARDT

# Der Regensburger Eisbuckel

*Eine Liebeserklärung an die alte Ratisbona und an ein ganz besonderes Stadtviertel*

*Der Versuch der alten Ratisbona und ihrem Eisbuckel eine Liebeserklärung zu schreiben ist untrennbar verbunden mit dem 1950 im Habbel-Verlag erschienenen Büchlein von Professor Hans Dachs. Es trug den schlichten Titel „Regensburg- Geschichte und Denkmäler", eine kurze Beschreibung der Stadt, die den historisch und kunsthistorisch interessierten Besucher zu einem Stadtrundgang einlud. Die Stadt und ihre Geschichte waren so prägnant wie filigran wiedergegeben, so filigran wie eben der Verfasser selbst war, den persönlich noch kennengelernt zu haben, ich als Kind den Vorzug hatte.*

Die zahlreichen Literaturzitate zum Schrifttum über Regensburg, die am Ende des Büchleins einen beträchtlichen Teil der Seitenzahl beanspruchten und die den interessierten Leser weiterführen und weiter informieren wollten, deuten auf den Wissenschaftler, den Historiker hin. Der Text ging auf dessen Vorträge in den vierziger Jahren zurück und beschränkte sich auf das Allerwichtigste. Das Büchlein war mit liebevoller Feder geschrieben worden und – wie eben eine Liebeserklärung – voller Faszination und Ehrfurcht vor der alten Ratisbona, seiner und meiner Heimatstadt.

Der Professor lebte in dem selben Stadtviertel wie ich, dem Eisbuckel. Er war dort der einzige mir bekannte Professor weit und breit, lange bevor noch die Universität gegründet wurde und die nach dem Eisbuckel benannte Straße ihren historischen Namen an die Universität verlor.

Der Professor wurde ehrfürchtig von uns mit seinem Titel angesprochen, seine Gattin immerhin noch mit „Frau Doktor". Das war so in den fünfziger Jahren üblich und nicht etwa, weil er im Friseurladen meiner Oma in der Gutenbergstraße Kunde war und er dort nach erfolgtem Schnitt seines feinen weißen Haares die Eltern hinsichtlich der Bücher, die ich zu Geburtstagen und Weihnachten erhielt, beratend unterstützte. Wie alt der Professor zu dieser Zeit war, war mir damals nicht klar; für mich hatte er immer ein zeitloses,

*Blick auf Regensburg von den Winzerer Höhen um 1960.*

weises, auf jeden Fall aber hohes Alter, fünfzig, sechzig oder so.

Für mich bedeutete diese Zeit in Regensburg das, was in Memoiren immer gerne mit dem Ausdruck „unbeschwerte Kindheit und Jugend" verklärt wird. Der Rückblick auf diese Zeit weckt Erinnerungen an einen ungeteerten Innenhof, kurz einfach „der Hof" genannt, der von den zweistöckigen Mietshäusern der Baugenossenschaft der deutschen Reichsbahn – inzwischen Bundesbahn – burg-ähnlich umschlossen war. Anfangs gab es im Hof weder Parkplätze noch Garagen, die kamen erst in den Sechziger Jahren. Dafür waren Teppichstangen vorhanden, an denen an den Werktagen zu genau festgelegten Zeiten die Teppiche geklopft werden durften und die uns ansonsten als Turnstangen dienten. Diese Doppelnutzung war wegen des Betonfundamentes nicht ungefährlich und deswegen verboten. Jeder Block hatte, je nach Größe, ein oder zwei Waschhäuser im Keller, zu denen eine Aussentreppe hinabführte. Am Waschtag wurde dort der Wasserkessel in aller Herrgottsfrühe mit Holz und Kohlen befeuert. Unsere Wohnung im zweiten Stockwerk der Frauendorferstraße 14 hatte damals schon eine Badewanne im Klo und einen Badeofen aus Kupfer, ein großer Luxus, dessen ich mir damals nicht bewußt war, zu einer Zeit als die meisten Wohnblöcke im Keller noch ein Gemeinschaftsbad hatten. Auf dem begrünten Bereich, der später größtenteils den Garagen weichen mußte, standen Wäschestangen zum Wäschetrocknern. Diese Stangen eigneten sich ideal als Tore für das dort leidenschaftlich betriebene wenn auch verbotene Fußballspielen. Die Einteilung der Hausmeister, die wir über die Jahre dort hatten, in „gute" und „schlimme" erfolgte danach, wie streng sie das Fußballverbot überwachten und wie breit sie über die Schotterstraße, die von Süden nach Norden im Hof verlief und in dieser Richtung auch abfiel, im Winter mit Asche und Splitt Wege von den Haustüren zu den Aschentonnen streuten, die beim Schlittenfahren die Fahrt bremsten oder gar stoppten.

Am Rand der Grünflächen waren die Holzstöße der einzelnen Wohnparteien mit Brennholz für den Winter aufgeschlichtet und mit Dachpappe und alten Ofenblechen abgedeckt. Für uns Kinder war, und keiner wußte warum, die Größe des Holzstoßes immer ein direktes Maß für den Respekt, den wir vor dem Besitzer des Holzstoßes hatten. Meine Familie konnte da nicht mithalten, da bei uns das Holz immer im Keller eingelagert wurde. Die Holzstöße und die Kellerabgänge zu den Waschhäusern waren ideale Verstecke beim „Versteckei-Spielen". Und mitten im Hof gab es unter mehreren hohen Birken den Kinderspielplatz mit einer Sandkiste, ausschließlich für uns Hofkinder. Dort wurden Burgen, Paßstraßen mit Tunnels für unsere Wiking-Autos und Öfen zum Zündeln gebaut. Unvergessen sind die Paßfahrten mit dem Krupp-LKW mit Anhänger und wie beim Transport von Regenwürmern im gelben Post-LKW die Riesenschlangen immer wieder die kleinen Türen am Heck des Fahrzeuges aufdrückten um zu entkommen.

Außer dem Eingang zum Hof im Norden von der Schuegrafstraße und zwei Toren in den Einfahrten von der Frauendorferstraße auf der Ostseite gab und gibt es noch heute im Süden einen Ausgang über Treppen zur Bischof-Konrad-Straße, den damals noch zu beiden Seiten der Treppen zwei prächtige Pappeln bewachten. Vom Ziegetsberg aus konnte man unseren Wohnblock anhand der beiden hohen Bäume gut ausmachen. Irgendwann wurden sie abgesägt, keiner wußte damals warum. Wer damals wohl diese Entscheidung und damit die beiden Pappeln gefällt hat? Mit einem befremdenden Gefühl habe ich mich später bei der Lektüre der Geschichte von Philomen und Baucis an die beiden gefällten Pappeln wieder erinnert.

Das Leben am Stadtrand war herrlich! Auch außerhalb

der burg-ähnlichen Wohnanlage gab es noch keine Teerbeläge auf den Straßen und gleich hinter dem Oberen katholischen Friedhof beim Wasserbehälter nach einem Rondell mit einer Kastanie begannen die Felder des Gutes Karthaus-Prüll. Vom Kastanienrondell aus führte ein Feldweg zum Arbeiterhaus, und dann weiter hinauf auf den Hügel dem jetzigen Verlauf der Universitätsstraße folgend nach Neuprüll. Das Arbeiterhaus war ein bauernhof-ähnliches Gebäude, hinter dem sich „der Heuhaufen" befand, ein riesengroßer Heuhaufen, ein ideales, wenn auch verbotenes Kletterparadies.

Die fünfziger Jahre waren die Zeit, als dem Rauchen noch nicht der Makel der Gesundheitsgefährdung anhaftete, und mein Vater möglicherweise sogar in der Vermutung, seiner Gesundheit was Gutes anzutun, die heute nicht mehr bekannte Marke *Simon Arzt* rauchte. Im Hochsommer lagen auf den Lastwägen der Brauereien schwere Eisblöcke zwischen und auf den hölzernen Bierträgern und Fässern, um den Gerstensaft kühl zu halten, während „Spritzwägen" die Straßen mit Wasser besprengten, um dem Straßenstaub Einhalt zu gebieten. Ein herrliches Erlebnis war, wenn man in kurzen Hosen barfuß am Straßenrand stehend von dem kühlen Naß etwas abbekommen hat. Es war die Zeit, in der man noch gerne Asbest als Baumaterial einsetzte, die Predigt von der Kanzel herunter gehalten wurde und in der Kumpfmühlerstraße „beim Stahl" noch Rösser von Hufschmieden beschlagen wurden.

Die Bezeichnung „die Stadt" war in meiner Kindheit immer gleichbedeutend mit „die Altstadt" – und nicht etwa die Stadtverwaltung – also das Gebiet, zwischen Stadttheater, Arnulfsplatz und Weißgergraben im Westen und der Maxstraße im Osten, das im Norden durch die Donau begrenzt wurde und im Süden von den Alleen.

„In die Stadt gehen" bedeutete, mit der Oma eine ganze Reihe von Geschäften aufzusuchen um das einzukaufen was es am Stadtrand bei uns auf dem Eisbuckel und „unten in Kumpfmühl" noch nicht gab. Ein Besuch beim Bürsten Ernst am Neupfarrplatz gehörte immer dazu; dieses Geschäft befand sich damals in einer Art Hinterhof der Alten Wache am Neupfarrplatz etwa dort, wo sich heute die Koffer- und Reisetaschenabteilung der Galeria Kaufhof befindet, und bot in Sachen Bürsten hinsichtlich Größe und Anwendung alles, was

*Blick von Neuprüll nach Norden (1965) auf den Campus der Universität; links im Bild ist eine Bautafel für den Bau der Universität zu sehen. Der Feldweg verlief in etwa dort, wo sich heute die Universitätsstraße befindet.*

*Mit der Oma in der Stadt beim Einkaufen in der Faschingszeit (1953).*

man sich nur denken konnte; Farbe und Form der Produkte waren nicht das große Unterscheidungsmerkmal; die Bürsten, Bürstchen, Besen und Beserl waren alle holzfarben, da ausschließlich aus Holz gefertigt, und daher entweder hell oder dunkel, natur oder lasiert, und somit eher rauh oder eher glatt; es war ein Fachgeschäft, das heutzutage vermutlich entweder als Bürsteria, Bürstothek oder Brush Shop bezeichnet werden würde.

Ein Einkauf im Kolonialwarengeschäft Pflaum an der Ecke Drei-Mohren-/Ludwigstraße beim Stadttheater, das später einem Elektrogeschäft wich, das es aber auch schon lange nicht mehr gibt, gehörte ebenfalls zum Pflichtprogramm. Während Frau Pflaum sich um die am Kauf von Lebensmittel und Delikatessen interessierte Kundschaft kümmerte, war der stets mit einem weißen Kittel bekleidete Herr des Hauses ausschließlich für „den Rauch" verantwortlich. Direkt über dem „Ladenpudel" hing eine mehrere Meter lange, armdicke Schlange aus Messing von der Decke herab; an kleinen Haken an der Bauchseite des Ungeheuers befanden sich für die Waren braune Papiertüten in allen Größen in greifbarer Höhe. Meistens wurde auch noch beim Gummi-Schmaus und beim Rothdauscher eingekauft und in den Scheren- und Messergeschäften in den Gassen der Altstadt etwas zum Reparieren abgegeben oder abgeholt. In der Vorweihnachtszeit waren längere Aufenthalte vor den Schaufenstern beim Schindelmeier und Forchthammer am Kohlenmarkt eingeplant um die Modelleisenbahnen zu bewundern. Und wenn man sich dann endlich bis zum Schaufenster ganz nach vorne durchgearbeitet hatte, waren die klammen Finger in den Fäustlingen und die kalten Ohren unter der Bommelmütze vergessen.

Diese Exkursionen endeten meistens im Café Heilmann in der Königsstraße, wo ich mit einer Tasse Schokolade dafür belohnt wurde, daß ich überall so brav mitgegangen war. Der Heimweg wurde dann immer mit der Straßenbahn angetreten bis zu einer der Haltestellen in der Kumpfmühlerstraße, die damals noch in beiden Richtungen befahren werden konnte. Es war die Zeit, als das einzige Kaufhaus der Stadt das Kaufhaus „Merkur" war, zu dem die Leute aber noch „Schocken" sagten, mit dem breiten geschwungenen Treppenaufgang, an dessen Wänden die Ölgemälde üppiger Südländerinnen, röhrender Hirsche, „der Ramsau" und zahlloser Alpenpanoramen mit Schwerpunkt „Matterhorn" und „Watzmann" zur Verschönerung der damaligen Wohnzimmer angeboten wurden. In einem stets abgesperrten Schaukasten in der Spielwarenabteilung im dritten Stock befanden sich die Wiking-Autos, die Objekt jung-knäblicher Begierde. Das war lange bevor der „Schocken" durch eine Namensmetamorphose über „Merkur" und „Horten" zur heutigen „Galeria Kaufhof" mutierte und im Geschäft der „Gebrüder Buchner" in der Maxstraße Nugatschifferl und Domspitzen angeboten wurden, zwei unbeschreibliche Leckereien, deren Namen sich aus ihrer Form abgeleitet hatten.

Dort gab es auch das ganze Jahr über und nicht nur in der Vorweihnachtszeit die schwarzen, weißen und braunen Lebkuchen. Schräg gegenüber beim „Dante" gab es das einzige und beste original italienische Eis in der Stadt; mit etwas Glück, so sagte immer die Oma, konnte man dort sogar seine Durchlaucht (den Fürsten) sehen. Eckes Edelkirsch und Verpoorten Eierlikör waren damals die angesagten Getränke der Erwachsenen. Unter den wenigen Autos, die unterwegs waren, fanden sich die Fabrikate der Marken DKW, Lloyd Alexander, Messerschmitt Kabinenroller, Isetta und Borgward. Der Goliath Dreiradler war das bevorzugte Transportgerät beim Einzelhandel, insbesondere bei den Gemüsehändlern, so auch „vom Bücherl", dem „Gmiaserer von Kumpfmühl". Ende der fünfziger Jahre begann auch für mich langsam aber sicher der sogenannte Ernst des Lebens, den ich als solchen nie empfunden hatte: die Schule. Der Weg zur Wolfgangsschule führte vier Jahre lang entweder durch die Eigenheimsiedlung am Fürstengarten über wenig befahrene Straßen und zum Teil über noch unbebautes Gebiet oder durch die Schrebergartenanlage am Vitusbach immer aber, jahreszeitbedingt mit Winterstiefeln über Schneehaufen, mit Gummistiefeln durch tiefe Pfützen oder in Sandalen durch ungemähte Wiesen. Der Schulweg war nie langweilig. Entweder wurden kleine Abenteuer erlebt und bestanden oder erste Forschungsergebnisse erhalten, wie zum Beispiel beim Studium des Innenlebens einer durch Steinwurf waidunmännisch aufgebrochenen, toten Ratte oder durch die mehr oder weniger regelmäßige Überprüfung des Wasserstandes des Vitusbaches, der uns beim Weg durch die Schrebergärten einen Teil des Heimweges begleitete.

In der dritten und vierten Klasse war uns dann auch noch das von den „Großen" in Aussicht gestellt Glück beschieden, den als „Greckl-Opa" bekannten Oberlehrer Greckl zu bekommen. Der monatliche Ausflug und sein Heimatkundeunterricht prägen die Erinnerung an diese beiden Jahre. Die Ausflüge führten abwechselnd zu einer Sehenswürdigkeit in der Stadt oder in die Natur in der Umgebung. Er war es, der die Liebe zu Heimat und Natur geweckt hat. Nicht von ungefähr sind es aus einer langjährigen Schüler- und Studentenzeit – außer der Diplomarbeit und der Dissertationsschrift – die in seinem Unterricht geschriebenen Heimatkundehefte, die nicht den Weg in den Altpapiercontainer angetreten haben. Auf dem einzigen Klassenfoto aus vier Jahren Grundschule sind Details der einzelnen Schüler kaum zu erkennen, da aufgrund der großen Schülerzahl der Fotograf einen großen Abstand wählen mußte. Wir waren immerhin 54 – in Worten vier-und-fünfzig – ausschließlich katholische Knaben, die der Greckl-Opa zu meistern hatte, und von denen es ihm gelang, noch eine Handvoll aufs Gymnasium zu bringen.

*In der Wolfgangsschule 1961/62 beim Greckl-Opa, unserem Lehrer in der 3. und 4. Klasse; Blick auf den Wolfgangskindergarten.*

Mit dem Gang ans Gymnasium, der Oberrealschule an der Goethestraße, die erst Jahre später auf den Dichterfürsten umbenannt wurde, mußte Abschied genommen werden von einigem was einem im Laufe der Jahre vertraut und lieb geworden ist, unter anderem auch von den relativ mühelos erworbenen Einsern und Zweiern im Zeugnis. Aber auch in dieser Zeit hielt das Leben in der Ratisbona Positives bereit. So wurde zum Beispiel am südlichen Ende der Fikentscherstraße der Schafererweiher entdeckt. Ein weiterer, verbotener Ort, der wegen seiner angeblichen Gefährlichkeit auf uns eine magische Anziehungskraft ausübte und den wir gerne und häufig zu jeder Jahreszeit aufsuchten. Im Winter ideal um auf dem Eis herumzurutschen zwischen den alten Herren, die dort Eisstock spielten, im Sommer der richtige Ort um „am Wasser" zu sein und um immer wieder den gröbsten Dreck von den Gangrädern im seichten Uferwasser herunter zu waschen. Es war auch der Ort, wo man, Dank eines ausreichend großen Abstandes von einigen hundert Metern zur Zivilisation, sprich zu den nächsten Häusern, wenn auch unerlaubt, die kleinen roten Schweizer Kracher ihrer Bestimmung zuführen konnte. Nur von den nahen Schrebergärten am Vitusbach war ab und zu ein Schimpfen und Drohen zu vernehmen. Den Weiher gibt es nicht mehr; irgendwann wurde er, als man anfing die Universität zu bauen, trockengelegt, oder besser gesagt es wurde versucht. Immer wieder hat in den Folgejahren dichter Schilfwuchs von ihm Zeugnis gegeben, von diesem magischen Ort unserer Kindertage.

Die sechziger Jahre war die Zeit der Beatles und Stones, Flower Power, Club 16 im Radio, Tanzkurs in der Tanzschule Weber, Beatparties und Konzerte im Kolpingssaal und in der RT-Halle, diverse Schulbälle. Der SVTWR, der „Sportverein Teppichwerk Regensburg" im „Westenviertel" am Hochweg war der Verein meiner Wahl, um das vorhandene fußballerische Können weiter zu perfektionieren in der stillen, nie ausgesprochenen Hoffnung einmal in einem Bundesligator zu stehen. Das Non-plus-ultra der damaligen Fußballträume war das Bundesligator des SSV Jahn! Das war einerseits der pure Größenwahn, aber auch die Anhänglichkeit an die Stadt, weil man auf diese Weise nach dem Abitur Regensburg nicht hätte verlassen müssen. Ein Fußballverein im Westenviertel ist für einen Eisbuckler nicht unbedingt naheliegend, zumal der TuS Süd fast vor der Haustüre lag und der EVS 1927 auch immer noch näher lag als der SVTWR. Meine Wahl war jedoch im wesentlichen von der Tatsache beeinflußt worden, daß der SVTWR die Fußballstiefel zur Verfügung stellte.

Die sechziger Jahre waren geprägt durch das „Musik-machen" und „Beisammen-sein" in der „Jeunesse Musicale", bei uns nur „Schönäß" genannt, einem ehemaligen Leichenhaus im Stadtpark. Auch der erste intensivere Genuss der ausgezeichneten hopfenhaltigen Produkte der Regensburger Brauereien gehört in jene Zeit und unvergessen sind die Bockanstiche im Kneitinger. Mit dem Bier wurden auch die Regensburger Biergärten entdeckt und genutzt. Man wurde gelegentlicher „Nutznieser" der Produkte der Schnupftabakfabrik Bernard und wußte von da an den Duft in der Gesandtenstraße in der Höhe der Abzweigung zur Roten-Hahnen-Gasse gleich anders zu würdigen.

Was immer man in der Stadt unternahm, sie war da und allgegenwärtig, die geschichtsträchtige Lokal-Metropole mit ihren Geschlechtertürmen, Patrizierhäusern, Brücken, Gassen, Hinterhöfen und Winkeln. Die Gotteshäuser der Innenstadt, allen voran der Dom, luden stets zu einer kurzen Rast und ich bin ihrer Einladung immer wieder gerne gefolgt. Mein Lieblingsplatz war hinten im Dom in unmittelbarer Nähe der petrifizierten Großmutter des Teufels, man beachte den Kontext zum Namen des Domes, St. Peter; dort entdeckte ich für mich den optimalen Platz, um konzentriert abzuschalten und an nichts zu denken, was ziemlich schwierig ist, oder um zu beten, denn ein Gebets-Anliegen gab es auch in diesen stürmischen Zeiten immer wieder.

Die nicht übersehbare Veränderung der Kneipenlandschaft in der Altstadt bildete zu Beginn der siebziger Jahre ein untrügliches Zeichen dafür, daß die Stadt zur Universitätsstadt geworden war. Jetzt kam die Zeit der Regensburger Bürgerfeste. Die ersten davon waren gleichermaßen schüchtern und spontan mit musikalischen Darbietungen und Theater in noch nie zuvor betretenen Hinterhöfen. Außer den volksfest-ähnlichen Bewirtungslokalitäten im Freien gab es die Imbißbuden der Ausländer; bei diesen ersten Altstadtfesten konnte man gemütlich durch die Altstadt bummeln und schlendern, hier schauen dort etwas schnabulieren; es war eine nie mehr später so erlebte Einheit aus der Stadt und ihren Menschen. Langsam aber sicher nahm im Laufe der Jahre der Kommerz den Taktstock beim Bürgerfest in die Hand und diktierte und dirigierte nun seinen umsatzorientierten Ablauf. Das Bürgerfest wurde symbolisch in Form eines Sarges zu Grabe getragen.

Wenngleich den ersten Bürgerfesten stets nachtrauernd, so blieben doch auch die späteren immer noch anziehend genug und ich vermute stark, daß letzten Endes die Regensburger Altstadt der Grund war, daß man sich den Gang in die Stadt am Bürgerfestwochenende nicht verkneifen konnte; zudem blieb ja auch noch die Möglichkeit, sich in eines der (Studenten-)Lokale zurückzuziehen, die jetzt auf ihre Weise zum neuen Reiz der alten Stadt beitrugen. Unvergessen der Steidle(wirt), ein wohnzimmerartiges Lokal mit Familienanschluß im Tiefparterre am Ölberg.

Die Bürgerfeste und die Semester an der jungen Uni jagten einander. Und immer wieder wurde der Gang in die Stadt angetreten, zum Beispiel wenn die für die Dissertation so dringend benötigten „Höchstfrequenten Schallwellen in Rubinkristallen" sich wieder einmal nicht wie geplant erzeugen ließen oder wenn doch, dann wieder schüchtern genug waren, sich nachweisen zu lassen.

1984! Zäsur! Schnitt! Studium fertig! Stellensuche! Neuer Arbeitsplatz: München! In einem Dorf im Chiemgau zwischen der Landeshauptstadt und den Alpen zu leben ist wunderbar! Und Oberbayern ist es zweifellos auch! Für mich als Regensburger ist es aber oft schwer erträglich, in welcher fast missionarischen, fundamentalistischen Art die Ober-Bayern – der Bindestrich ist beabsichtigt! – im allgemeinen und die Münchner im besonderen, Stadt und Land als den Nabel Bayerns und der Welt ansehen.

Wie auch immer, die Frau wurde aus Regensburg mit nach Oberbayern „importiert", wenngleich sie aufgrund ihrer Herkunft nördlich der Donau fast nicht zu uns Altbayern zu rechnen ist – der Eisbuckel liegt Gott sei Dank südlich der Donau – und die Kinder mögen ihre Geburtsstadt München und sie mögen das nahe Rosenheim, aber Regensburg lieben sie.

So ist es nun halt doch wieder eine Liebeserklärung an die altehrwürdige Stadt am großen Strom geworden. Sie wurde zwei Jahre nach dem Tod meiner Mutter geschrieben, weil ich sehe, daß die Fahrten nach Regensburg nun seltener werden und die Stadt und ich uns in Zukunft unweigerlich, wenngleich ungewollt, schneller entfremden werden als bisher.

An den Professor, der diese Liebe seinerzeit geweckt hatte, erinnert im Regensburger Westen, ganz in der Nähe „meines" ehemaligen Fußballvereins, den es auch schon lange nicht mehr dort gibt, eine kleine, unscheinbare Straße. Sie passt irgendwie gut zu diesem stets so bescheidenen Professors, der seine alte Ratisbona so liebte, wie ich.

ULRICH BEER

# Der Möblerstammtisch beim Knei'

*Jeden Freitag heißt es im Kneitinger: „Reserviert Möbler"*

*Einen vergleichbaren Prominentenauftrieb erlebt Regensburg normalerweise nur beim städtischen Neujahrsempfang im Alten Rathaus: Nach kurzer, aber heftiger Sanierungsphase war die Brauereigaststätte Kneitinger auf dem Arnulfsplatz feierlich wiedereröffnet worden. Selbst der eher asketisch wirkende evangelische Geistliche geriet – den Blick steil gen Himmel, nur unterbrochen durch die gläserne Kuppel – ins Schwärmen: „Was will man mehr als Pfarrer? Man spricht vom Mutterhaus, ja sogar von den heiligen Hallen. Und der Braumeister heißt Fromm!" Hieß er damals. Hubert Fromm ist in die Landeshauptstadt abgewandert; die heiligen Hallen wirken weniger sakral – dank der Belüftung, durch die der Rauch, der nie Weihrauch war, abzieht – und vom „Mutterhaus" sprechen auch nur noch die wenigsten. Das Bier läuft über eine Holzfassattrappe in die Halbgläser, kommt aber aus den im Kellergewölbe montierten Containeranlagen.*

Um der Tradition zu genügen, hängt noch immer die Schiefertafel aus den Zeiten von Hans und Sophie Kneitinger an der Wand hinter der Fassattrappe. Dort stand jahrzehntelang in deutscher Schrift „Mit Gott" und die Stricherl darunter kündeten vom täglichen Bierumsatz. Heute ist die Schiefertafel sauber gereinigt, der fromme Spruch „Mit Gott" getilgt. Der Bierausstoß wird vom Computer aus reguliert und gemessen; Wirt Schlögl kommt ohne Schlegel aus. „Aufdraht is" statt „O'zapft is".

Trotz alledem hat der Knei' von seiner Anziehungskraft nichts verloren. Wie in der großen Politik haben sich die Traditionalisten mit den Modernisierern versöhnt, beweist zumindest das Beispiel des Möbelpackerstammtisches, der sich leider Gottes dadurch auszeichnet, dass kaum ein Möbler mehr dabei ist. Der letzte starke Mann, der Schmid-Sepp, segnete vor zwei Jahren das Zeitliche, aber die hinterbliebenen Stammtischgenossen halten ihn hoch und heilig, auch wenn sie ihm das Wasser, oder den Gerstensaft, niemals hätten reichen können. Frage des Reporters an Dr. Gerhard Schmid, den Europaabgeordneten und Parlamentsvizepräsidenten, der fast jeden Freitag an der Stirnseite des zum Arnulfsplatz gewandten weiß-grün gedeckten Tisches – „Reserviert: Möbler" – Platz nimmt: Was verbinde ihn mit dem Beruf der Möbelpacker? Schmid, listig: „Im europäischen Wanderzirkus zwischen Straßburg und Brüssel hast du eine natürliche Affinität zu diesem ehrbaren Gewerbe!" Die Wahrheit ist wohl eine andere. Euro-Schmid bereitet seinen Ruhestand vor, hat den Fischereischein redlich erworben und will nicht mehr im Trüben der Politik fischen, sondern an den Gestaden der Donau, der Naab und des Regens. Und hierfür gibt es bei den Möblern stets wertvolle Tipps. „Echte Burschen" zählten schon immer zu den „Möblern", der vom Aussterben bedrohten Rasse – jedenfalls stammtischmäßig. Schmid-Sepp, einer der Gründerväter, hatte mit so manchem selbsternannten Möbler nicht selten mittlere bis schwer wiegendere Scherereien, die er stets für

*Die Möbler-Nachfolger. Zeichnung von Horst Hanske*

sich zu entscheiden wusste. Da wuchtete er, der Sepp, schon mal einen schmalbrüstigen Professor über den Tisch und beförderte ihn einarmig via Fenster an die frische Luft, wo er, nicht nur nach Sepps Meinung, auch hingehörte. Vom Schmid-Sepp könnte auch das in die Stammtischgeschichte eingegangene Zitat stammen, mit dem ein darmoperierter Architekt mit temporär zusätzlichem Ausgang an des Altmeisters Diktion anknüpfte: „Des ist praktisch, jetztat könna mich zwoa Preiß'n gleichzeitig im Arsch lecken." Kam dem Mann der starken Hand einer der überrepräsentiert dasitzenden Akademiker des Möblerstammtisches mit einem verbalen Einwand in die Quere, pflegte der Schmid-Sepp zu sagen: „Red' du nur weiter, du, moan i, fahrst hernach mit'm Sanka hoam."

Der Schmid-Sepp hat die ewige Ruhe gefunden. Eine seiner letzten Bemerkungen war, man solle ihn bäuchlings in den Sarg betten, damit ihn ein jeder noch einmal – es folgte das berühmte Götz-Zitat. In Abwandlung einer katholischen Beerdigungsformel sagte ein stadtbekannter Landrichter: „Flasche zu Flasche" statt „Asche zu Asche", bat aber darum, diese recht eigenwillige Variante christkatholischen Beerdigungsbrauchtums nur im Falle seines eigenen Ablebens zur Anwendung zu bringen. Sepps Bestattung endete in der Brauereigaststätte und ganz im Sinne des Verstorbenen lag es, dass kaum ein Auge, jedenfalls aber kein Glas trocken geblieben war. Vergrämt über den Verlust des Freundes stürzte einer der Möbler kopfüber an den scharfen Rand seiner Halben und zerschnitt sich das Gesicht. Die Wunde wurde noch vor Ort von einem Möbler, der den hippokratischen Eid geleistet hatte, fachgerecht versorgt, so dass die Trauerfeier fortgesetzt werden konnte.

Volksredner, Dummschwätzer und Besserwisser (also Politiker und Journalisten, die immer nur das Eine im Kopf haben!) sind am Knei'-Stammtisch nicht sonderlich geschätzt. Schlag 18 Uhr erscheint der Fotografenmeister und nimmt an der Stirnseite des Möblerstammtisches Platz, betrachtet das Bier, das ihm gleichfalls Schlag 18 Uhr kredenzt wird und erwartet seinen als Rechtsanwalt tätigen Freund, der seit Menschengedenken im 90-Grad-Winkel seinen Sitzplatz hat. Das tägliche Studium der Speisekarte an einem benachbarten Tisch – dort tafeln ein in Ehren ergrauter Landgerichtsrat und ein stadtbekannter Pflichtverteidiger – gehört ebenso zum Ritual. Das Ergebnis ist immer das gleiche: „Woaßt was, Eva, bringst mir vier Bratwürscht auf Kraut."

Bei den Möblern regiert erwartungsvolle Stille. Im Zwei-Minuten-Takt klirren die Gläser und bisweilen formuliert einer der Herren ein beziehungsreiches „Ja, mei". Die Antwort lautet: „So schaut's halt aus heutzutag'!" Lediglich ein zu übertriebener Eloquenz neigender Baumeister erlaubt sich, nach zehnminütiger wortkarger Bierbetrachtung philosophische Wahrheiten zu verkünden. „Ich weiß, dass ich nichts weiß", belehrt er die Runde. Fotografenmeister und Rechtsanwalt blicken belustigt auf die inzwischen zweite Halbe, da entfährt es dem gleichfalls anwesenden Zahnarzt, gekonnt replizierend: „An Dreck woaßt."

Der Möblerstammtisch besteht seit einigen Jahrzehnten und ist dem Wandel der Zeit unterworfen: Früher, in der Ära des Schmid-Sepp, herrschte noch Ordnung – und vor allem Zucht. Homosexualität bedeutete den meisten Möblern praktizierte Unzucht. Erschien ein männlicher Kneitinger-Gast des Schwulseins verdächtig, hieß es, er sei „selloxal" also homosexuell; verbat sich ein weiblicher Gast den Patscher auf den Hintern, galt sie als „läbisch", also lesbisch. Heute im Zeitalter eingetragener gleichgeschlechtlicher Lebenspartnerschaften ist bei den Möblern Rot-Grün in der Mehrheit, was dem stockschwarzen Wirt („Grüaß di', roter Lump") solange wurscht ist wie der Umsatz stimmt. Und insoweit hat der Schlögl-Werner ja wirklich keinen Grund zur Klage.

Im Vorfeld der letzten Kommunalwahl beherrschte die Stadtpolitik die Diskussionen. Gleich drei Möbler, zwei von ihnen promoviert, hatten sich um ein Stadtratsmandat beworben – und zwar auf der Liste der SPD. Einer von ihnen nahm sich des Themas „Stadtentwicklung" an und verkündete, er werde dafür sorgen, dass ein Altstadt-Bordell etabliert werden könne. Als demnächst verantwortliche Stadtregenten dürfe er es doch nicht zulassen, dass angetrunkene Dienstleistungsnehmer der einschlägigen Art mit dem Auto und voller Birne dem Hafenviertel zustrebten. Der Vorschlag sollte nie Eingang in das sozialdemokratische Wahlprogramm finden, und die beiden Akademiker schafften wegen ihrer gewollt schlechten Platzierung den Sprung ins Stadtparlament nicht. Es hieß, beide seien sehr erleichtert gewesen ...

Mitunter unternimmt der Möblerstammtisch – das dann aber stets aus gutem Grunde und nur in Idealbesetzung in Gestalt „echter Burschen" – kleinere Ausflüge. Zum Beispiel zur Bergkirwa nach Erlangen. Frisch gestärkt mit einigen Biermassen wird der Kleinste unter der Tischgesellschaft nach vorne geschickt. Sein Standardspruch heißt: „Was wolltst den ees Frankenbeitln?" Ein Provokateur von hohen Graden, bei dem nicht einmal auffällt, dass er ein wenig lispelt. „Ees Frankenbeitl, greißliche..." Die Mannen von Erlangen ballen die Fäuste und die Möbler, darunter ein inzwischen ebenfalls früh verblichener Diplommathematiker, haben nunmehr endgültig die Chance, auf den verhassten Stamm derer zu Franken loszugehen. Es kommt zu einer richtig zünftigen Schlägerei, die die Herren vom Möblerstammtisch mit nur leichten Blessuren siegreich überleben.

Aber solche Abenteuer sind Legende, heutzutage wird per geballter Faust – die Rotgrünen! – nur noch dann eingeschritten, wenn bayerische Landsleute draußen auf dem Arnulfsplatz einen Schwarzafrikaner vermöbeln wollen. Nach einem siegreichen Jahn-Spiel beobachte-

*Hier tagt seit langer Zeit Regensburgs einziger Möbler-Stammtisch.*

ten der Wolfi und der Charly eine entsprechende Szene, fackelten nicht lange, kletterten durchs Fenster ins Freie und befreiten den Mann vom anderen Kontinent aus den Fängen seiner Verfolger. Anschließend wurde Sachverhaltsaufklärung betrieben, bei der zutage trat, dass „dem Näger" – mit der political correctness nimmt man es nicht unbedingt immer so ganz genau – „scho' eine ei'g'schenkt g'hört" hätte. Womit keineswegs ein frisches Kneitinger-Pils gemeint war.

Echtes Burschentum zeigt sich auch bei den alljährlich stattfindenden Floßfahrten donauabwärts. Meistens enden die Fahrten mit kleineren Verlusten, weil nach der zehnten Halbe Kneitinger selbst der begabteste Trinker mitunter das Gleichgewicht verliert. Triefnass, innerlich wie äußerlich, pflegen unsere Helden im Mutterhaus am gewohnten Platze einzupassieren, um sich einige weitere Male, diesmal nur innerlich, zu erfrischen. Dabei kommt es bisweilen zu anrührenden Szenen. Der Allgemeinarzt, nennen wir ihn Fredi, liegt dem Kare – das ist der lispelnde „Frankenbeitl"-Provokateur – in den Armen und allgäuert tränenden Auges. „Woisch was, der Schmid-Sepp isch' mei' beschter Freund. Aber der isch' ja a scho' tot." Es rinnen Sturzbäche aus den Augen des Sandkirwa-Provokateurs von ehedem. Im Zustand allerhöchster Gnade sind die Herren meistens untröstlich. Ein Hauch von Karl Valentins „Schön war die Jugendzeit, sie kommt nie mehr zurück" liegt in der rauchgeschwängerten Luft.

Die Bedienungen kennen ihre Filzdeckel-Pappenheimer. „Machst a Stricherl", befiehlt Stammtisch-Oberservierkraft Eva und parkt die frisch abgefüllte Container-Halbe auf dem strichbewehrten Bierfilzl. Es folgt die bayerische Variante einer contradictio in adjecto: „Geh weida, bleib da", schmeichelt die resche Blonde mit der ein- wie ausladenden Figur und versteht es, den mehr oder weniger ermatteten Stricherlkönigen – man spricht von einem Zaun am Bierfilzl – zu überzeugen: Schäumendes Gerstengetränke landet auf dem Tisch, Widerspruch: zwecklos. Eva, die ausladende Blonde: „Stellst dich ja sonst net so blöd an, Kruzefix!"

Die Ehefrauen, die erst seit wenigen Jahren den Stammtisch bereichern dürfen, stehen Gewehr bei Fuß. Sie haben sich mittlerweile zu einer Weiberrunde sozusagen als Ableger des Möbelpackerstammtisches zusammengefunden und allwöchentlich findet das „Treffen der Bierköniginnen" statt. Die Aufgabe der „Bierköniginnen" ist es, jeden Freitag die verschworene Runde der „echten" Möbler mit sanftem Druck aufzulösen und die Helden des Kneitinger-Alltags der häuslichen Pflege zuzuführen. Nur wenige von ihnen gesellen sich den ganzen Abend über zu den Möblern.

Nur noch soviel: Mit den Frauen hatten die „Möbelpacker vom Knei" jahrzehntelang erhebliche Schwierigkeiten. Nahm eine Dame übermütiger Weise Platz, hatte sie sich musternder Blicke vor allem in Hinblick auf anatomische Besonderheiten zu unterziehen. Stammtischbegründer Schmid-Sepp unterschied in aller Feinsinnigkeit zwischen den „Zofichtigen" und den „Dudderten" – wobei er stets offen ließ, welche Ausgabe ihm persönlich als geeigneter erscheinen würde fürs Schnackseln, wie Fürstin Gloria, gleichfalls sehr feinsinnig, formulieren würde. Jedenfalls verweigerte der Frauenkenner stets den Umgang mit „Schöllhaxerten". Eine „Zofichtige" ist von hagerer Gestalt wie eine durchschnittliche Pastoralreferentin der nordelbischen Landeskirche (protestantisch); eine „Dudderte" hat die beachtliche Oberweite der Stammtisch-Servierfachkraft und ist in der Regel katholisch; schöllhaxert, also o-beinig, könnten beide sein. Eva trägt immer ein langes Dirndl. Um einen Kommentar nie verlegen, auch nicht im Umgang mit der Angetrauten eines der „echten Burschen", sprach also der Schmid-Sepp: „Die ziagt eahm umeinand', als wia der Hund an Hadern." Gemeint war ein Tanzabend, aber die sind beim Kneitinger eher selten ...

KURT SCHAUPPMEIER

# Als das Automobil nach Regensburg kam

*1904 wurde in Regensburg der Automobil-Club gegründet – Franz Xaver Sieber als erster Autohändler*

*Die Höchstgeschwindigkeit lag bei etwa 15 Stundenkilometern. Unfälle verliefen daher meistens relativ glimpflich. Die Führerscheine stellten der Arzt oder Apotheker aus. Kurt Schauppmeier erinnert an die Anfänge des Regensburger Autoverkehrs. Kaum zu glauben, aber wer damals ein NSU-Auto kaufen wollte, musste mit dem Autohändler Franz Xaver Sieber in der Bahn nach Neckarsulm fahren und das Fahrzeug im Werk in Empfang nehmen.*

Das Vehikel sah zwar aus wie eine Kutsche ohne Pferd, aber was der Mannheimer Carl Friedrich Benz am 29. Januar 1886 beim Kaiserlichen Patentamt in Berlin anmeldete, war das erste Automobil der Welt. Es dauerte allerdings noch ein ganzes Jahrzehnt, bis der „Motorwagen" zum ersten Mal über das Regensburger Pflaster rollte. Am 10. Oktober 1896 schließlich wurde in der Donaustadt die Auto- und Motorrad-Vereinigung ins Leben gerufen. Sie machte im nächsten Jahr in größerem Maße auf sich aufmerksam, als sie eine 30-Kilometer-Prüfungsfahrt zur Walhalla durchführte. Immerhin brachte sie aus ganz Bayern jeweils sechs Motorräder und Motorwagen zusammen, die 24 Personen von Regensburg nach Donaustauf beförderten. Malerisch stellte man sich dort zum Gruppenbild mit Damen dem Fotografen.

Zu Beginn des vorigen Jahrhunderts dachte Simon Oberdorfer, seines Zeichens Direktor des 1898 von ihm erbauten Regensburger Velodroms, über eine neue Gruppierung der Kraftfahrer nach, zumal der dynamische Unternehmer als einer der ersten und wenigen Regensburger Bürger selbst ein Auto besaß. Am 24. Januar 1904 wurde der Automobilclub Regensburg gegründet. Im Protokoll heißt es unter anderem: „In geheimer Wahl wurden nachstehende Herren in die Verwaltung berufen: Vorstand Herr Simon Oberdorfer, Direktor des Velodroms, Schriftführer und Stellvertretender Vorstand Herr Heinrich Waffler, Fabrikbesitzer. Cassier Herr Hans Gerner, Baumeister. 1. Beisitzer zugleich Instructor Herr Nikodemus Boeckh, Mechaniker und Fahrradhändler. 2. Beisitzer zugleich Zeugwart und Bibliothekar Herr Georg Hartmann, Schlossermeister." Die Gewählten waren sicher keine armen Leute. Trotzdem beschloss man, alle angemeldeten Herren als Gründungsmitglieder gelten zu lassen, die infolgedessen von einer Aufnahmegebühr befreit waren. Als Vereinsgruß wurde der Ruf „Auto-Heil" beschlossen, was doppelsinnig ausgelegt werden konnte.

Immerhin hatte sich bereits im Jahr 1901 der erste Regensburger Autounfall ereignet. In einer Zeitungsmeldung vom 31. Oktober 1901 hieß es: „Der Inhaber einer hiesigen Fahrrad- und Automobilwarenhandlung, der als Schnellfahrer mit Automobil in der Stadt ziemlich bekannt ist, fuhr vorgestern in rasendem Tempo auf der Straubinger Landstraße mit seinem Motorwagen, in dem auch zwei hiesige Ärzte Platz genommen hatten. Da lief ein großer Hund heulend in das Gefährt, wurde jedoch

115

erfaßt und überfahren; zugleich aber brach dem Automobil eine Achse, und die drei Insassen wurden herausgeschleudert. Doch trug keiner der Beteiligten einen erheblichen Schaden davon. Langsamer fahren."
Auch der oben erwähnte Simon Oberdorfer war gelegentlich in Autounfälle verwickelt. Im Juni 1903 stand in der Presse folgende Meldung: „Gestern abends gegen 7 Uhr stieß Herr Simon Oberdorfer mit seinem Automobil in der Nähe der Karmelitenbrauerei auf einen fahrenden Velozipedisten, sodaß dieser vom Rade geschleudert wurde und außer einigen Hautabschürfungen keine nennenswerten Verletzungen erlitt. Das Fahrrad wurde jedoch zum Teil demoliert. Herrn Oberdorfer trifft an diesem Unfall keine Schuld."
Wahrlich nicht nach Wunsch verlief auch die erste Fahrt des Regensburger Automobil-Clubs am 24. April 1904 nach Kelheim. Darüber referierte Simon Oberdorfer hinterher, denn der Ausflug fand einen schlechten Abschluss. „Der Vorstand sprach seine Missbilligung über die egoistische Handlungsweise eines Wagens sowie Lob und Anerkennung denjenigen Herren aus, welche sich bei der Bergung des verunglückten Autos beteiligten," heißt es im Bericht. Noch eine böse Überraschung gab es später, als bekannt wurde, „dass die Gendarmerie Kelheim die Mitglieder des Automobil-Club wegen Schnellfahrens zur Anzeige brachte."
In den folgenden Monaten hatte die Clubleitung mit zahlreichen Schwierigkeiten zu kämpfen. Die internen Streitigkeiten gipfelten schließlich im Rücktritt des 1. Vorsitzenden Simon Oberdorfer. Der rührige Clubgründer erlitt ein tragisches Schicksal. Als Jude verließ er 1939 Nazi-Deutschland, fand aber zusammen mit 900 anderen Flüchtlingen an Bord des Dampfers St. Louis trotz vorheriger Zusicherungen weder in Kuba noch in Amerika Aufnahme. Das Schiff musste zurück nach Antwerpen, wo jedoch inzwischen die Nazis einmarschiert waren. Die jüdischen Passagiere wurden 1943 in Naarden verhaftet und in ein Vernichtungslager nach Ostpolen verschleppt. In Sobibor endete Simon Oberdorfers Leben am 30. April 1943 in einer Gaskammer.

Vorreiter der Motorisierung in Regensburg war neben Oberdorfer ohne Zweifel Franz Xaver Sieber. 1882 geboren wuchs er als Vollwaise im Regensburger Karmelitenkloster auf, wo ihn die Fratres das Schlosserhandwerk erlernen ließen. Er war ein schlauer Bursche, der sich bald zu etwas Größerem berufen fühlte. Am 5. Juli 1905 gründete er nach Beendigung seiner Lehr- und Gehilfenzeit als Monteur beim Städtischen Gaswerk ein Geschäft in der Schwandorfer Straße 2. Auf dem Firmenschild stand deutlich zu lesen: „Franz Sieber – Fahrräder, Motorfahrzeuge – Eigene Reparatur-Werkstätte".
Die Firma Sieber führte die Erzeugnisse von NSU. Von dort kamen die Rahmen, alles andere wurde in Handarbeit in der Werkstatt selbst zusammengebaut. Franz Xaver Sieber konnte nämlich nicht nur mit Fahrrädern, sondern auch mit Motoren umgehen. Als Bastler erfand er den Freilauf mit Rollen, der in Fahrzeugen und Werkzeugbearbeitungsmaschinen verwendet wurde. Er blieb mit seiner Werkstätte nicht allein. Die Firmen Boeckh und Martin waren die nächsten, die in Regensburg nachzogen.
Zu den ersten Autobesitzern in der Domstadt gehörten die beiden Ärzte Dr. Hermann Wanser und Dr. Aschenauer, deren Kennzeichen II E – 78 und II E – 52 bis heute überliefert sind. Überwiegend waren Ärzte und Apotheker die Pioniere der zunächst sehr zaghaft einsetzenden Motorisierung, vielleicht um rascher und bequemer zu ihren Patienten zu gelangen, vielleicht auch, weil sie innovativer waren als die übrigen bürgerlichen Gesellschaftskreise. Spaßvögel behaupteten, es hätte daran gelegen, dass sie sich bei einem Unfall gleich selbst verarzten konnten.

*Die erste Regensburger Autohandlung: Franz Sieber.*

So etwas wie eine Fahrschule kannte man noch nicht. Jeder zukünftige Autobesitzer musste selbst sehen, wie er die Kunst des Fahrens erlernte. Heute würde man ihn als „Schwarzfahrer" bezeichnen. Wer sich nach einiger Zeit imstande fühlte, einen Wagen zu steuern, suchte sich einen Arzt oder Apotheker, der sich dem Verkehr gewachsen fühlte und die nötige Erfahrung besaß. Nach einer Probefahrt bescheinigte er dem Kandidaten, dass er sich als „Automobilist" betrachten dürfe. Damals stellte also der Onkel Doktor gewissermaßen die Fahrerlaubnis aus. Dies sollte jedoch nicht lange so bleiben. Den ersten offiziellen, d.h. behördlicherseits ausgestellten Führerschein erhielt am 16. April 1910 der Opel-Fahrer Konrad Volkert. Gleichzeitig eröffnete in Regensburg eine „Bayerische Chauffeurschule".

Ähnlich war es mit der Straßenverkehrsordnung, die es zunächst nicht gab. In Ermangelung einer solchen wurde am 10. Dezember 1907 am „Verkehrsknotenpunkt" Domplatz zum ersten Mal ein Polizeiposten aufgestellt – der erste Regensburger Verkehrspolizist.

Ein Problem war es, an den benötigten Treibstoff zu kommen, denn Tankstellen im heutigen Sinne gab es noch nicht. Die Ärzte und Apotheker holten sich ihren Sprit in großen, dreieckigen Glasbehältern am Regensburger Hafen ab. Franz Xaver Sieber hat oft erzählt, wie er mit einem Gespann Pferd-Ochs und dem Holzwagen vorfuhr und die 200-Liter-Fässer auflud. Zu Hause schüttete er den Sprit dann in die Tankstelle „Marke Eigenbau", was teilweise erhebliche Schwierigkeiten mit sich brachte. Weil Benzin als etwas Gefährliches galt, machten dabei vor allem die Behörden erhebliche Auflagen. Mit geeichten Geräten musste der Treibstoff literweise im Handbetrieb herausgepumpt und vorsichtig in den Tank des Automobils gefüllt werden.

Eine völlig neue Situation hatte der Regensburger Automobil-Club am 7. März 1906 zu bewältigen. Es ging dabei aber nicht um ein Verkehrsdelikt, sondern um einen gesellschaftlichen „Fall". Jedenfalls sah sich die Vorstandschaft veranlasst, einen Ehrenrat einzuberufen, welcher laut Statuten aus dem Ausschuss und zwei weiteren Mitgliedern zu bestehen hatte. Die Geschichte ereignete sich während einer Carnevalfeier am 23. Februar 1906 im Hotel Maximilian. Herr K. – der Name sei verschwiegen – soll zu später Stunde seine Frau im Festlokal geschlagen haben. Dies bestätigten auch Hotelier Mayer und zwei Kellner, die gesehen hatten, wie der Angeschuldigte seine weinende Gattin im Corridor des Hotels an die Wand gedrückt und dann an den Armen hinausgezogen habe.

Aus der Verhandlung des Ehrenrates ging hervor, dass der peinliche und für den Club kompromittierende Vorfall letztlich doch sehr aufgebauscht worden war. Das Ende der unschönen Geschichte: Herrn K. wurde der Vorschlag gemacht, vor der Abstimmung des Ausschusses seinen Austritt zu erklären, um sich eine weitere Blamage zu ersparen. Der Angeschuldigte betonte, er halte die Stimmung im Ehrenrat für ihn verletzend und er trete daher in Ehren aus dem Club aus. Sein Entschluss wurde einstimmig durch Ballotage (geheime Abstimmung) angenommen.

Das Jahr 1907 stand für den Automobil-Clubs von Anfang an ganz im Zeichen eines großen Korsos, der von der Stadtmitte zum fürstlichen Schloss führen sollte. Es gab wochenlange Vorbereitungen und endlose Besprechungen. Eine der Anweisungen des Automobil-Clubs lautete: „Sämtliche Mitglieder wollen im Club-Kostüm, Club-Mütze, weißen Handschuhen und weißer Binde an der Fahrt teilnehmen."

Am 7. Mai war es endlich so weit. Die Korso-Fahrt zu Ehren des Fürsten Albert Lamoral von Thurn und Taxis, Herzog zu Wörth und Donaustauf, dem hohen Protektor der Automobil-Section Oberpfalz, konnte gestartet werden. Dabei verlief allerdings nicht alles nach Wunsch. In dem Bericht, den 1. Präsident Joseph Leis und 1. Schriftführer Josef Nüssle gemeinsam unterzeichnet hatten, hieß es:

*Punkt 1/2 4 Uhr Nachmittag versammelten sich sämtliche Teilnehmer im Hofe des Velodroms bei Herrn Oberdorfer. Leider wurde die Anzahl der zu erwartenden Kraftfahrzeuge nicht erreicht, jedoch ist durch wunderschöne und stilgerechte Dekoration ein ungeahnter Effekt erreicht. Hierauf begann die Abfahrt. Leider war der Wagen des Herrn Consul Leis weder im guten noch im bösen dazu zu bewegen, seinen ehrenvollen Gang zum Schlosshof anzutreten. Alles mögliche wurde versucht; der Wagen blieb so bockbeinig, sodass dessen Insassen in anderen Wägen ihr Unterkommen finden mussten und dieser zur Strafe allein zurückblieb. Außer zwei kleinen Unfällen, welche in einem Streiken des Wagens, den Herr Waffler lenkte, und einer alten Frau, die dem Direktor Oberdorfer in den Wagen lief, kam man mit ungefähr zehn Minuten Verspätung im Schlosshofe an und man wurde von den hohen und höchsten Herrschaften samt Hofstaat bereits schon erwartet.*
*Nachdem sämtliche Wagen abgestellt waren und die Musik ihr Spielen eingestellt hatte, hielt Herr Consul eine Huldigungsansprache, in welcher betont wurde, dass bisher noch nichts im Stande war, die Triumphzüge der Elektrizität und Dampfkraft aufzuhalten und ebenso wenig es niemand gelingen wird, die Automobil-Industrie aufzuhalten, wenn sie von hohen und höchsten Herrschaften, wie es unser durchlauchtigster Protektor bisher getan hat, in jeder Weise unterstützt und gefördert wird. Nach dieser Ansprache wurden die Teilnehmer des Korsos in die Räumlichkeiten Seiner Durchlaucht befohlen. Ihre Kaiserliche Hoheit ließ sich sämtliche teilnehmenden Damen vorstellen und unterhielt sich in der leut-*

*Simon Oberndorfer – Erster Vorsitzender des ersten Regensburger Automobil-Clubs.*

*seligsten Weise mit diesen. Seine Durchlaucht nahm die Vorstellung der Teilnehmer entgegen und unterhielt sich mit jedem einzelnen der Herren. Sämtliche Gäste wurden nun zu einem kleinen Imbiss geladen, welcher in Sekt, Tee und belegten Brötchen bestand.*
*Gegen 6 Uhr empfahlen sich die hohen Herrschaften und die Ausfahrt aus dem Schosshofe nahm seinen schon vorher geplanten Verlauf ohne jeden Zwischenfall. Der Korso nahm seinen Weg durch die Straßen der Stadt und wurde überall mit lebhaftem Interesse seitens der Einwohner angesehen.*

Bald fuhren in Regensburg auch die ersten Motorräder über das holprige Straßenpflaster. Wo bisher nur Fahrräder verkauft und repariert wurden, da schnellte plötzlich die Nachfrage nach Motorrädern in die Höhe. Das führte u.a. auch dazu, dass Franz Xaver Sieber in seinem Geschäft ab dem Jahr 1909 seinen Kunden NSU-Motorräder anbot, sie vom Werk besorgte und natürlich auch Reparaturen durchführte. Drei Jahre später nahm er sich in der Schwandorfer Straße auch der reparaturbedürftigen Autos an.

Der Kauf eines Kraftwagens war damals nicht ganz einfach. Als Autobesitzer in spe erkundigte man sich beim Hersteller nach dem neuesten Stand der Technik und natürlich auch nach dem Preis. Bei Franz Xaver Sieber war man bei einer guten Adresse. Der Chef des Geschäftes und der Kunde setzten sich anschließend zusammen in die Eisenbahn und fuhren nach Neckarsulm. Klappte es mit dem Erwerb des neuen NSU-Autos, lenkten es beide stolz und zufrieden auf den Straßen nach Regensburg zurück. Gleichzeitig löste sich auch die Frage nach der weiteren Behandlung und Sorge um den Wagen. Kleinere Fehler beseitigte fortan der Autoschlosser, bei größeren Schäden kamen die Monteure vom Werk.

Der Ausbruch des Ersten Weltkrieges am 1. August 1914 setzte der Motorisierung ein vorläufiges Ende. Der Bezug von Benzin und Reifen war so erschwert, dass – wie es in der Chronik heißt – „Privatfahrten überhaupt nur mehr selten ausgeführt wurden."

*Die ersten Motorräder und Motorwagen bei der 30-Kilometer-Prüfungsfahrt von Regensburg zur Walhalla im Jahr 1897.*

In der allgemeinen nationalen Begeisterung gründeten die Regensburger Autobesitzer wenige Wochen nach Kriegsausbruch ein Freiwilliges Sanitäts-Automobil-Corps, mit dem Verwundete vom Bahnhof zu den Hilfslazaretten transportiert werden sollten. Das funktionierte anfangs auch außerordentlich gut. Doch bereits am Jahresende vermerkt ein Eintrag im Tagebuch: „3/4 11 Uhr, Betrieb bis auf weiteres eingestellt wegen Benzinmangels." Mit Bleistift hatte jemand in lateinischen Buchstaben lakonisch darunter geschrieben: „Amen!"

CHRISTIAN FELDMANN

# Sagenhaftes Regensburg

*Nachruf für Emmi Böck †*

*In alten Sagen ziehen sie still und unauffällig durch die Nacht, die Schatzsucher, und wenn sie den richtigen Ort wissen und die geheimnisvolle Blume besitzen, die Fels und Boden öffnet, dann stehen sie plötzlich vor dem Wunder, geblendet von Gold und Edelsteinen. Eine der letzten dieser Schatzgräberinnen ist 70-jährig in Ingolstadt gestorben: Emmi Böck, die unbestritten produktivste Sagenforscherin des süddeutschen Raums. Ausgerüstet mit viel Geduld und Menschenkenntnis und einem schier hexenhaften Instinkt, pflegte sie mit ihrem Notizblock auf Beutezug zu gehen, und dann gingen ihr zahllose Märchen und Wundergeschichten ins Netz, die ohne sie vielleicht unwiederbringlich verloren gewesen wären. Ohne Forschungsbudget, ohne Mitarbeiterstab schuf sie Bayerns größtes Sagenarchiv – aus lauter Leidenschaft für die alten Geschichten und wie eine Besessene arbeitend.*

Dabei wollte Emmi Böck eigentlich Journalistin werden. Doch die Berufsplanung lief genauso schief wie vieles in ihrem Leben, was dann ganz anders ausging und sich am Ende als Segen erwies. Schon am Anfang ihres Erdenlebens stand ein Schönheitsfehler, denn die begeisterte Bajuwarin wurde in Zweibrücken in der Pfalz geboren; zum Glück ist die Rheinpfalz einmal bayerisch gewesen, wie der historisch Interessierte weiß. Als sie sechs Jahre alt war, zog die Familie nach Ingolstadt. An der alten Herzogsresidenz mit ihren Kirchen und Barockhäusern hing ihr Herz. Emmi verließ Ingolstadt nur

*Emmi Böck*

für ein paar Jahre, um 1953 ein Germanistikstudium in München zu beginnen. Doch dann kamen die Krankenhausaufenthalte, die vagen Diagnosen, die ernsten Gesichter der Chefärzte, die nichts Genaues sagen konnten, nur so viel: ein böser Schatten auf einer Nebenniere im Röntgenbild. Die Operation war kompliziert. Später, kurz vor dem Examen, musste man auch die zweite Nebenniere entfernen. Seither war Emmi Böck zu hundert Prozent schwerbehindert, „mit Anrecht auf eine Begleitperson", wie sie sarkastisch erzählte.

*Begeisterte Geschichtensammlerin*

„Ich hab spekuliert, ob ich mich aufhängen soll", fügte sie sachlich hinzu. Die Stadt bot ihr stundenweise Schreibarbeit an, Buchbesprechungen in der Lokalzeitung brachten ein paar Mark. Da stieß die Verzweifelte plötzlich auf ein kleines „Lehrerbüchl" mit Sagen; gab's davon nicht mehr? 1961 begann sie mit der Sammeltätigkeit, von der sie noch nicht wusste, dass es ihr Lebenswerk werden sollte. Professor Dietz-Rüdiger Moser in München, Begründer einer zukunftsweisenden volkskundlichen Schule, sah ihren ersten Leitz-Ordner mit Material und war begeistert.

Dass man mit der Geschichtensammelei nicht reich werden und auch keinen wissenschaftlichen Ruhm erwerben konnte wie heute, wo Volksüberlieferungen, Alltagsgeschichte und Kleine-Leute-Schicksale in der Interessenskala der Historiker ganz oben stehen, störte die Böck nicht. „In der ländlichen Bevölkerung werden Sagen heute noch mit einer ungeheuren Intensität geglaubt", hielt sie denen entgegen, die diese Märlein für nutzlose Nostalgie und für nicht „repräsentativ" erklären wollten.

1966 kam ihr erstes Buch heraus; achtzehn sind es insgesamt geworden, drei weitere sollen noch erscheinen. Sagensammlungen stehen im Vordergrund, Sagen aus der Hallertau, Niederbayern, Eichstätt und – natürlich – Ingolstadt. Nicht zu vergessen die drei Bände Oberpfalz-Sagen, mit denen sie, akribisch wie immer, einem Forschungsauftrag der Bayerischen Landesstiftung nachkam, mit imposantem Erfolg: Kein deutscher Regierungsbezirk verfügt über ein ähnlich umfassendes und gründlich kommentiertes Werk. Ihr umfangreichstes Buch aber sind die 1982 erschienenen „Regensburger Stadtsagen", mit weit über 300 authentischen Texten und einem wissenschaftlichen Anhang, der fast so dickleibig geraten ist wie der Textteil und geschichtliche Hintergründe sowie Probleme der Überlieferung klärt.

Regensburger Überlieferungsgut enthält auch eines ihrer letzten Werke, eine Neubearbeitung von Heinz Gaßners Studie „Brauch und Glaube im alten Regensburg". Der 1940 gestorbene Lehrer Gaßner erzählt von längst vergessenen Festen und Volkssitten, vom „Fischfangen" und „Speerwerfen" an der Donau und anderen Kinderspielen, von den alten Schützenvereinigungen und den dramatischen Karfreitagsprozessionen mit Geißlern und Kreuzträgern, von ekstatischen Wallfahrten und finsterem Aberglauben.

Der Autor hatte ein tragisches Schicksal: Nachdem er die Amberger Lehrerbildungsanstalt absolviert und Unterrichtsaushilfen unter anderem in Karlstein, Deuerling, Viehhausen geleistet hatte, erhielt er 1938 die Stelle eines Hilfslehrers an der Volksschule Lichtenwald bei Regensburg. Ein Jahr später wurde der musikalisch hochbegabte junge Mann, der auch ein hoffnungsvoller Komponist war, ein begeisterter Sammler von Volksliedern und Erforscher von Flurnamen, zum Lehrer dort ernannt, aber bereits 1940 starb er 26-jährig an doppelseitiger Lungen-Tbc.

Die Leidenschaft für Volksmythen und historische Überlieferungen verband Gaßner mit Emmi Böck. Kein

Mensch zweifelt daran, dass die Besessene das Bundesverdienstkreuz und den Bayerischen Verdienstorden zu Recht bekommen hat. Nicht nur der wissenschaftlichen Volkskunde habe sie fruchtbare Impulse verliehen, heißt es in der Begründung für die weißblaue Auszeichnung, die von ihr erschlossenen heimatkundlichen Zeugnisse bereicherten auch den Schulunterricht.

Ihr alter Freund Eberhard Dünninger, pensionierter Generaldirektor der Staatlichen Bibliotheken im Freistaat, stellt sie den großen bayerischen Sagenforschern des 19. Jahrhunderts – Panzer, Schöppner, Schönwerth, Reiser – an die Seite und meint, Bayerns führende Stellung in der Sagenforschung werde durch ihre Arbeit neu gefestigt.

Ihr Talent, so schätzte sie sich selbst ein, liege darin, die sogenannten einfachen Leute zum Reden zu bringen und für die Mitarbeit an der „Schatzsuche" zu begeistern. Emmi Böck ist ein Kommunikationsgenie gewesen, mit ihr konnte man warm werden, sie besaß keine Spur jener Forscherarroganz, die im Gegenüber bloß ein anzapfbares Reservoir von Informationen und Daten sieht. Auch deshalb, so pflegte Emmi Böck zu sagen, sei die „Feldforschung" – also die Arbeit außerhalb der Bibliotheken und Archive – in Deutschland noch „unterentwickelt". Feldforschung bedeute, Leute zu finden, „die noch Sagen erzählen können und wollen, Sagen, die sie nicht gelesen haben, sondern selbst erlebt oder von Verwandten oder Bekannten als deren Erlebnis erfahren haben."

Wochen und Monate ist die Sagensammlerin jeweils mit ihren Gewährsleuten zusammen gewesen, mit Austragsbauern, Rentnerinnen, Hausfrauen, Lehrern. Im oberpfälzischen Schnuffenhofen etwa hat sie den Meyer Matthias entdeckt, den Sohn des letzten Dorfhirten und Enkel des letzten Nachtwächters, ein Original, das voller Geschichten und Erinnerungen steckte. Wunderschöne Freundschaften sind dabei entstanden mit oft leidgeprüften, aber offenen und hilfsbereiten Landsleuten, denn das wusste Emmi Böck: „Ein schweres Leben macht einen guten Menschen!"

Darüberhinaus galt es Häuser, Hügel, Burgruinen, Wäldchen zu besichtigen, die in den Erzählungen eine Rolle spielen. Und die schriftlich fixierte Sagenüberlieferung in Sammelbänden, Heimatbüchern, Chroniken, Zeitschriftenbeilagen durfte über der Feldforschung auch nicht vernachlässigt werden. Die Ergebnisse dieser Mühen legte Emmi Böck in einer farbigen, manchmal derben Sprache vor („Auf Leute, die sich im Grab umdrehen, kann ich keine Rücksicht nehmen"), immer bemüht, für den Durchschnittsleser verständlich zu bleiben, der wenig historische und philologische Vorbildung besitzt.

Dabei stellte sie aber sofort klar, sie habe die alten Dokumente lesbar machen wollen, „ohne die Ehrlichkeit der Überlieferung anzutasten". Im Originaltext wären zahllose Sagen für ein breites Publikum unzugänglich, aber ihre behutsamen Eingriffe hätten immer nur der Sprache gegolten, nie dem Inhalt. Der offenbare übrigens auch oft genug einen gesellschaftskritischen Anspruch. „Sagen", freute sich die Böck, „warnen die obere Schicht vor Hartherzigkeit und die untere vor Unredlichkeit!"

Ihre letzten Projekte waren die „Münchner Stadtsagen" (für den St. Michaelsbund) und eine anspruchsvolle Edition von Erinnerungen an die ebenso fulminante wie verkannte bayerische Autorin Marieluise Fleißer. Am 17. Juni 2002 – früher war das ein Feiertag – konnte die „sagenhafteste Frau Bayerns" (Münchner Merkur) noch ihren 70. Geburtstag feiern, mit einer schönen Feier im Bauerngerätemuseum Hundszell bei Ingolstadt. Die Schanzer Ziachmusi spielte auf, und die Emmi las Sagen. Am 18. Dezember desselben Jahres ist sie gestorben. Eine große Trauergemeinde begleitete sie zu ihrem Grab auf dem Ingolstädter Westfriedhof.

CHRISTIAN FELDMANN

# Die leise Stimme der Wälder

*Vor hundert Jahren wurde Andreas Staimer geboren*

*„Am Tage nicht, du mußt bei Nacht
Und Nebel durch die Wälder schreiten,
Dann siehst du, was die Ahne sah,
Als junges Ding, in alten Zeiten ..."*

Die leise, geheimnisvolle Sprache der ostbayerischen Wälder hat ihn geprägt, den Heimatschriftsteller Andreas Staimer, der vor hundert Jahren, am 14. Januar 1903 in Cham zur Welt gekommen und 1971 in Regensburg gestorben ist. Er war kein bundesweit berühmter Autor, er schrieb keine Bestseller und errang keine Literaturpreise. Aber mit seiner fleißigen, schlichten Art erwarb er sich eine eingeschworene Lesergemeinde.

Denn Andreas Staimer war nicht auf Wirkungen aus, er benutzte keine stilistischen Finessen, kannte sie wohl nicht einmal; er nannte sein bescheidenes Anliegen ehrlich beim Namen: die Menschen „unterhalten, belehren und trösten". Redlich weitergeben, was ihm Natur und Heimat erzählt hatten. Mit Staimers eigenen Worten gesagt: „Im Rauschen des Waldes, im müden Vogelschrei, aus kristallklaren Brunnen, aus Steinicht und blühender Wildnis spricht die Heimat zu mir und wenn ich das Erlauschte weitergebe, so will ich in Demut und Treue nichts anderes sein als ihr Rufer und Vermittler."

Der Poet stammte aus einer Familie von Fischern, Handwerkern und Bauern. Staimer war das siebte Kind, der einzige Bub unter lauter Mädchen, und große materielle Güter waren nicht vorhanden: „Im Leben, im Beruf und als Schriftsteller wurde mir nichts geschenkt." Er war erst ein Jahr alt, als der Vater, ein geschickter Schreiner, starb. Die Mutter musste das Häuschen verkaufen, um sich und die Kinder durchzubringen. „Frau Staimer lebte buchstäblich vom Wald", erinnerte sich eine Nachbarin. „Das ganze Jahr über war sie unterwegs, um Holz zu sammeln, Beeren zu pflücken oder Schwammerln zu suchen. Und immer war der Anderl dabei."

Der Anderl selbst wusste noch nach Jahrzehnten genau, was er der Waldlandschaft zwischen Kothleben, Kreuth und Grafenkirchen und ihren Menschen verdankte, den Wäldern, aus denen er fast jeden Tag den Leiterwagen mit Ästen und Zweigen nachhause in die Chamer Wohnstube zog oder korbweise Beeren und Pilze heimtrug: „Tausend Wurzeln und liebe Erinnerungen verbinden mich mit der schönen Waldheimat und dem zähen Menschenschlag, der dort haust und werkelt, liebt und leidet, darbt und hofft. Sie geben mir Antrieb und bereichern mein schriftstellerisches Schaffen. Die Fülle des Stoffes, die Art seiner Darstellung, Sprache und Gemüt, alles strömt mir aus der Heimat zu."

Früh schon musste der Anderl ans Geldverdienen denken: in der Chamer Perlenfabrik, als Müllerbursch in der Quadfeldmühle, als Waldarbeiter. Eine weiterführende Schule hatte er nicht besuchen können, für die Lehrerausbildung reichte das Geld nicht. Aber beim Telegrafenbautrupp nahm man den fleißigen jungen Mann gern; er hatte jetzt einen festen Arbeitsplatz, den er leider durch einen Unglücksfall mit dem Verlust eines Auges bezahlte. Auch sein Privatleben war von Schicksalsschlägen gezeichnet: Die erste Frau starb, als die Kinder noch klein waren. 1937 konnte er in Regensburg in den Postdienst eintreten; bis zum Hauptpostsekretär brachte er es. Natürlich hielt er hier guten Kontakt zur Schriftstellergilde – obwohl er es aus eigener Kraft bereits geschafft hatte, mit seinen staaden G'schichten, Märchen und Mundartgedichten in Zeitschriften, Kalender und Anthologien vorzustoßen. Der Rundfunk brachte seine Poesie, manche Gedichte wurden vertont, Vereine begannen seine Texte für ihre Weihnachtsfeiern zu entdecken. „Sie muten an wie Krippenbilder alter Meister", sagte ein Bewunderer über Staimers Christnachtverse.

Bald kamen seine ersten Bücher heraus. „Einsam rauschen die Wälder", „Nach dem Abendläuten", „Vor Tag und Tau" – die Titel verraten, dass es eine sehr besinnliche Poesie und Prosa ist, aus dem Stillwerden und Hinhorchen erwachsen. Die große Kraftquelle des Schriftstellers Staimer ist immer der Wald gewesen. „Viele Menschen", stellte er betrübt fest, „verstehen die Sprache des Waldes nicht mehr, weil ihr Herz und Gemüt im Trubel einer geschäftigen Welt verkümmert ist. Sie zeigen nur ein verständnisloses, beinahe überhebliches Lächeln, wenn man ihnen vom Wunderland der Sagen und Märchen erzählt. Was wissen sie noch von seinen eigenwilligen, lichten oder auch dunklen Gestalten ...?"

Doch dann strömten sie zum Glück in seine Autorenlesungen (mehr als hundert hat er absolviert) und lauschten gebannt und waren zufrieden mit seiner Dichtung, die nichts wissen wollte von literarischen Experimenten, in den alten Sagen und Legenden die zeitlose Tiefendimension der Wirklichkeit entdeckte und sich mutig altmodisch dem „Reichtum des Herzens" verschrieb: „Der Glaube an den Herrgott, das Jasagen zum Leben, Heimatliebe und Heimattreue" waren für Staimer unverzichtbar, wenn man das Gute und Schöne bewahren wollte. „Wenn ich mit meinen Büchern das Hochziel, dem Leser etwas Wertvolles zu vermitteln, nur annähernd erreichen kann, will ich schon zufrieden sein."

Dass er an den Verirrungen seiner Generation teil hatte, dass er echte Liebe zur Heimat mit schwülstiger Blut- und-Boden-Ideologie vermengte, Hitler zum Friedensapostel verklärte und gleichzeitig ein „Großdeutschland" auf Kosten seiner Nachbarn forderte, trübt das Bild vom lauteren Dichter. „Mit der Kraft und Liebe seines Herzens" werde sich der „Führer" auch für die tapferen, bettelarmen Waldler einsetzen, schwadronierte Staimer 1940 in seinem merkwürdigerweise in Berlin erschienenen Sammelband „Das Antlitz der Heimat".

Ob das geht, über solche Verblendung – von der sich Staimer offenbar nie distanziert hat – entsetzt zu sein und dennoch seine Sprache, seinen Respekt vor den kleinen Leuten, seine volkskundliche Entdeckerfreude zu lieben? Entzückt verbreitete er sich über den Reichtum der waldlerischen Mundart, die einen Rausch überaus differenziert, „je nach seiner Bettschwere", als „Spitzl, Dusl, Landla, Stampas, Surra, Wendda, Ruaß und Steftn" einzuordnen vermöge oder bösartige alte Weiber in schier unerschöpflicher Sprachkraft „Ziefan, Zusl, Detschn, Durl, Trantschn, Spa'trud, Stankan, Lusch, Motzn, Schloipfa, Scheppan, Nastl, Goischn" tituliere.

Wenn er von Regensburg in seine Chamer Heimat zurückkehrte, zur Mutter und zu seiner Lieblingsschwester – das tat er jedes Jahr mehrmals –, fuhr er mit dem Bus in der Regel nur bis Wetterfeld. Von da aus marschierte er zu Fuß über Sträucherröhren, wo er die Muttergottes im alten Wallfahrerheiligtum besuchte, am Rötelsee vorbei und über die Michelsdorfer Wiesen zur Stadt. Zwiesprache mit der Natur zu halten, die Alltagshektik hinter sich zu lassen, war ihm ein Herzensbedürfnis bis zum Tod.

CHRISTIAN FELDMANN

# „Findet sich denn keiner, der Hitler beseitigt?"

*Der heilige Zorn eines Unpolitischen: Der Hilfsmesner von Regensburg-St. Emmeram, Johann Igl, kurz vor Kriegsende gehenkt, hat endlich eine Gedenktafel bekommen*

*Der Hilfsmesner und Luftschutzpolizist Johann Igl, lediges Kind eines Dienstmädchens aus Schirndorf (Landkreis Burglengenfeld), ehemaliger Hüterbub und Schneidergeselle, war nie ein politisch interessierter Mensch gewesen. Er gehörte keiner Partei an und demonstrierte nicht auf der Straße gegen die Braunhemden. Aber er machte aus seinem Herzen keine Mördergrube und den Mund auf, wenn er seinen Glauben und das Leben der Mitmenschen bedroht sah.*

Als er im Frühjahr 1944 nach einem nächtlichen Fliegeralarm seinen Zorn auf den „Führer" und dessen wahnwitzige Kriegspolitik in die Worte fasste: „Findet sich denn keiner, der ihn beseitigt?" (nach einer anderen Version: „Findet sich denn keiner, der ihm das Messer reinrennt?"), war das Maß voll. Der 31-Jährige wurde verhaftet, wegen Wehrkraftzersetzung zum Tode verurteilt und nach mehrmonatigen Qualen im KZ Dachau am 21. April 1945 in Regensburg gehenkt.

Jahrzehntelang war der Märtyrer der letzten Kriegstage hier fast vergessen. Erst in letzter Zeit lebte die Erinnerung an Igl wieder auf; die Bischöfliche Zentralbibliothek würdigte ihn 1995 im Rahmen einer Ausstellung über den wenige Tage später hingerichteten Domprediger Dr. Johann Maier und seine Zeit; Bischof Manfred Müller zeigte sich in einer Predigt erschüttert über sein Schicksal. Am 4. Mai 2003 wurde im Vorhof von St. Emmeram, wo Johann Igl als Mesner gewirkt hatte, eine vom ehemaligen Generaldirektor der Staatlichen Bibliotheken Bayerns, Dr. Eberhard Dünninger, gestiftete Gedenktafel enthüllt.

„Denk dir, Paula, sie wollen mich hängen!" hatte er seiner Frau bei deren letztem Besuch im Gefängnis, eine Stunde vor der Hinrichtung, gesagt – gefasst und nur ein bisschen erschrocken. „Wie einen Verbrecher! Aber du weißt es und es muss dir ein Trost sein, dass ich kein Verbrecher bin. Wenn aber unsere Kinder einmal größer sind, dann sag ihnen das auch!" Der bescheidene, unauffällige Kolpingsohn mit dem Löwenmut ist ein Christ, von dem man auch heute noch Glaubensstärke und Zivilcourage lernen kann.

Ein heiliger Zorn sei in ihm gewesen, schreibt Dr. Wilhelm Kick – er entdeckte Igl vor knapp zwei Jahrzehnten neu – in einer Dokumentation über den Widerstand in Regensburg: „Er gehörte zu jener großen Zahl katholisch motivierter Gegner, die sich nicht gleichschalten ließen, und zu jener viel kleineren Zahl, die darüber hinaus ihrem Gewissensbedürfnis nachgaben, auch etwas zu tun. (...) Das Motiv für seine Gegnerschaft war die Empörung über die ihm bekannten Maßnahmen des NS-Regimes gegen die katholische Kirche, über die Ungerechtigkeiten und Gewaltmethoden dieses Regimes, besonders über den verbrecherischen Krieg."

*Eine Watschn für Kritik an Hitler*

Und was er damit riskierte! Die Ohrfeige, die ihm sein Meister gab, weil er abfällig über Hitler gesprochen hatte, konnte er leicht verschmerzen. Schlimmer waren die sieben Monate Gestapo-Haft, die er sich einhandelte, weil er den Verwahrungsort der von ihm verwalteten Gelder der Kolpingfamilie nicht preisgab. Und wenn er sich auch auf die meisten seiner Kameraden bei der Luftschutzpolizei verlassen konnte – als man ihn nach der wütenden Frage, wer Hitler endlich aus dem Weg räume, bei der Gestapo denunziert hatte, fanden sich rasch etliche falsche Freunde, die sich genau an die aufrührerischen Reden ihres Kameraden erinnerten.

Hatte er nicht begeistert in die Hände geklatscht, als im Radio die Meldung über die Invasion der Alliierten in Nordfrankreich kam? Ein Zeuge: „Man hatte den Eindruck, dass er sich freute, weil er glaubte, dass nun die Engländer und Amerikaner kommen und wir den Krieg verlieren müssen." Später im Prozess erklärte Igl geistesgegenwärtig, er habe sich halt darüber gefreut, dass die Feinde wieder einmal einen Haufen Schiffe verloren hätten. Doch das half ihm wenig. Offen ausgesprochene Zweifel am Endsieg bedeuteten 1944 das sichere Todesurteil – obwohl große Teile der Bevölkerung diese Zweifel teilten, wie die vertraulichen Monatsberichte des Regensburger Regierungspräsidenten beweisen.

Deshalb werteten es die Richter auch als Staatsverbrechen, dass Igl in der Unterkunft einmal nachdenklich auf eine Karte von den Kriegsschauplätzen wies und seinen Kameraden das russische Minsk zeigte, wo sich seine Brüder gerade befanden: „Bald werden sie zurück sein!" In der Sakristei der Regensburger Basilika St. Emmeram, wo er Mesnerdienste leistete und vom Turm aus Luftschutz- und Feuerwache hielt, hatte man ihn gewarnt, er möge sich nicht um Kopf und Kragen reden. Igls klassische Antwort: „Das ist mir gleich, was mit mir geschieht. Wir sollten alle mehr Mut haben!"

*Johann Igl und seine Frau Paula.*

Die Frage, ob sich keiner finde, der den obersten Kriegsherrn des deutschen Volkes beseitige, brachte ihn schließlich an den Galgen. Das SS- und Polizeigericht Nürnberg XXV kam nach Regensburg, um über Igl zu verhandeln, denn die Luftschutzpolizei unterstand dem Reichsführer SS, Heinrich Himmler. In der Urteilsbegründung vom 20. September 1944 hieß es voller Verachtung: „Wenn ein Mensch (!) es fertig bringt, über den Führer, dessen ganzes Leben und Handeln nur dem deutschen Volk gehört, eine derartige Äußerung zu machen, dann zeigt er eine derart niedere Gesinnung, dass allein diese Äußerung nur mit der Todesstrafe gesühnt werden kann."

*Fromme Sprüche, aber kein Führerbild*

Besonderen Wert legten die Richter auf den Vorwurf, der Angeklagte sei „konfessionell stark gebunden". Die Gestapo hatte nach einer Wohnungsdurchsuchung – Igls Frau, damals im achten Monat schwanger, zitterte noch Jahrzehnte später, wenn sie vom Drohen und Brüllen der Männer erzählte – protokolliert: „Auffallend waren die zahlreichen Heiligenbilder und gerahmten Sprüche religiöser Art. Ein Führerbild oder sonstige NS-Symbole waren nicht vorhanden (...), aber zahlreiche Bücher und Broschüren mit religiösem Inhalt."

„Nirgends sind die Tränen so schwer als im Gefängnis", schrieb Igl aus der Regensburger Haftanstalt nach Hause, „unser ganzes Glück wurde zerstört." Wie die Rückseite des Blatts zeigt, wollte er eigentlich einem Rechtsanwalt einen Brief schreiben, brach dann aber nach der Anrede ab – resigniert oder einfach realistisch. In so einem Unrechtsstaat gab es keine Chance, sich zu verteidigen.

Im KZ Dachau musste Igl mehrere Monate auf die Vollstreckung des Urteils warten. Seine Frau durfte ihm lediglich alle sechs Wochen schreiben; Bilder von den Kindern beizulegen, war verboten. Er kam in das sogenannte „SS-Straflager" für ehemalige Polizeibeamte, eine sogar in dieser Hölle berüchtigte Abteilung. Der vier Jahre in Dachau inhaftierte Prälat Ludwig Spießl erinnerte sich: „Wir im Pfarrerblock nannten die Leute in diesem Straflager die ‚gefallenen Engel'. Sie wurden untertags besonders geschunden." Igl bekam so wenig zu essen, dass er dauernd Ohnmachtsanfälle erlitt (was ihn nicht daran hinderte, die von seiner Frau geschickten Weihnachtsplätzchen mit den Mithäftlingen zu teilen). Sämtliche Gnadengesuche wurden abgelehnt.

Unmittelbar vor Kriegsende – Igl war am 1. April 1945 wieder in das Regensburger Gefängnis zurückgebracht worden – ereilte die braune Rachejustiz auch dieses bis zuletzt aufgesparte Opfer. Es war nicht leicht, Henker für den jungen Mann zu finden. Etliche Kameraden weigerten sich, ungeachtet der schlimmsten Drohungen. Schließlich holte man ein paar abgebrühte SS-Schergen aus dem KZ-Außenlager Regensburg-Stadtamhof. Im Hof des Regensburger Gerichtsgebäudes hatte man ein Seil an einem Baum befestigt. Die gesamte Einheit der Luftschutzpolizei, der Igl angehörte, 54 Mann, musste zur Exekution antreten.

Als das Todesurteil verlesen war, sagte Johann Igl nur noch: „Ich hab nur meine Pflicht getan!" Er stieg auf einen Stuhl, ließ sich die Schlinge um den Hals legen und bat – noch aufrecht stehend – die Kameraden von der Luftschutzpolizei, seine Frau, seine beiden kleinen Töchter und alle Freunde herzlich zu grüßen.

Ein paar Tage später scharrte man den Leichnam – den Strick noch um den Hals – ohne Sarg irgendwo auf dem Oberen katholischen Friedhof ein. Seiner Frau, deren Nerven seit der Hinrichtung zerrüttet waren, billigte der Freistaat Bayern nach einem beschämenden juristischen Hickhack 1962 eine Rente von 220 Mark für „Schaden am Leben" ihres Mannes zu.

WILHELM AMANN

# Kunst aus der Schnupftabakfabrik

*Die Regensburger Künstlerin Margret Sturm (1906–1993)*

*Kunst aus zwei Regensburger Patrizierhäuser, dem Zanthaus und dem Ingolstetterhaus, kurz der Regensburger Schnupftabakfabrik: Denkt man an die Literatur, so taucht natürlich sofort der Name Eva Demski auf, das Kind der Schnupftabakfabrik, mit ihren Erinnerungen und Phantasien. Oder an Gerhard Staghan mit dem überzeugenden Versuch „Die Lust geht durch die Nase". Es könnte sich auch um kunsttheoretische Abhandlungen über die Baugeschichte handeln. Man könnte auch an die Malerei denken, mit der die beiden Patrizierhäuser im Lauf der Jahrhunderte ausgestattet wurden.*

Doch nichts von alledem. Hier und Heute geht es um Kunst aus dem 20. Jahrhundert, die in der Schnupftabakfabrik entstanden ist und das Haus Bernard aus einer noch unbekannten Perspektive zeigt: Engagierte Malerei aus dem ersten Drittel des 20. Jahrhunderts, so noch nicht gezeigt, soll die Darstellung der Industrie und ihrer Beschäftigten in der Kunst, in Regensburg öffentlich machen. Diese Art der Malerei war nicht nur den Metropolen wie etwa Berlin mit Käthe Kollwitz (z.B. der Holzschnitt „Proletariat" 1925) vorbehalten. Auch Regensburg hatte seine Käthe Kollwitz hervorgebracht – die Künstlerin Margret Sturm.
Margret Sturm war Schülerin der Dresdner Kunstakademie bei Käthe Kollwitz, studierte aber auch an der Berliner Kunstgewerbeschule bei Emil Orlik. Ihr künstlerisches und sozial ausgerichtetes Engagement machte sie

*Arbeiterin in der Regensburger Schnupftabakfabrik beim Sortieren und Bündeln.*

deutlich, als sie Blätter von den Arbeiterinnen der Schnupftabak- und Tabakfabrik Gebr. Bernard und den Steinmetzen der Dombauhütte am Regensburger Dom anlegte.

*Nach dem Ersten Weltkrieg nach Regensburg*

Margret Sturm wurde am 5. September 1906 in Hackensack, New Jersey geboren. Die Eltern, Ferdinand und Erna Sturm, kamen nach Belgien, wo Margret ihre frühe Kindheit verlebte. Nach dem Ersten Weltkrieg zog die Familie nach Regensburg, wo ihr Vater von 1921 bis 1933 Redakteur der sozialdemokratischen Tageszeitung „Volkswacht" war.

Nach der Machtergreifung Hitlers musste die Familie fliehen; Margret mit ihrem ersten Mann Wilhelm Heyn, den sie an der Dresdner Kunstakademie kennen gelernt hatte. Die beiden flüchteten über Dresden, die Schweiz und Frankreich – dann sie alleine weiter nach Amerika, wo sie als wiedereingebürgerte amerikanische Staatsbürgerin Fuß fasste. In Buffalo, New York, bekam sie an einer Privatschule die Stelle als Kunst- und Handwerkslehrerin. Dort erhielt sie die Nachricht vom Tode ihres Mannes in Paris.

1948 heiratete sie in Buffalo den Geiger Ernest Cramer, mit dem sie zuerst nach Detroit zog und anschließend nach Richmond, Virginia. Ihr Mann unterrichtete Musik, sie lehrte Kunst. In Amerika etabliert, entwarf sie für die American Cancer Society ein Signet, das weltweit bekannt wurde.

1979 kehrte Margret Sturm nach Regensburg zurück – in die alte Donaustadt, die sie als 15-Jährige erstmals kennen gelernt und die von ihr immer als die eigentliche Heimat angesehen wurde. Symbolisch wurden ihr die Schlüssel der Stadt Regensburg übergeben. Bürgermeister Hans Weber organisierte damals eine vielbeachtete Ausstellung in der Bank für Gemeinwirtschaft. Die meisten Exponate stammten aus den Beständen der Städtischen Sammlungen. Zum Teil

*Auf einem großen Herd wird die Sauce für die Fermentation gekocht.*

handelte es sich dabei um Zeichnungen, die Gustav Bosse seinerzeit von der jungen Margret Sturm erworben und später dem Regensburger Museum geschenkt hatte. Es wurden aber auch neuere Arbeiten gezeigt, und zwar

Siebdrucke sowie die eigens für diese Ausstellung hergestellten Seidendrucke von Regensburger Motiven. Diese graphische Technik war von ihr in Amerika entwickelt worden. Die Grundform als Motivträger, mit den leuchtenden Farbflecken darauf, erinnern an scherenschnittartige Glasfenster.

„Ich habe immer so gemalt, wie ich es wollte. Ich bemühe mich um eine gewisse Abstraktion und keine photographisch genaue Abbildung", meinte sie in Regensburg, „ ... und ich sehe eine neue Schönheit der Farben". Tatsächlich führte der Weg der Künstlerin von der akribischen Zeichnung in eine eigene Abstraktion, schließlich in ein neues Formenspiel. Wegen Gesundheitsproblemen Margret Sturms zog die Familie 1988 nach Mesa, Kalifornien. Dort starb sie am 2. Oktober 1993. Die Zeichnungen aus der Bernardschen Schnupftabakfabrik – wir werden sie kurz „Schnupf-Zeichnungen" nennen – wurden in Tusche mit Pinsel und Feder ausgeführt. Die Blätter, fünf an der Zahl, sind signiert und dürften um 1929–30 entstanden sein. Von den fünf Zeichnungen behandeln zwei „Arbeiten ums Rauchen" weitere drei „Arbeiten ums Schnupfen".

Die dargestellten in der Produktion tätigen Frauen tragen – wie man auf den Zeichnungen sieht – allesamt Schürzen. Weit wichtiger aber ist, dass in den meisten Fällen streng auf die Haartracht aufgepasst wurde. Die Haare sind aus dem Gesicht gekämmt, straff nach hinten gezogen und dann festgesteckt. Haare in den Zigarren oder dem Schnupftabak hätten das Aroma empfindlich gestört, auf das man so penibel achtete. Ab 1871 wurden bei Gebr. Bernard im Werk Offenbach Kautabak und in der Filialfabrik Groß-Steinheim a. M., Zigarren und Stumpen hergestellt. Noch heute befinden sich die handgedrehten Fiaker- und Kielzigarren im Sortiment. Die Frauen sitzen auf vierbeinigen Hockern vor langen Arbeitstischen. Die Tabakblätter liegen teilweise sortiert, teilweise noch in breiten Körben vor ihnen. Nach exakt festgelegten Kriterien folgt das Sortieren und Bündeln. Die Frau hinten links beginnt einen neuen Korb und legt die Tabakblätter aufs richtige Maß, während die Frau hinten rechts zwei fertige Bündel in den Händen hält. Im

*Im Abfüllraum arbeiteten Frauen an Maschinen.*

Hintergrund liegen Warenballen und davor zwei gefüllte Fässer, deren Deckel, mit Gewichten beschwert, den Inhalt festdrücken, um gelagert zu werden, damit die entsprechende Fermentation eintritt. Außerdem wird die zerstörende Luftzufuhr vermieden.

*Würzige Düfte*

Wenn man die Zeichnungen Margret Sturms betrachtet, so zeigten sie die aktiv arbeitenden Frauen in ihrem Umfeld. Schon bei der Auswahl der Bildthemen müssen der Künstlerin die würzigen Düfte in die Nase gestiegen sein. Der Geruch der Tabakblätter und besonders der Saucenküche, die sie im Bild festgehalten hat, lassen es vermuten. Der Schnupftabak wird im dritten Verfahrenschritt mit Saucen vermengt, um auf eine weitere Fermentation vorbereitet zu werden. Die Saucen, ein Geheimrezept aus Früchten und Zuckersirup hergestellt, entstanden in der eigenen Saucenküche im Erdgeschoss der Manufaktur. Auf einem großen Herd, in dem das Feuer brennt, wird die angesetzte Substanz gekocht. Die verschiedenen Zutaten stehen in großen, irdenen Behältern bereit. Wasser, Feuer, Ingredienzien in der Hand von drei Frauen, ergeben die geheimnisvollen, notwendigen Zutaten. Vor dem Zweiten Weltkrieg waren ungefähr 300 Beschäftigte bei Gebr. Bernard in Regensburg beschäftigt.

Die beiden Bilder im Abfüll- und Verpackungsraum des Schnupftabaks stehen im Kontrast zu dem Bild „Sauce I". Zur „Alchimistenküche" wird ein zur damaligen Zeit moderner Abfüllraum auf dem Zeichenpapier festgehalten. Die Malerin hat neugierig und genau versucht, die technischen Abläufe an den verschiedenen Maschinen wiederzugeben.

Im Abfüllraum stehen große Maschinen, mit riesigen Trichtern zur Aufnahme des Schnupftabaks, die auf den Arbeitsplatz der Frauen wiederum die kleinen Päckchen liefern. Die geschlossenen und etikettierten Päckchen werden gezählt und in größere Gebinde sortiert. An den Abfüllmaschinen liegen Handbesen, die volle Kiste mit Schaufel und Schnupftabak, um den Trichter laufend füllen zu können. Zu diesem Zweck führt ein Holztreppchen nach oben. In der Entstehungszeit der Zeichnungen wurden täglich 40 bis 60 Zentner Schnupftabak hergestellt und verpackt. Das Bild des Verpackungsraums zeigt die versetzt sitzenden Frauen an den Maschinen. Über größere und kleinere Elektromotoren an den Geräten, zusätzlich mit Transmission ausgerüstet, werden die „raffinierten Arme" der Maschinen angetrieben. Die ersten Etikettier- und Verpackungsmaschinen wurden erst 1920 montiert.

Margret Sturm hatte sich damals für das Thema „Der Mensch bei der Arbeit" interessiert, besonders aber für das Gegenüber von Frau und Maschine. In diesem Sinne ist auch mein Hinweis auf ihre Zeichnungen von der Arbeit in der Dombauhütte zu verstehen. (Vgl. Wilhelm Amann, Eine Stadt im Spiegel der Malerei. Regensburg von 1900–2000).

Die Zeichnungen von Margret Sturm aus der Regensburger Schnupftabakfabrik geben u. a. das Bild einer Kunstrichtung wieder, welche nicht der damals allgemein gewünschten, später dann verordneten Staatskunst des Nationalsozialismus entspricht. Hier ist Arbeit nicht zur Verherrlichung und „heroischer Gebärde" dargestellt. Dem von den Nazis gegründeten und zur Massenbewegung gewordenen „Kampfbund für deutsche Kultur" hätten diese Blätter sicher nicht in den „überall erwachenden nationalen Mythos" gepasst.

Ob Margret Sturms Zeichnungen aus der Schnupfe jemals ausgestellt oder veröffentlicht waren, ist unwahrscheinlich – eher nein.

JOHANN KIRCHINGER

# Der Gehilfe des Regensburger Bauerndoktors

*Die Geschichte des Gregor Klier*

*Gregor Klier*

Der „Bauerndoktor" Georg Heim ist eine bekannte und populäre Gestalt in der Regensburger Geschichte. Von hier aus organisierte er den Christlichen Bauernverein und die Landwirtschaftliche Zentralgenossenschaft. Aber auch ein Mann wie Heim war angewiesen auf zuverlässige Mitarbeiter. Einer dieser Mitarbeiter, die in der zweiten Reihe standen und deshalb von der Öffentlichkeit oft nicht wahrgenommen werden, ist Gregor Klier. Die Arbeit dieses Bauernpolitikers war weitgehend beschränkt auf die Oberpfalz. Aber hier bestimmte er von Regensburg aus die bäuerliche Verbandsarbeit nahezu für ein halbes Jahrhundert.

Die Hauptquelle für sein Leben stellt sein Tagebuch dar, das von seiner Tochter Gertraud Stindl herausgegeben wurde. Allerdings wird bei manchen Eintragungen deutlich, dass Klier das Tagebuch, das nur gedruckt vorgelegen ist, nachträglich schrieb bzw. zumindest veränderte. Außerdem wird bei einem Vergleich der Datumsangaben Kliers in seinem Tagebuch mit Artikeln im Regensburger Anzeiger deutlich, dass sich Klier oft in den zeitlichen Angaben geirrt hat.

## Zwischen Böhmen und der Oberpfalz

Gregor Klier stammte aus bescheidenen Verhältnissen. Sein Vater war ein Böhmerwäldler. Einer derjenigen, die in den zahlreichen Glasbetrieben des Oberpfälzer Waldes ihr Auskommen suchten. Am 28. Oktober 1880 wurde Gregor Klier in Neuhäusl in der Bezirkshauptmannschaft Tachau geboren. Bald erwarb die Familie ein kleines Anwesen in Mooslohe bei Weiden. Erst 1911 erhielt Klier die „Naturalisationsurkunde" die ihn ganz offiziell zum Bayern machte. Zu diesem Zeitpunkt war Klier schon Sekretär des Christlichen Bauernvereins in der Oberpfalz.

Zunächst hatte der junge Gregor allerdings studieren wollen. Als er aber aufgrund einer Krankheit zum Priesterberuf nicht mehr geeignet erschien, musste er das Gymnasium in Metten verlassen.

## Sekretär des Christlichen Bauernvereins

1905 übernahm Klier als geschäftsführendes Vorstandsmitglied den Oberpfälzischen Christlichen Bauernverein (CBV). Er war der zweite Kreissekretär auf diesem Posten. Sein Vorgänger, Prälat Johann Baptist Mehler, versah das Amt seit der Gründung des Vereins im Jahr 1895. Eine feste Anstellung bekam er allerdings erst 1907. Der Bauernverein war ein landwirtschaftlicher Interessenverband und wurde von Georg Heim gegründet. Der Bauernverein stand dem konservativen und katholischen Zentrum, bzw. nach 1918 der Bayerischen Volkspartei nahe und befand sich in scharfer Gegnerschaft zum Bay-

erischen Bauernbund. Dieser hatte zwar ebenfalls in katholischen Gebieten Erfolg, zeichnete sich im Gegensatz zu den Christlichen Bauernvereinen durch eine systemkritische Einstellung und antiklerikale Propaganda aus.
Am Ende des Krieges wurde Bayern in tiefe Unruhen gestürzt. In diesen Tagen der Revolution beriet sich Heim oft mit Klier. Bereits am 9. November 1918, zwei Tage nach der Revolution in München, lud Georg Heim zusammen mit Sebastian Schlittenbauer und Klier zu einer Bauernversammlung für den 12. November nach Regensburg ein. Diese Versammlung wurde zur Gründungsversammlung der Bayerischen Volkspartei (BVP). Nach eigenen Angaben in seinem Tagebuch habe Klier im Auftrag Heims das Parteiprogramm der neuen Partei ausgearbeitet. In zahlreichen Versammlungen warb er für die BVP. Denn als Kreissekretär des Bauernvereins hatte er auch Parteiarbeit zu leisten. Da durch die Unruhen während der Revolutionszeit auch die Bauernhöfe gefährdet waren, rief er zur Bewaffnung der Bauern auf. Auf die unruhige Revolutionszeit folgte die nicht weniger schwierige Inflationszeit. Klier musste oft auf sein Gehalt verzichten. Der Bauernverein konnte ihm den Lohn nicht mehr ausbezahlen. Er war deshalb darauf angewiesen, Kurse für die Bauern gegen Lebensmittel abzuhalten, um seine Familie über Wasser zu halten.
Zusammen mit Heim setzte er sich auch in der Friedenszeit für die Oberpfälzer Bauern ein. Es kam dabei immer wieder zu Reibereien mit Heim, dessen schwieriger Charakter berüchtigt war. Eine erhebliche Erweiterung seines Wirkungsfeldes ergab sich dann, als er zum Geschäftsführer der Kreisbauernkammer der Oberpfalz gewählt wurde. Die Kammern waren überparteiliche und überverbandliche Selbstverwaltungs-Körperschaften der Landwirtschaft. Für seine Verdienste wurde Klier im Jahr 1924 der Ökonomieratstitel verliehen. 1929 erhält er zudem den päpstlichen Orden „Pro ecclesia et Pontifice."

Dies war eine besondere Auszeichnung für den streng katholischen Mann.
Gregor Klier engagierte sich auch auf Landesebene für den Bauernverein. Klier war bis 1933 1.Schriftführer des Landesverbandes. Auf Anregung Kliers schlossen sich ehemalige Schüler der Regensburger Kurse und der Winterschulen zu einem „Verband ehemaliger Winterschüler und Kursisten" zusammen. Die Regensburger Kurse wurden von Heim initiiert und dienten der persönlichen und fachlichen Weiterbildung der Bauernsöhne. Ein besonderes Anliegen war ihm die Einbindung der Jugend in die Verbandsarbeit. Die Gründung des „Verbandes katholischer Jungbauern" ging auf Klier zurück. Er wurde dadurch zum Wegbereiter der verbandlichen Jugendarbeit des Bauernvereins in der Weimarer Republik.
Der gelernte Journalist Klier war zudem Vorstand des Blattverbandes der Bayerischen Christlichen Bauernvereine. Aufgabe des Blattverbandes war die Herausgabe von Vereinsorganen für den CBV. Nach Kliers eigenen Angaben in seinem Tagebuch führten Differenzen aufgrund seiner Politik in diesem Verband zum zeitweiligen Austritt Georg Heims aus dem Bauernverein. Darauf legte Klier seinerseits den Vorstandsposten im Blattverband nieder.
Einen Höhepunkt in der Tätigkeit Kliers für den Bauernverein stellte wohl die Bauernvereinsfahnenweihe vom 13. Juni 1926 auf dem Mariahilfberg in Amberg dar. Bei diesem Fest feierte der Vorgänger Kliers als Sekretär des Oberpfälzer Bauernvereins, Prälat Mehler, die Messe.

*Arbeitsfeld als Sekretär des BCV*

Einen Einblick in die Arbeit eines Kreissekretärs bietet der Tätigkeitsbericht der Kreisgeschäftsstelle Oberpfalz für das Jahr 1926/27. Klier konnte sich bei seiner Tätigkeit auf zwei Mitarbeiter und zwei Sekretärinnen stützen.

Ein Bezirkssekretariat in Weiden war ihm zur Seite gestellt. Die Gesamtleitung des CBV in der Oberpfalz lag in seinen Händen. Von Regensburg aus verwaltete er den Oberpfälzer Verband. Am Watmarkt 9/II gegenüber dem Bischofshof befand sich seine Geschäftsstelle. Das Gebäude steht noch heute und beherbergt Geschäfte und Büros.

Regensburg war damals noch der Mittelpunkt eines stark landwirtschaftlich geprägten Umlandes. Die Hauptstadt der Oberpfalz hatte für die ländliche Bevölkerung eine zentrale Bedeutung, wo man notwendige Behördengänge und Besorgungen erledigte. Insgesamt haben sich in diesem Zeitabschnitt 4.362 Mitglieder in der Geschäftsstelle um eine Beratungsgespräch eingefunden. Über 10.000 Auskünfte wurden erteilt. Der Posteinlauf betrug 5.101 Sendungen, der Postauslauf 13.107. Zum Beratungsgebiet der Geschäftsstelle gehörten Steuersachen, Aufwertungsfragen, Versicherungsangelegenheiten, Darlehensgesuche und Rechtsfragen. Klier stellte im Auftrag der Bauern in diesem Zeitraum 2.150 Gesuche an die Finanzämter um Stundung oder Nachlass von Steuern. Klier selbst hielt 108 Versammlungen und Sprechtage ab, in 74 Sitzungen vertrat der die Bauern bei wirtschaftlichen und politischen Körperschaften. 1930 hatte der Christliche Bauernverein in der Oberpfalz 20.000 Mitglieder in 895 Ortsverbänden.

## Der Kommunalpolitiker

Klier war auch ehrenamtlich außerhalb des Bauernvereins tätig. Während des Ersten Weltkrieges erwarb sich Klier Verdienste um die Milchversorgung Regensburgs, wobei er es verstand, seine guten Kontakte zu den Bauern zu nutzen. Während der Revolutionszeit war Klier trotz seiner monarchistischen Einstellung für den Regensburger Arbeiter- und Soldatenrat tätig. Er verhandelte allerdings in diesem Zusammenhang nur wegen der Versorgung der Landwirtschaft mit Fuhrwerken und Gespanntieren. Zusammen mit dem Bauerndoktor und Sebastian Schlittenbauer beteiligte er sich später an der Gründung des Regensburger Zweigvereins des „Bayerischen Heimat- und Königsbundes: In Treue fest."

Als Vertreter der Arbeitgeber saß er im Schlichtungsausschuss für Tarifstreitigkeiten. Schließlich wurde er im Jahr 1919 zum Schriftführer der Kreistagsfraktion der BVP im Oberpfälzer Kreistag und in den Elektrizitätsausschuss gewählt. In der Fraktion setzte er sich besonders für die Taubstummenanstalt Regensburg und die Heilstätte Karthaus ein, in deren Verwaltungsrat er seit der Revolution saß und für die er unbedingt Mallersdorfer Schwestern gewinnen wollte, was ihm 1927 auch gelang. Themen die Klier außerdem am Herzen lagen waren das landwirtschaftliche Berufsbildungswesen, der Fortschritt der Viehzucht in der Oberpfalz und die Säuglings- und Kinderheime.

Dabei blieb er bei seiner außerverbandlichen politischen Tätigkeit auf die Oberpfalz beschränkt. Eine Landtagskandidatur des strenggläubigen Politikers im Jahr 1920 zerschlug sich gerade aufgrund des Widerstands der katholischen Geistlichkeit, die ihm den Austritt aus dem Seminar in Metten vorwarfen.

## Arbeitslos

Eine schlimme Zeit begann, als Klier im Dritten Reich ohne Beschäftigung war. Denn der Christliche Bauernverein, dessen Geschäftsführer er war, hatte sich unter dem Druck der Nationalsozialisten selbst aufgelöst. Eigentlich hatte er an der Auflösungsversammlung des Oberpfälzer Bauernvereins gar nicht teilnehmen wollen. Trotzdem wurde er dann auf der letzen Versammlung des Bauernvereins am 22. Juli 1933, wo die Auflösung einstimmig beschlossen wurde, zum Vereinsliquidator bestellt. Er wollte nun einem „Herzenswunsch" nachgehen und plante, für das katholische Vereinswesen tätig zu werden. Eine Bitte an Heim hatte allerdings keinen Erfolg. Er bekam dann allerdings eine kleine Pension für seine ehemalige Tätigkeit beim Bauernverein.

„Wir wurden behandelt wie die Aussätzigen", erinnert sich Gertraud Stindl, Kliers Tochter. Denn ihr Vater war ein prinzipientreuer Katholik. „Das hat nicht lange gedauert, dann waren die Mädchen in meiner Klasse beim BDM. Für mich ist das nicht in Frage gekommen." Die Nazi-Zeit bedeutete eine starke psychische Belastung für Klier. „Das erste halbe Jahr nach seiner Entlassung haben wir ihn nur selten gesehen. In der Früh ist er in den Wald und am Abend ist er wieder heim", erinnert sich seine Tochter.

Bezeichnend für die legitimistische Einstellung vieler konservativer Politiker dieser Zeit ist die Ansicht Kliers, dass die Herrschaft der Nazis nicht lange dauern könne: „Die sind gewählt. Und wenn sie nichts taugen, dann wählen wir sie halt wieder ab, wie die anderen auch." – Ein folgenschwerer Irrtum! Als gläubigen Katholiken beschäftigte ihn auch die Frage des Tyrannenmordes. Sein Glauben ermöglichte es ihm hier aber nicht, eindeutig Stellung zu beziehen, erinnert sich seine Tochter. Diese Gedankengänge stehen nicht in seinem Tagebuch, zu groß erschien ihm wohl die Gefahr der Entdeckung. Auffallend ist in diesem Zusammenhang, dass die Tagebucheintragungen zwischen 1930 und 1932 sehr knapp gehalten sind, in den Jahren danach überwiegen lange Ausführungen über persönliche Dinge. Über Politik schweigt er seitdem in seinem Tagebuch.

Er beschäftigte sich in dieser Zeit viel mit seiner Familie und der Religion. Klier war in Glaubensdingen konservativ und prinzipientreu. Er berichtet in seinem Tagebuch ausführlich über seine Gebete, die zur Konversion seiner evangelischen Schwiegertochter führen sollten: „Es war wohl meine größte Enttäuschung seit langem; nachdem mein Gebet, dass einer meiner Söhne ein Priester werden möchte, das Ziel nicht erreichen konnte, kommt nun auch noch die bittere Pille: Was ich am meisten befürchtete, dass einer meiner Söhne eine Protestantin zur Frau nehmen werde, ist geschehen."

Das Ende der Arbeitslosigkeit wurde von Klier stark herbeigesehnt. Erst zu Ende des Krieges konnte er bei der Wehrmacht angestellt werden. Er verrichtete dort Büroarbeit. Bald sollte sich allerdings ein neues Tätigkeitsfeld für den nun 65-jährigen Klier eröffnen.

*Der Bayerische Bauernverband*

Kaum war die Naziherrschaft beendet, dachte er bereits an die Gründung einer bäuerlichen Interessenvertretung. Am 8. Mai, dem Tag der Kapitulation, war er bereits voller Pläne. Er wollte nach eigenen Angaben in seinem Tagebuch eine Partei gründen, eine Zeitung dazu und eine „neuzuschaffende Bauernorganisation", deren Statuten ihm nach eigener Aussage schon am 8. Mai 1945 Kopfzerbrechen machten. Unabhängig vom späteren Gründungsvater des Bayerischen Bauernverbandes führte er mit Anton Pfeiffer, dem Stellvertreter des Minsterpräsidenten, Gespräche zwecks der Gründung eines Interessenverbandes für die Bauern. Als es dann zur Gründung des überkonfessionellen Bayerischen Bauernverbandes (BBV) kam, war er unter den Gründungsmitgliedern. Er sah den BBV als Nachfolger der Bauernvereine. Im Protokollbuch schließt sich das erste Protokoll des Kreisverbandes Oberpfalz des BBV nahtlos an das Protokoll der Auflösungsversammlung des CBV vom 22. Juli 1933 an. Am 24. April 1946 hatte Klier schon wieder 576 Ortsverbände aufgebaut mit insgesamt 15.789 Mitgliedern.

Bei der Wahl des Präsidenten des BBV 1946 zählte er mit zu den entschiedensten Vertretern der Ansicht, dass ein ehemaliges Mitglied des Bayerischen Christlichen Bauernvereins Präsident des BBV werden müsse. Denn schließlich sei der Bauernverein vor dem Bauernbund und dem Landbund die stärkste Gruppe im neuen Verband. Fast hätte diese Ansicht die Sprengung der Wahl zur Folge gehabt. Schließlich wurde aber mit Fridolin Rothermel aus Schwaben doch ein ehemaliges Mitglied des Bauernvereins zum Präsidenten des BBV gewählt. Später setzte sich Klier dann für die angemessene Vertretung der Oberpfalz in den Verbandsorganen des Bauernverbandes ein, die ihm nie ausreichend erschien. Die anderen Kreisverbände dürften „nicht majorisiert werden durch die Herren, die an der Quelle sitzen und alles für sich in Anspruch nehmen." Er verlangte außerdem, dass vor allem Bauern in den Ausschüssen vertreten sein müssen. Ein besonderes Anliegen war ihm die Landjugend. Hier setzte er sich für die Gleichberechtigung der Katholischen Landjugend mit der Landjugend des Bauernverbandes ein. Im Streit um die Besetzung des Generalsekretärspostens des BBV trat er zunächst für den streng katholischen Alois Hundhammer (CSU) ein. Als deutlich wurde, dass sich dieser nicht zur Wahl stellen würde, schrieb Klier am 7. Juni 1952 an dessen Gegenkandidaten Josef Baumgartner (Bayernpartei): „Wenn Deine Wahl zum Generalsekretär des geeinten Bauernstandes auch den Weg zur Sammlung aller religiösen Katholiken bereiten würde, dann wäre das der größte Segen für unseren Bauernstand und unser Bayernland." Denn manche Bauernführer erhofften sich durch die Wahl Baumgartners zum Generalsekretär des BBV, dass die Spaltung der bäuerlichen Wählerschicht in Bayernpartei und CSU ein Ende finden könnte. Da sich die Landesversammlung des BBV nicht auf Baumgartner einigen konnte, wurde kein Generalsekretär gewählt.

Sein letztes großes Projekt war der Bau eines Geschäftsgebäudes für den Bauernverband in der Furtmayerstraße. Die Vollendung konnte er nicht mehr miterleben. Mitten in seiner Tätigkeit für den BBV starb Gregor Klier nach einem ereignisreichen und an Schicksalsschlägen reichen Leben 73jährig am 16. Februar 1954 in Regensburg. Bis zu seinem Tod war er als Kreisdirektor für den Bayerischen Bauernverband in der Oberpfalz tätig. Sein Grab befindet sich im Oberen Katholischen Friedhof in Regensburg.

*Quellen und Literatur:*

BBV Generalsekretariat München, Abteilung II, Akt: Protokolle der Landesausschusssitzungen 1945–1947; BBV Hauptgeschäftsstelle Oberpfalz Protokolle der Vorstandssitzungen des Bayerischen Christlichen Bauernvereins und des BBV 1914–1948; Regensburger Anzeiger vom 1. Juni 1927, 19. Juli 1928 und 20. Dezember 1929; Stadtarchiv Regensburg, Nachlass Georg Heim 302, 305, 306, 906, 2415; Tagebuch Gregor Klier 1910–1945, hrsg. v. Gertraud Stindl; Interview mit Frau Gertraud Stindl am 15. September 2002

Bergmann, Hansjörg: Der Bayerische Bauernbund und der Bayerische Christliche Bauernverein 1919–1928 (Schriftenreihe zur bayerischen Landesgeschichte 81), München 1986; Büttner, Oskar: Die Entstehung und zahlenmäßige Entwicklung des Oberpfälzischen Christlichen Bauernvereins, sowie seine Leistungen während der ersten 25 Jahre seines Bestehens, Regensburg 1920; Friemberger, Claudia: Sebastian Schlittenbauer und die Anfänge der Bayerischen Volkspartei (Forschungen zur Landes- und Regionalgeschichte 5), St. Ottilien 1998; Kirchinger, Johann: Vom Getreidelager zum IT-Speicher. Das ehemalige Lagerhaus an der Bruderwöhrdstraße, in: Regensburger Almanach 2002, S. 44–50; Der Oberpfälzer christliche Bauernverein 1895–1930, Regensburg 1931; Ratjen, Wolfgang: Die bayerischen Bauernkammern von 1930–1933 (Miscellanea Bavarica Monacensia 94), München 1981

HORST HANSKE

# Ein Leben am Holzkohlenfeuer

*Zum 100. Geburtstag von Elsa Schricker*

„Die Wurstkuchl, in der Nähe des ehemaligen Kräncherthores, ist eine bekannte Specialität Regensburgs; dort werden Vormittags in einer kleinen rauchigen Hütte, meist stehend, die bekannten Regensburger Bratwürste oder Selchfleisch mit Kraut verzehrt. Diese Hütte lehnt sich an den letzten Rest der alten Stadtmauer, östlich der Steinernen Brücke. Während die ganze Mauer rund um die Stadt fallen musste, konnte es bisher nicht gelingen, die Wurstküche von hier zu entfernen!", schrieb Hugo Graf von Walderdorff im Jahre 1896 mit einem zweideutigen Ausrufezeichen.*

Das kleine Häuschen, eng verbunden mit dem Bau der Steinernen Brücke, wurde vom Magistrat der Stadt nicht entfernt. Denn schon damals gehörte die Wurstkuchl zu den Sehenswürdigkeiten von Regensburg. Und schon damals war sie seit mehreren Generationen im Besitz der Familie Schricker, die den gedrungenen kleinen Bau von der Stadt Regensburg im Jahre 1806 um 300 Gulden erworben hatte. Aber erst Elsa Schricker machte das unscheinbare Häuschen im Schatten der Steinernen Brücke zu einem Wahrzeichen echt Regensburger Gaumenfreude.

## Die Herrscherin der Wurstkuchl

Vor hundert Jahren, am 25. März 1903 kam Elsa Schricker in der Thundorferstraße zur Welt, schräg gegenüber der Wurstkuchl, im Haus Numero 3. Ihr Vater Hans Karl Schricker machte sie schon in jungen Jahren zur Herrscherin über die Kuchl. Dieser Aufgabe widmete sie sich so hingebungsvoll, dass sie darüber das Heiraten vergaß. Ihr Vater, ein stämmiger Metzgermeister mit gelegentlichem Hang zu Müßiggang und elegantem Leben, sah ihr Engagement mit Wohlgefallen und ließ es sich ansonsten gut gehen. Er ritt regelmäßig mit Fürst Albert von Thurn und Taxis in die Donau-Auen und lud anschließend Durchlaucht zu Bier und Bratwürsten in sein gemütliches Biedermeier-Zimmer mit Blick auf Wurstkuchl und Donau. Das gefiel dem Fürsten so gut, dass er Hans Schricker jedes Weihnachten mit einem wertvollen Geschenk bedachte.

Elsa Schrickers Arbeitsplatz maß drei Quadratmeter. Auf diesem Flecken von Regensburg spielte sich ihr Leben ab. Schon am frühen Morgen stand die stattliche Frau am Holzkohlenfeuer, das ihr freundliches Gesicht unter der weißen Haube rot glühen ließ. Über ihr, aus dem behäbigen alten Kamin, strömte der feine Bratwurstduft und lockte Hungrige und Fremde zur Quelle des Wohlgeruchs.

Jeden Nachmittag, pünktlich um 14 Uhr, hob Elsa Schricker die großen Topfdeckel, unter denen das hausgemachte Sauerkraut und die majorangewürzte Kartoffelsuppe köchelte, prüfte die Menge, zählte die emaillierten Behälter mit den rohen Würsten. Dann stocherte sie noch einmal in der Holzkohlenglut und übergab die

Feuerstelle an ihre Vertretung, an die beiden Annis, Frauen mit dem Vornamen Anni, oder an die Resi, die es verstanden, ähnlich sorgfältig wie sie die Bratwürste über der Glut zu bräunen. Schließlich setzte sie sich an den kleinen Tisch und notierte in gestochener Sütterlinschrift den Umsatz des Vormittags. Dann erhob sich Elsa Schricker und schritt leicht vorgebeugt, als ziehe sie eine unbekannte Kraft, schräg über die Thundorferstraße ins Vaterhaus. Dort, im ersten Stockwerk gelangte sie über die Türschwelle ins Biedermeier und wechselte von der Arbeit in der rauchgebeizten Wurstkuchl ins Ambiente des vornehmen Regensburger Bürgertums. Das hatte sie von ihrem Vater geerbt, dem Reiter, Pferdeliebhaber und Sammler von Kostbarkeiten. Seit seinem Tod hatte sie in diesem niedrigen Zimmer mit den kleinen Fenstern zur Donau hin nichts verändert. Alles lag noch so auf dem Barocksekretär, als wäre ihr Vater nur kurz zu einem Ausritt mit Freunden unterwegs. Sie nahm ein Bad, schlüpfte in elegante Gewänder und sah nach, welche Köstlichkeiten ihre Bedienstete aus dem Café Schürnbrand geholt hatte. Das nachmittägliche Kaffeekranzl mit ihren Freundinnen aus der guten Gesellschaft Regensburgs war ihr heilig. Nachmittags umwehte die königliche Bratwurstköchin immer ein Duft von Uralt Lavendel, stets eine Spur zu heftig, wie sich der Walhalla-Verleger Josef Zwickenpflug erinnerte – vielleicht um das Odeur vom Grillrost zu verdrängen. Die Damen kamen gern zur Freundin Elsa. Ihr Witz, ihre Beobachtungsgabe und Schlagfertigkeit machten das Biedermeierzimmer zu einem begehrten Treff. Dort, in dem für sie „altmodischen Möbeltempel", wie sie ihn nannten, fühlten sich die Damen wohl und tauschten den neuesten Ratsch aus. Umgeben von den Schricker-Ahnen, die aus Gemälden von den seidentapezierten Wänden blickten, dem alten Zinngeschirr und den vielen kostbaren alten Uhren, die Schlag 17 Uhr mit silbernem Klang das Kränzchen beendeten, ließ es sich der „Elsa-Zirkel" gut gehen. Wenn die Haustür ins Schloss fiel, begab sich Elsa Schricker zu der kleinen eisernen Wendeltreppe – einer Miniaturausgabe der Wendeltreppe im Domturm – die ins Obergemach führte, und gönnte sich ein erholsames Nachmittagsschläfchen.

*Elsa Schricker in jungen Jahren am Grill der Historischen Wurstküche.*

*Honoratioren und Handwerker an einem Tisch*

In der einstigen Bauhütte der Steinernen Brücke, unter Zinngeschirr und Kupferkesseln, braungebeizten Photos von Faschingsgesellschaften und gruseligen Hochwassermarken lässt es sich vortrefflich speisen und zechen. Diese Mischung aus Historie und Gemütlichkeit bringt Handwerker und Honoratioren eng zusammen. So steht es im alten Reim auch an der Wand: „Ob schlicht, ob fürnehm, ob arm, ob reich: Hier in der Wurstküch' sind Alle gleich!" Der Routinier ruft „Sechse", und weiß, dass ihm sein zweites Frühstück mit Bier und Schwarzer-Kipferl umgehend serviert wird.

Unter Elsa Schricker wurden die Narragonen am Faschingsende nach dem Geldbeutelwaschen in der Donau zu Brotzeit und Umtrunk geladen. So hatte es schon ihr Vater gehalten, der „Cavaliere du Spassvogel" der Regensburger Narragonia, und Tochter Elsa setzte die Tradition fort. Diese Großzügigkeit pflegte sie auch, wenn vormittags der junge Redakteur vom Tagesanzeiger, Werner Widmann, in der niedrigen Tür stand und artig grüßte. Dann servierte sie ihm eine extra große Portion perfekt gebräunter Bratwürste auf Kraut und erklärte den Bedienerinnen, dass Journalisten immer viel Hunger und wenig Geld hätten. Der wortmächtige Regensburger Schnauzbart revanchierte sich und wurde im Lauf der Jahre zum Verehrer der fleißigen Elsa und zum Poeta laureatus der Historischen Wurstkuchl. Auch ein Regensburger Fremdenverkehrsdirektor konnte sich einschließlich seiner immer hungrigen fünf Kinder in der Wurstkuchl stets sicher sein, dass sich die Anzahl der von ihm bestellten Bratwürstl jedes mal auf geheimnisvolle Weise verdoppelte und obendrein gratis waren.

Wenn die Großen der Welt in Regensburg Station machen, werden sie von den Stadtvorderen oft in die Wurstkuchl geladen. Auch dieses Ritual wurde unter Elsa Schricker eingeführt. Die Ehrengäste und Journalisten wussten es zu schätzen, mit welch ungezwungener Herzlichkeit die Königin des Holzkohlenfeuers die Herren – Bundeskanzler, Minister, Schauspieler, Fürsten und sonstige feine und mächtige Leute – im zünftigen Regensburger Dialekt Willkommen hieß: „Ja schau nur her, der Herr Minister persönlich, ja mei, der Hermann Höcherl aus Brennberg im dunklen Anzug." Die Geladenen genossen die Würstl, den hausgemachten Senf und das Kraut, die Kartoffelsuppe und das Bier und die Ehre, sich mit der fröhlichen Herrin der Kuchl ablichten zu lassen. Das besorgten die Pressefotografen Ernst Berger, Otto Ottenbacher, Wilkin Spitta, und ganz besonders liebevoll Dieter Nübler, der die Noblen mit der Elsa Schricker stets prächtig ins Bild rückte.

Zweimal im Jahr fuhr Elsa Schricker mit ihrem kleinen Wagen und ihrer Freundin in die Ferien nach Bad Schallerbach. Sie fuhr sehr gern, aber nicht besonders gut. Sie hatte wohl zu wenig Zeit für diesen „Chauffeurgenuss", wie sie das Wagenlenken nannte. Wenn sie hinterm Lenkrad saß, übersah sie oft die „komplizierten Regeln" des Verkehrs, hatte bis auf ein paar Landungen im Straßengraben und einige blaue Flecken viel Glück. Fuhr sie wieder einmal bei Rot über die Ampel, sagte sie zum erschrockenen Beifahrer ungerührt: „Hoppla, aber es ging doch gut." Als sie in die Jahre kam, durfte sie Jörg Meier in die Sommerfrische fahren und abholen.

Mit weit über 80 Lebensjahren fiel ihr das Stehen vor der Holzkohlenfeuerstelle immer schwerer. Sie saß in der Ecke neben dem Feuer auf einem kleinen Schemel, erzählte von den vielen Hochwassern, die ihre Wurstkuchl heimgesucht hatten, von der Zille, mit der sie das Geschirr vor der erdbraunen Flut drüben ins Haus rettete, von den hohen Herrschaften, die es sich bei ihr wohlsein ließen und die sie auch nicht anders als den Spengler aus der Ostengasse oder den Schreinermeister Berger aus der Engelburgergasse willkommen hieß. Und sie di-

*Schließlich setzte sie sich an den kleinen Tisch und notierte in gestochener Sütterlinschrift den Umsatz des Vormittags.*

rigierte auch in hohen Jahren immer noch die Choreografie des Würstlbratens, das Würzen der Kartoffelsuppe, und achtete beim Holzkohlenachlegen auf die gleichmäßige Glut unterm Eisenrost. Am 23. Oktober 1994 starb Elsa Schricker im Alter von knapp 92 Jahren. Ihr Grab liegt auf dem evangelischen Zentralfriedhof.

SIEGFRIED WITTMER

# Regensburger Synagogen

*Eine bewegte Geschichte vom 12. Jahrhundert bis heute*

*Nach der Zerstörung des salomonischen Tempels in Jerusalem im Jahr 587 vor Christus hatte König Nebukadnezar viele Juden nach Babylon umgesiedelt. Aber ohne Tempel konnten die in dem Land zwischen Euphrat und Tigris angesiedelten Israeliten keine Opfer mehr darbringen. Deshalb mussten sie einen neuartigen Wortgottesdienst entwickeln. Also versammelten sich an jedem Sabbat und an jedem Feiertag in Babylon Juden zunächst in Privat-, später auch in besonders eingerichteten Gebetshäusern, um gemeinsam die Worte der Tora (Pentateuch) zu lernen und zu hören. Diese Versammlungen nannte man Synagogen. Das Wort „Synagoge" bedeutete demnach für Israel zunächst eine Tätigkeit. Erst spätere – vor allem christliche – Generationen verstanden unter „Synagoge" primär ein Haus. Die Synagogen bewährten sich auch in der Epoche des zweiten Tempels in Judäa (515 v. Chr.–70 n. Chr.). Während der erhabene Tempel in Jerusalem eine stabile Institution des jüdischen Staates gewesen war, konnte eine sich aus zehn Männern zusammensetzende Synagoge an jedem Ort, sei es ein Wohnzimmer oder ein Bethaus, und in jedem Land ohne vom Staat besoldete Priester gehalten werden.*

So auch in Regensburg. Hier lebten bis zum Jahr 1096 wenige, aber durch den Handel mit Russland reich gewordene Juden. Sie wohnten noch um die Jahrtausendwende ohne eine besondere Trennung neben den Christen in ihren Häusern am späteren Neupfarrplatz. Ihre Gebete verrichteten sie in einem ihrer Privathäuser. Nachdem zu Beginn des ersten Kreuzzuges in Nordfrankreich und im Rheinland viele Juden ermordet worden waren, flohen etliche Familien, unter ihnen die Rabbis Isaak, Moses und Ephraim, von dem unsicheren Speyer in das relativ sichere Regensburg. Erst jetzt konnte man von einer richtigen Gemeinde sprechen, die sich alsbald eine Synagoge baute.

## Die erste Synagoge (12. Jh. bis 1519)

Im Normalfall gehörte im Mittelalter zu jeder Synagoge eine Männerschul, eine Frauenschul, Räume für Fremde und besondere Anlässe, außerdem ein Ritualbad. Dass der in der ersten Hälfte des 12. Jahrhunderts an der Nordwestecke des heutigen Neupfarrplatzes im romanischen Stil begonnene Synagogenkomplex von Anfang an bereits eine Frauenschul und eine Mikwe besaß, ist unwahrscheinlich.

In der Männerschul widmeten sich – wie es der Name bereits sagt – die Männer, zu denen auch die Buben ab dem 13. Lebensjahr gehörten, dem Studium (Talmud) der in hebräischer Sprache geschriebenen Bibel – vor allem der Tora; aber auch der Propheten und „Schriften". Alle lernten hebräisch lesen. Alle konnten im Laufe der Zeit die wichtigsten Bibeltexte verstehen und auswendig auf hebräisch rezitieren. Beim Gottesdienst wechselte man ab zwischen dem Beten in hebräischer Sprache und

*Innenraum der Männerschul.*
*Radierung von Albrecht Altdorfer, 1519.*

*Vorhalle der Männerschul.*
*Radierung von Albrecht Altdorfer, 1519.*

einem unbefangenem Debattieren in dem damals gesprochenen Mittelhochdeutsch. Jeder durfte in der Männerschul mitreden und aus der Tora vorbeten. Für die Beschäftigung mit der Bibel galt der Satz von Chananja ben Tradjon, einem jüdischen Märtyrer zur Zeit Kaiser Hadrians: Wenn (mindestens) zwei beisammen sitzen und Worte der Tora sprechen, dann weilt der Ewige (Gott) bei ihnen. Die Männerschul war ein Ort der Frömmigkeit und der freien Rede.

Während die Männerschul etwa 95 Quadratmeter umfasste, kam die im Südosten der Synagogenanlage errichtete Frauenschul lediglich auf die Hälfte, denn die Töchter Israels mussten die Synagoge am Sabbat nicht besuchen. Sie trugen die Verantwortung für eine gemütliche Wohnung, für ein geordnetes Familienleben und für ein gutes Essen. In der Frauenschul beteten sie und riskierten sicher durch die Öffnung, die es dort gab, einen Blick in die Männerschul. Diese glaslosen Fenster waren – etwa durch ein Holzgitter – so angelegt, dass zwar die Frauen die Männer, aber die Männer nicht die Frauen sehen konnten.

Das Ritualbad war im Nordwesten der Männerschul unweit des heutigen Tabakwarengeschäftes Götz (Neupfarrplatz 3) eingerichtet worden. Das vollständige Untertauchen in der Mikwe war für jeden Pflicht, so nach einer überstandenen Krankheit, eventuell auch beim Beginn eines neuen Lebensabschnitts. Allerdings setzte das zur seelischen Reinheit führende Bad eine sorgfältige körperliche Reinigung voraus. Die Regensburger Mikwe führte über eine Treppe von circa 22 Stufen bis in eine Tiefe von mindestens siebeneinhalb Metern hinab. Jedes Ritualbad, das nicht wie in Sulzbürg bei Neumarkt direkt aus einer Quelle gespeist wurde, musste bis zum Grundwasserspiegel in die Erde gegraben und mit Mauerwerk entsprechend gefasst werden. Zusätzlich konnte man auch frisches Regenwasser, etwa durch eine Öffnung über der Mikwe, in das unterirdische Becken leiten. Die Besucherinnen des Bades ließen sich gerne von einer Frau, der so genannten Duckerin, begleiten. Dadurch sollte ein Stolpern oder Ausrutschen auf der steilen Treppe vermeiden. Außerdem wurde beim Untertauchen – der Kopf musste vollkommen vom Wasser bedeckt sein – von der Duckerin Beistand geleistet. Ebenso beim Abtrocknen.

Die zur Synagoge gehörenden Räume für Fremde und besondere Anlässe lagen im Südwesten der Männerschul, nördlich der jetzigen Dresdner Bank (Neupfarrplatz 14). In diesen Räumen konnte man Geschäfte jeder Art abschließen, Unterricht halten, Pessachbrot backen und übernachten. Manche sprachen sogar von einem Hospital.

Im 13. Jahrhundert wurde die Männerschul im gotischen Stil umgebaut. Dabei wurde sie um 4,80 Meter nach Westen hin erweitert. Gleichzeitig entstand im Norden eine Vorhalle. Der nunmehr größere Synagogenkomplex entsprach der seit dem 12. Jahrhundert gewachsenen Bedeutung der jüdischen Gemeinde in Regensburg. Zwei von Albrecht Altdorfer angefertigte und erhalten gebliebene Radierungen lassen die Schönheit sowohl der Männerschul als auch der Vorhalle erahnen.

Ab der zweiten Hälfte des 15. Jahrhunderts forderten die in Zünften organisierten Regensburger Handwerker und einzelne Mönche immer lauter die Vertreibung der Juden aus Regensburg. Die einen bangten um ihr wirtschaftliches Wohlergehen, die anderen um das Seelenheil der Christen. Am 21. Februar 1519 hatten sie ihr Ziel erreicht. Abgeordnete des Rates der Stadt verkündeten in der Judengasse, dass nach einer Frist von zwei Stunden mit dem Abriss der Synagoge begonnen werde. Da rafften der Hochmeister und die Ältesten der Gemeinde ihre Torarollen, die heiligen Gefäße, ihre päpstlichen und kaiserlichen Freiheitsbriefe, ebenso ihre alten Schriften, zusammen und trugen sie unter dem Trauerklang eines Klageliedes aus ihrer Schul in die Wohnung des Rabbi Samuel. Dann zerstörten die Juden selbst das Mobiliar, damit ihr Heiligtum nicht durch fremde Hände entweiht werde. Unmittelbar nach dieser Profanierung erstiegen Maurer und Steinmetze das Dach der Männerschul. Prompt stürzte ein Teil des hohen Gewölbes zusammen und begrub den Steinmetzmeister Jacob Kern unter den Trümmern. Weil man den Verunglückten für tot hielt, trug man ihn nach Hause. Doch der von allen als leblos bezeichnete Steinmetz stand zum Staunen der Angehörigen noch am selben Tage wieder auf. Das Volk glaubte an ein Wunder der Gottesmutter, was eine bald einsetzende Marienwallfahrt zur Folge hatte. Genau an dem Ort, wo vorher die Männerschul gestanden hatte, wurde schon im März 1519 eine der Mutter Jesu gewidmete Holzkapelle eingeweiht.

*Vom Schulhalten in Privatwohnungen (1519 bis 1788)*

1519 hatten die Juden mit der Vertreibung aus Regensburg zwar ihr Bürgerrecht verloren, aber als Ausländer kamen sie und andere relativ oft wieder in die Reichsstadt: Zunächst aus dem bayerischen Stadtamhof oder aus dem pfälzischen Sallern oder aus dem leuchtenbergischen Pfreimbd. Später konnten sich auch immer einige Familien als pappenheimische Reichstagsjuden in Regensburg aufhalten. Weil sie keine Synagoge bauen durften, beteten sie gemeinsam in der Wohnung eines ihrer Glaubensverwandten.

Die erste Wohnung, in der Juden von 1519 bis 1550 ihre Schul hielten, war das Haus Nr. 7 in Stadtamhof. Eine zweite Wohnung wurde erst 1690 aktenkundig. Damals feierte Moses Wassermann, der Reichstagsgesandte und Klöster mit Wein belieferte, zusammen mit etlichen Fa-

*Hofmännisches Haus am Unteren Jakobiplatz (heute Arnulfsplatz) um 1700.*

milien in seiner „Behausung" in der Krebsgasse 1/3 Neujahr und den „langen Tag" (Jom Kippur). Christliche Zeugen wussten zu berichten, dass die Wassermanns in ihrem Zimmer sogar „einen Vorschlag vor die Weiber" aufgestellt hätten. Gegenüber dem Rat der Reichsstadt meinte der Vertreter der Grafen von Pappenheim seinerzeit, man könne den Juden das gemeinsame Beten nicht verbieten, wenn sie dies „in abscondito" (nicht öffentlich) täten. Aber im Jahre 1708 gab es in einer weiteren Wohnung – der dritten – Probleme. Auch hier, am Arnulfsplatz 1, wurde der Sabbat gemeinsam gefeiert. Darüber hinaus – so entsetzte sich ein Christ – seien Juden während des Laubhüttenfestes eine ganze Woche lang in einem beim Dach des Hauses „absonderlich aufgeschlagenen Gerüste" gesessen. Kerzen und Lampen hätten dort „so tags als nachts" gebrannt. Man könne es nicht dulden, dass Juden auf dem Dach ihre „Lustbarkeiten und Tänze" sogar während der christlichen Gottesdienste durchführten. Am letzten Tag des „Lauberfestes" tanzten diese pappenheimischen Juden mit einer Torarolle in der Hand; denn sie freuten sich über die Offenbarung Gottes. Auch in der Metgebergasse 10 – Wohnung Nummer vier – hielten die Juden Schule. Überliefert ist das Jahr 1724. Als fünftes Haus, in dem an den Sabbaten gemeinsam gebetet und gelernt wurde, kennen wir den Weißgerbergraben 14 (genannt im Jahre 1760).

*Eine christliche Modellsynagoge*

Eine Synagoge besonderer Art hatte der bedeutende evangelisch-lutherische Superintendent Georg Serpilius in seinem Pfarrhof (Pfarrergasse 5) errichten lassen. Hier hielt seit 1721 ein getaufter Jude – Moritz Wilhelm Christian hieß er – „Collegia Judaica". Die zu didaktischen und katechetischen Zwecken aufgestellte Modellsynagoge war geeignet, das Verständnis für die Juden zu wecken in einer Zeit, in der so mancher Christ in Regensburg die Synagoge als „des Satans Schul" verunglimpfte.

*Die zweite Synagoge (1766 bis 1841)*

In der Zeit der Aufklärung, präzise seit dem Jahre 1766, fungierte in Regensburg zum ersten Mal nach der Vertreibung von 1519 wieder ein Rabbiner. Er hieß Isaak Alexander. Nach dem Urteil des Emmeramer Paters Roman Zirngibl besaß dieser Jude „den besten und getreuesten Charakter". Isaak Alexander hatte nach seinem Studium in Heidelberg und in Fürth in einem Bäckerhaus (Hinter der Grieb 5) zwei Zimmer anmieten lassen. In dem einen Raum fanden 35 Männer, im anderen 28 Frauen Platz. Gegen die Etablierung dieser kleinen Männer- und Frauenschul hat seinerzeit niemand in Regensburg seine Stimme erhoben. Im Gegenteil! Man sprach 1788 erstmals von einer Gemeinde. Nach 1773 konnte sie sich ganz offiziell eine 4 Meter tiefe Mikwe in der Holzländestraße 5 einrichten.

*Die dritte Synagoge (1841 bis 1912)*

Auch bei der dritten Synagoge ging die Initiative von einem Theologen aus. Der 1801 in Fürth geborene Dr. Seligmann Schlenker konnte am 2. April 1841 die neue Synagoge in der Unteren Bachgasse 3/5 eröffnen. Dazu gehörten eine neue Mikwe, ein Schulzimmer, eine Lehrerwohnung, ein Sitzungsraum, ein Zimmer für arme Gemeindemitglieder und ein Platz zum Schächten von Geflügel. Die Kosten für das Grundstück und die einzelnen Baumaßnahmen betrugen 15.500 Gulden. Die aus 23 Familien und 145 Seelen bestehende Gemeinde erhielt gleichzeitig mit der Synagoge eine Synagogenordnung.

*Die 3. Synagoge in der Unteren Bachgasse.*

Die neben dem Rabbiner in die Liturgie eingebundenen Männer saßen oder standen während des Gottesdienstes unten im Betraum. Oben auf einer Galerie hatten die Frauen Platz genommen. Das Innere der Synagoge war in dem seit der Romantik modernen neugotischen Stil gestaltet.

Ab 1888 gab es jedoch laufend Komplikationen. Einmal fiel ein Armleuchter von der Wand. Es wurde gerügt, dass der Aufgang zur Frauengalerie sei „halsbrecherisch" sei. Außerdem fehle eine Feuerschutzvorrichtung. Herabfallende Kerzen hätten einer Dame den Hut „auf dem Kopfe in Brand gesetzt". Eine weitere Dame sei durch den dabei entstandenen Schrecken ohnmächtig geworden. Der seit 1881 amtierende Rabbiner Dr. Seligmann Meyer wies auf die Feuchtigkeit in der Synagoge hin. Er befürchte eine „Versumpfung". An einem Regentag fiel

*Innenansicht der Synagoge in der Unteren Bachgasse.*

ein großes Stück Mörtel „vom Gesimse" der Synagoge auf den geöffneten Schirm eines Passanten, der gerade an dem Haus vorbei ging und ihn „arg beschädigte". Schließlich stürzten im Jahr 1907 während des Betens ganze Teile des Wandverputzes von der Frauengalerie in den Betraum. Der Rabbiner weigerte sich daraufhin, die Synagoge zu betreten. Der Magistrat unterstützte Dr. Meyer mit der baupolizeilichen Schließung des ganzen Gebäudes. Man mietete bis 1912 für die Gottesdienste Räume im Stadttheater, dann im Goldenen Kreuz und schließlich in der Thomaskapelle an.

*Die vierte Synagoge (1912 bis 1938)*

Die Vorväter der im Jahre 1910 insgesamt 493 Seelen zählenden Gemeinde hatten im Laufe des 19. Jahrhunderts das Adjektiv „jüdisch" durch das Wort „israelitisch" ersetzt. Die nunmehrigen Israeliten kauften 1904 in der seinerzeitigen Schäffnerstraße um 55.000 Mark ein Grundstück für eine neue Regensburger Synagoge, die vierte in dieser Abhandlung. 1911 wurde der 300.000 Mark teure und repräsentative Kuppelbau begonnen. Seine Ostseite war durch zwei Rundtürme besonders hervorgehoben. Im Westen schloss ein Gemeindehaus mit Betsaal, Volksschule und Mikwe den ganzen Komplex ab. Für die Männer standen im Erdgeschoss der Synagoge 290 Plätze, für die Frauen auf der Galerie 180 Sitzplätze zur Verfügung.

Bei der Einweihung am 29. August 1912 trugen die Herren einen Zylinder. Für die musikalische Umrahmung der Feier sorgte das Musikkorps des königlich-bayerischen 11. Infanterie-Regimentes. Bürgermeister Dr. Otto Geßler versprach, die Synagoge in den „Schutz und Schirm" der Stadt zu nehmen. Aber noch rüder als 1519 zerstörte 26 Jahre später der nationalsozialistische Pöbel mit Duldung des Oberbürgermeisters Dr. Otto Schottenheim in der Nacht vom 9. auf den 10. November 1938, der

*Die 1912 eingeweihte 4. Synagoge in der seinerzeitigen Schäffnerstraße, heute Brixener Hof.*

sog. „Reichskristallnacht", diesen Bau. Kurz vor Mitternacht fuhren an die 100 zumeist auswärtige, junge Leute in „Hitler-Uniform" mit mehreren Lastautos vor die Synagoge. Sie waren von der Motorsportschule in der Maxhüttenstraße gekommen. Sie schlugen die Fenster ein, brachen Türen auf, schleppten Kanister in den Betraum, übergossen Bänke, Polster, Bilder, Vorhänge und mitgebrachte Putzwolle mit Benzin. Dann zündeten sie an. Zeitgleich wurde die Feuerwehr auf „Befehl von oben" am Ausrücken gehindert. Erst als gegen 1.20 Uhr die Kuppel der Synagoge einstürzte, traf sie am Brandplatz ein, beschränkte sich aber auf den Schutz der Nachbarhäuser. Um 2.30 Uhr war die Synagoge total zerstört. Der Hauptschuldige hieß Wilhelm Müller-Seyfferth.

## Die fünfte Synagoge (seit 1971)

Am 29. Januar 1971 wurde genau an derselben Stelle, an der bis 1938 die in den Jahren 1911/12 erbaute Synagoge gestanden war, eine neue Synagoge eingeweiht. Hans Rosengold, Vorstandsmitglied der jüdischen Gemeinde, begrüßte die Gäste, unter ihnen den Oberbürgermeister Rudolf Schlichtinger. Dann führte er aus: Es sei eine würdige Stätte für den Gottesdienst, gleichzeitig aber auch ein Saal zur Durchführung von Veranstaltungen mit einer Kapazität von rund 120 Personen erstellt worden. Er wies darauf hin, dass die ungewöhnliche Bruchsteinwand an der Außenfront der neuen Synagoge die immer wieder unterbrochene Geschichte der Juden in Regensburg symbolisiere. Auf einen Zaun habe man bewusst verzichtet, weil man offen sein wolle. Die Synagoge lade nach Jesaias 56,7 alle Völker zum Gebete ein. Durch die große Unterstützung, welche die Gemeinde von den Behörden erhalten habe, sei auch die komplette Renovierung des 1938 nicht zerstörten Gemeindehauses und mit ihm des kleinen Betsaales möglich geworden.

Die 1971 eingeweihte Synagoge ist ein ebenerdiger Bau, in dem man auf eine Trennung der Geschlechter verzichtete. Im Hof wird alljährlich im Herbst eine Laubhütte aufgestellt. 1986 brachte die Stadt Regensburg an der Ostwand der Synagoge eine Tafel an, in der an das den Israeliten in der Zeit von 1933 bis 1945 zugefügte Leid erinnert wird.

*Enthüllung der Gedenktafel an der 5. Synagoge im Jahr 1986: Hans Rosengold, OB Viehbacher, Kulturdezernent Dr. Meyer, Bürgermeister Hofmaier, Vorbeter Lev Hermann (v. links).*

THILO BAUER

# „In diesen heiligen Mauern ..."
## Wo sich die Regensburger Freimaurer trafen

*Um Gesellschaften, Clubs und Zirkeln, die nicht unbedingt jedem zugänglich sind oder von denen Otto-Normal-Bürger vielleicht nur mal den Namen gehört hat, aber nichts Näheres damit anzufangen weiß, ranken sich Mären und Gerüchte bis hin zu Verleumdungen. Die Gesellschaft der Freimaurer ist von diesen skurilen Märchen bis in die Gegenwart betroffen. Seit 1765 gibt es in Regensburg Freimaurerlogen. Die Häuser, in denen die rituellen Arbeiten, die geselligen Abende oder die philosophischen Vorträge stattfanden, sind bei den Regensburgern jedoch wenig bekannt.*

In welchem Gebäude in Regensburg das erste freimaurerische Licht entzündet wurde, wird weiterhin ein Geheimnis bleiben, da diese „heiligen Mauern" aufgrund der Quellenlage nicht mehr bestimmt werden können. Da der Stifter der ersten Regensburger Freimaurerloge „St. Charles de la Constance" kein Geringerer war als Seine Durchlaucht Fürst Carl Anselm von Thurn und Taxis, liegt die Vermutung nahe, dass sich die Brüder – wie bei einer Hofloge üblich – im Hause des adligen Initiators und Protektors trafen. Bereits zwei Jahre später wurde in der alten Ratisbona eine weitere Loge gegründet.

Als sich am 1. Mai 1767 etwa 14 Regensburger Freimaurer im schwarzen Frack mit Zylinder und weißen Handschuhen aufmachten, um pünktlich bei der konstituierenden Versammlung der zu gründenden neuen deutschen Loge „Die Wachsende zu den drei Schlüsseln" einzutreffen, mussten die Brüder das Emmeramer Stadttor verlassen. Das Ziel für diesen Abend war das Gartenhaus des vermögenden Handelsherren Ludwig Leonhard von Schkler, der die Freimaurerei auf seinen zahlreichen Reisen nach England, Frankreich, der Schweiz und in das Elsass kennengelernt hatte. Zeugen noch die repräsentativen Stadtpalais der Dittmers und Löschenkohls am Haidplatz bzw. am Neupfarrplatz von den glänzenden Zeiten des Regensburger Wirtschaftslebens, so ist heute in der Stadt kein steinernes Zeugnis mehr zu finden, welches an den Namen der Kaufmanns- und Handelsfamilie Schkler erinnert.

Hatte sich der Handelsherr Georg Friedrich Edler von Dittmer für ein Gartenhaus am Oberen Wöhrd entschieden (Lauser-Villa), der Bankier Hieronymus Löschenkohl sein Gartenhaus (heute Restaurant Rosenpalais) in dem im 18. Jahrhundert wenig bebauten „Krautererviertel" (heute Minoritenweg 20) erbauen lassen, so stand das großzügige Gartenanwesen des Ludwig Leonhard von Schkler vor der mittelalterlichen Stadtbefestigung. Nur noch ein Kupferstich von Johann Mayr „Prospect der des Heil. Römischen Reichs Freyen Stadt REGENSBURG" von 1780 weist klar und deutlich mit der eingezeichneten Benennung „Schkler Garten" auf dieses verschwundene Anwesen hin, in welchem die große, traditionsreiche Regensburger Logengeschichte eingeläutet wurde, die sich mit Unterbrechungen bis heute fortsetzt. Nach der Gründung dieser deutschen Freimaurerloge im Schklerschen

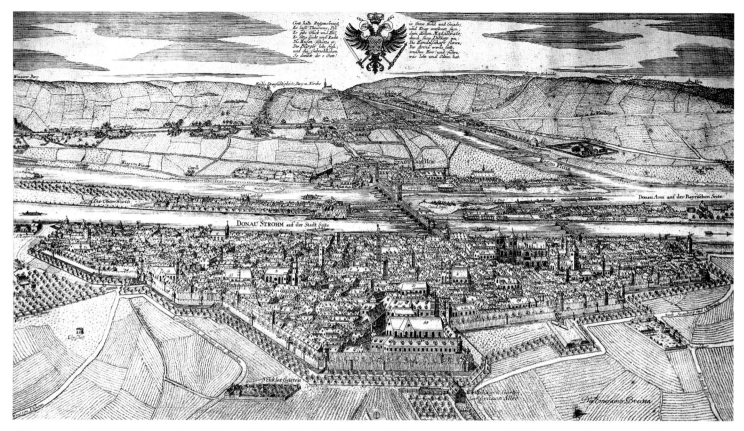

*Prospect der Reichs Freyen Stadt Regensburg, Kupferstich von Johann Mayr, 1780: links unten der sog. „Schkler-Garten", Versammlungsort der ersten Regensburger Freimaurer.*

Gartenhause fanden die Veranstaltungen in den nächsten 85 Jahren ausschließlich im traditionsreichen Hotel „Goldenes Kreuz" statt. Vermutlich vermittelte der damalige Wirt des Hotels den sogenannten Kaisersaal im ersten Obergeschoss der alten Kaiserherberge als Logentreffpunkt, da dieser zu den Gründungsmitgliedern zählte und in den folgenden Jahren in der Loge „Die Wachsenden zu den drei Schlüsseln" das Amt des „Bruder Ökonomen" ausübte. Auch die nachfolgenden vier Wirte des Hotels waren Logenmitglieder und unterstützten somit das Wirken der Loge. Wie die Logenräume bzw. der Freimaurertempel zu dieser Zeit im Goldenen Kreuz aussahen, lässt sich nur mehr erahnen aus einer Niederschrift, welche die Form der Einladung, den Termin und den äußeren Rahmen für den Besuch des damaligen Erbprinzen Karl Alexander von Thurn und Taxis im Jahre 1789 festlegt:

„... 3. Solle der Prinz bei seiner Ankunft durch den Bruder Ceremonienmeister und Bruder Baron von Freydl, an der Thür des Gasthauses empfangen, und durch sie in die ☐ ☐ Zimmer geführt werden. 4. Sämtliche Oficiers der ☐ sollen in der ☐ an Ihren Plätzen den Prinzen daselbst erwarten; die übrigen Brüder aber sollen in den gewöhnlichen Tafel-Zimmer zu beiden Reihen den Prinzen empfangen, und Ihn sodann paarweise in die obegleiten: 5. Die ☐ u. übrigen Zimmer sollen so viel wie mögl. ist, mit Lichtern und andern Meublements mehr erleuchtet u. verzieret werden."

Im Dezember 1852 wurde in den „heiligen Mauern" am Haidplatz die vorerst letzte Logenversammlung abgehalten. Erst 1904 wird in Regensburg die freimaurerische Tradition weitergeführt mit der Gründung der Loge „Walhalla zum aufgehenden Licht". Der Regensburger Kaufmann und königlich-rumänische Konsul Josef Leis war der erste Meister vom Stuhl dieser neu errichteten Freimaurerloge. Getroffen haben sich die Logenmitglieder im Parkhotel Maximilian, in dem sie wieder prächtige Veranstaltungsräume fanden. Doch bereits im April des folgenden Jahres zog man aus dem Hotel aus und war zum Hochfest der Maurerei, dem Johannisfest (24. Juni) ohne Bleibe. Unterschlupf für eine Tafelloge fand man in einem anderen Traditionshotel, dem Hotel „Zum grünen Kranz" in der Obermünsterstraße. Dort beschränkte man sich aber nur auf eine Tafelloge und ließ die rituelle Tempelarbeit ruhen. Als Bruder Josef Leis als Gründungsstuhlmeister das stattliche Anwesen in der heutigen Adolf-Schmetzer-Straße 4 (früher Straubinger Straße 2) käuflich erwarb, stellte er der Loge zwei Räume zur Verfügung, welche von den Brüdern ausgestattet wurden. Eine Bildpostkarte zeigt das Gebäude sowohl von außen als auch von innen. Im dort abgebildeten Clubraum hängt an der Wand über dem Flügel das vermutlich von Gottfried Valentin Mansinger geschaffene Ölporträt, das den Fürsten Karl Alexander von Thurn und Taxis im Freimaurerornat zeigt.

Der Freimaurer Leis, welcher seiner Loge so großzügig Gastfreundschaft in seinem Hause gewährte, verkaufte 1912 das Anwesen an den katholischen Mädchenschutzverein. Der Grund für den Verkauf der Immobilie ist nicht bekannt, vermutlich hatte es aber finanzielle Gründe gegeben, da Josef Leis im folgenden Jahr im neu errichteten Regensburger Petroleumhafen (Luitpoldhafen) in den Betrieb seines Ölwerkes J. Leis investieren musste und damit in den deutsch-rumänischen Ölhandel einstieg. Zwischen der Loge „Walhalla zum aufgehenden Licht" und Josef Leis existierte zwar ein gültiger Mietvertrag, doch um Leis Unannehmlichkeiten mit dem katho-

*Briefkopf der Regensburger Loge „Walhalla zum aufgehenden Licht".*

lischen Mädchenschutzverein zu ersparen, zog man am 1. April 1912 aus dem Gebäude aus und war damit wieder ohne feste Bleibe.

Nun musste der Beamtenrat der Loge schnell handeln, um die Veranstaltungen für die Brüder im gewohnten Rahmen fortsetzen zu können und nicht aus Raumgründen die Logenarbeiten einstellen zu müssen. Umgehend engagierte sich das Logenmitglied Kommerzienrat Fritz Schricker, der damalige Direktor der Regensburger Brauhaus AG, um seiner Loge aus der Misere zu helfen. Die Immobilie Obermünsterplatz 10a, die im 19. Jahrhundert von Johann Zacharias, dem Sohn des bekannten Regensburger Dekorationsmalers Joseph Zacharias, als Brauereibetrieb genutzt wurde und zu dieser Zeit im Eigentum der Regensburger Brauhaus AG war, sollte nun für die nächsten Jahre der Freimaurerei in Regensburg eine feste Bleibe werden. Schnell beauftragte man das Bauunternehmen Hans Schricker (vorm. Christian Zinstag), mit dem Umbau des Gebäudes zu beginnen.

In welchem Umfang die Umbauten unter der Regie des Firmeninhabers, Architekten und Logenbruders Hans Schricker vorgenommen wurden, lässt sich heute nicht mehr rekonstruieren. Tief in die Bausubstanz eingreifend können diese jedoch nicht gewesen sein, da bereits wenige Wochen nach Baubeginn, am 12. Mai 1912 die feierliche Lichteinbringung durch den Großmeister der in Bayreuth ansässigen Großloge „Zur Sonne" gefeiert werden konnte. Ausgestattet wurden die Räume für damalige Verhältnisse komfortabel. Das künftige Logenhaus erhielt neben dem obligatorischen Tempelraum, ein eigenes Clubzimmer und einen Speiseraum, darüber hinaus verfügte das Gebäude über eine separate Musikloge im Dachgebälk. Für eine angenehme Temperatur in den Wintermonaten sorgte die neu eingebaute moderne Warmluftheizung.

*Postkarte der Regensburger Loge „Walhalla zum aufgehenden Licht".*

War das Haus anfangs von der Brauhaus AG mietweise übernommen worden, so mussten sich die Logenbrüder einige Jahre später dazu entschließen, die Immobilie käuflich zu erwerben, da das Gesamtgrundstück zum Verkauf anstand. Um nun die „heiligen Mauern" am Obermünsterplatz 10a für die Freimaurei sichern zu können, brachten die Logenmitglieder in kürzester Zeit durch das Zeichnen von sogenannten Anteilsscheinen die für damalige Verhältnisse stattliche Summe von 30 000 Mark auf.

Durch Austritt von sieben Brüdern kam es 1924 in Regensburg zu einer Logenneugründung. Die neu gegründete Loge „Drei Schlüssel zur treudeutschen Bruderschaft" fand ihren neuen Versammlungsort im Anwesen mit der damaligen Anschrift Straubinger Straße 34 (heute Adolf-Schmetzer-Str. 44). Dieses Gebäude, ein zur Straße ausgerichteter oktogonaler Kapellenbau, gehörte bis zur Säkularisation zum adligen Damenstift Niedermünster und war als Kapelle ein Teil des ehemaligen Leprosenspitals. Danach ging der Gebäudekomplex der ehemaligen Heimstätte für Aussätzige in private Hände über und diente zunächst als Schankwirtschaft. Ab 1873 nutzte der wohlhabende Fabrikant Ingenieur Max Schöpf das Gesamtgelände als Maschinenfabrik. Max Schöpf, welcher zu den Mitgliedern der neuen Regensburger Loge „Drei Schlüssel zur treudeutschen Bruderschaft" gehörte, vermietete in der ehemaligen Kapelle Räume für die Logenveranstaltungen.

Der wirtschaftliche Zusammenbruch Schöpfs war der Grund, dass diese Loge schon einige Jahre später wieder ausziehen musste und sich die Brüder um neue Räumlichkeiten kümmern mussten. Unterstützung fanden sie in dieser mißligen Lage bei ihren freimaurerischen Brüdern vom Obermünsterplatz 10a. Diese stellten ihnen Räume ihres Logenhauses mietweise zur Verfügung. Damit war die Regensburger Freimaurerei wieder örtlich auf dem Obermünsterplatz konzentriert.

Um den baulichen Zustand der „heiligen Mauern" am Obermünsterplatz 10a auch zu sichern, hat der Eigentümer des Logenhauses, die Loge „Walhalla zum aufgehenden Licht i. Or. Regensburg" dementsprechend in seinen 1929 in gedruckter Form erschienenen Hausgesetzen reagiert und unter § 35 die Verantwortlichkeit dafür in der Loge festgelegt:

„Der zweite Schaffner ist für Pflege und Erhaltung des Logengebäudes, der Logenräume und des Hausin-

*Die Loge „Drei Schlüssel zur treudeutschen Bruderschaft" traf sich in einer ehemaligen Kapelle des Damenstifts Niedermünster, später Leprosenspital, Gaststätte und Maschinenfabrik (Adolf-Schmetzer-Straße 44).*

ventars verantwortlich. Er hat deshalb mindestens einmal jährlich das ganze Haus auf den baulichen Zustand und erforderliche Reparaturen zu besichtigen und Antrag auf Bewilligung der Mittel zur Instandsetzung für den jährlichen Voranschlag zu stellen."

Als die Reichstagswahlen Ende Januar 1933 die Nationalsozialisten und ihr Programm an die Macht brachten, sollte das Ende der Freimaurerei am Obermünsterplatz besiegelt sein. Wie auch andere eingetragene Vereine hat die Loge „Walhalla zum aufgehenden Licht" in ihren Hausgesetzen von 1929 u. a. bestimmt, was mit den Vermögenswerten im Falle einer Vereins-Auflösung geschehen solle:

„Wird Auflösung beschlossen, so hat die letzte ordentliche Mitgliederversammlung über Logenvermögen Bestimmungen zu treffen. Dieses darf nicht unter die Mitglieder verteilt werden. Das rein-freimaurerische Inventar und die Bücherei gehen in die Verwahrung und nach zehn Jahren in die Verfügungsmacht der Großloge „Zur Sonne" über. Das übrige Hausgerät und das Haus selbst darf auf die Dauer von zehn Jahren nicht veräußert werden, um das Wiederaufleben einer Loge zu ermöglichen. Für diese Zeit ist von der Großloge „Zur Sonne" ein Treuhänder zu bestellen, der das Anwesen nutzbringend und sorgfältig zu verwalten hat."

Nachdem Reichsmarschall Hermann Göring im März 1933 verkündete, dass in einem nationalsozialistischen Staat faschistischer Prägung kein Platz für Freimaurer sei, kam es aufgrund des zunehmenden politischen Druckes genau zu dem, was in § 38 der Hausgesetze so explizit geregelt ist. Doch die Bestimmungen der Hausgesetze konnten bei der am 20. April 1933 erfolgten Selbstauflösung nicht respektiert werden. In ganz Deutschland wurden die Logenhäuser zwangsverkauft. Oft wurden diese dann von Parteiorganisationen genutzt oder in Anti-Freimaurer-Museen umfunktioniert, wie es in Chemnitz, Düsseldorf, Erlangen, Hannover oder Nürnberg der Fall war. Den „heiligen Mauern" der Freimaurer am Obermünsterplatz blieb Letzteres erspart. Obwohl in der Ausgabe des Regensburger Adressbuches von 1934/35 noch die „Freimaurerloge Walhalla zum aufgehenden Licht" als Eigentümer der Immobilie eingetragen ist, fand der notariell besiegelte Eigentümerwechsel bereits im November 1933 statt. Neuer Eigentümer wurde die Bischöfliche Knabenseminarstiftung. Durch die Baumaßnahmen am Komplex der ehemaligen Obermünster-Brauerei in den Jahren 1972–1974 fiel auch das einstmalige Logenhaus der Spitzhacke zum Opfer. Damit wurde nicht nur die Adresse Obermünsterplatz 10a, sondern auch Stein gewordene Regensburger Logengeschichte endgültig liquidiert.

Nach dem Krieg fanden sich am 23. Februar 1948 in der ehemaligen Thomaskapelle, Am Römling 12, Freimaurer ein, die die Bedingungen des Gesetzes zur „Befreiung von Nationalsozialismus und Militarismus" erfüllten, um das freimaurerische Leben in der Stadt offiziell wieder zu erwecken und eine neue Loge mit dem Namen „Drei Schlüssel zum aufgehenden Licht" zu gründen. Nach fast 34 Jahren der freimaurerischen Arbeit mit wechselnden Logenlokalitäten, welche für die Arbeiten und Zusammenkünfte nicht immer optimal geeignet waren, fanden die Regensburger Freimaurer 1981 ihre neuen „heiligen Mauern". Diese Miträume sind nicht nur zentral gelegen, sondern geben auch den Veranstaltungen einen ansprechenden und würdigen Rahmen.

Wo sich nun diese Räume heute befinden, wird vom Autor nicht genannt. Ein kleiner Tipp dazu: Freimaurerlogen sind eingetragene Vereine und stehen nicht selten sogar mit Anschrift im Telefonbuch.

Der Autor bedankt sich sehr herzlich beim Mentor und Nestor der Regensburger Freimaurerei, Herrn Hans Gattermeyer, für zahlreiche Hinweise und Auskünfte.

GEORG OPITZ

# Die Zeitler-Klinik

*Vom Anfang und Ende einer Regensburger Privatklinik*

*Die Zeitler-Klinik in der Luitpoldstraße – 1929 von dem Regensburger Arzt Dr. Franz Zeitler als Regensburger Privatklinik gegründet – wurde im Oktober 2002 vom Krankenhaus der Barmherzigen Brüder in die St. Hedwig Klinik übernommen. Dr. med. Georg Opitz, der letzte Besitzer und Chefarzt der traditionsreichen Privatklinik, erzählt die Geschichte der Zeitler-Klinik.*

Krankenhäuser im modernen Sinn, um Kranke zur Behandlung vorübergehend aufzunehmen und zu behandeln, sind eigentlich erst in der zweiten Hälfte des 18. Jahrhunderts entstanden. Vorher waren solche Häuser mehr Bewahranstalten und Instrument der Armen- und Krankenfürsorge. Ab dem 19. Jahrhundert haben sich auf Grund der fortschreitenden wissenschaftlichen Kenntnisse die heutigen Krankenanstalten aus einfacheren Formen entwickelt und in verschiedene Fachgebiete aufgefächert. In der neuen und neuesten Zeit sind viele hoch und höchst spezialisierte Teilgebiete daraus geworden. Neben den anfangs nur konfessionellen oder kommunalen Trägern gibt es seit Ende des 19. Jahrhunderts von Wien ausgehend eine neue Art von Spitälern, nämlich die „Privatkrankenhäuser".

So genannt deshalb, weil sie privat unterhalten werden, von keiner Institution. Sie waren ursprünglich für die Reichen gedacht und wurden kommerziell mit Profit betrieben. Daher stammt auch die Vorstellung, dass eine Privatklinik nur reiche Privatpatienten exklusiv und teuer behandelt und sich „armen Kassenpatienten" verweigert. Das war vielleicht früher einmal so, heute hat sich das grundsätzlich geändert. Heute ist eine Privatklinik ein Krankenhaus wie jedes andere, Partner der Kostenträger und für alle Patienten da. Eben privat betrieben, oft von einem Arzt. Deswegen findet man auch häufig, dass sich kleinere Kliniken dieser Art auf das Fachgebiet des Betreibers beschränken. Es gibt natürlich auch große Privatkrankenhäuser mit vielen oder auch fast allen Fachabteilungen.

Im Jahre 1929, nachdem das Krankenhaus der Barmherzigen Brüder eröffnet war und die Städtischen Krankenhäuser aufgelöst wurden, hatte der Regensburger Arzt Dr. Franz Zeitler eine private Klinik eingerichtet – die „Klinik Dr. Zeitler", in Regensburg kurzerhand „Zeitler-Klinik" genannt.

Er war Facharzt für Chirurgie und Frauenheilkunde, hatte lange Zeit im Krankenhaus gearbeitet und plötzlich keine Möglichkeit mehr, weiter operativ und klinisch tätig zu sein. Als Oberarzt und Schwiegersohn des letzten Leiters der Städtischen Krankenhäuser am Ägidienplatz und in der Greflinger Straße, des Sanitätsrates Dr. Lammert, verfügte er über sehr gute Kontakte in der Regensburger Gesellschaft und orientierte sich offenbar an der Klinik Dr. Dörfler, die von 1903 bis 1937 in der Sedanstraße bestanden hatte.

Es wurde ein geeignetes Haus gesucht und man fand es in der Luitpoldstraße, damals 13, heute 11b. Dort, in einer herrschaftlichen Villa, wohnte ein fürstlich Thurn und Taxis'scher Oberdomänenrat, der Justizrat Dr. Alfred Diepolder, mit seiner Familie. Eine seiner Töchter war die 1996 verstorbene Dr. Irene Diepolder (Almanach 1997). Das Haus gehörte ihm und war 1900 von einem fürstlichen Oberbaurat erbaut worden. Dr. Diepolder wollte zu dieser Zeit aus familiären Gründen aus dem großen Haus ausziehen, um in eine, ebenfalls fürstliche Wohnung in der Von-der-Tann-Straße 32 zu übersiedeln. Für Dr. Zeitler waren Größe und Lage dieses Hauses ideal: Erdgeschoss, 2 Stockwerke, viele Zimmer, Küche und Bügelzimmer im Keller. Ein recht großes Grundstück, nahe am Stadtzentrum mit Vorgarten an einer Allee und ein Hinterhaus für eine Wäscherei.

Er erwarb das Haus und baute es für seine Zwecke um: Operationssaal, Untersuchungsräume, Speiseaufzug aus der Küche, Zentralheizung, ein Stockwerk wurde daraufgesetzt, kleinere (private) und größere Krankenzimmer mit mehreren Betten. Sogar ein Refektorium.

Es gelang ihm, was besonders wichtig war, die Blauen Schwestern von der Heiligen Elisabeth zu gewinnen, die Pflege zu übernehmen. Diese leisteten aufopfernde Arbeit und trugen entscheidend zum guten Ruf der Klinik bei. Auch freischaffende Hebammen wurden gefunden, sie übernahmen die Aufgaben im Entbindungs- und Säuglingszimmer.

Entsprechend dem Stand der damaligen Kenntnisse wurden operative Fälle des Gebietes der Chirurgie behandelt und Geburtshilfe getrieben. Die Klinik erfreute sich eines guten Rufes und man trifft heute noch häufig Leute in und um Regensburg, die in der „Zeitlerklinik" operiert wurden oder wie Orphée-Wirt Neli Färber dort das Licht der Welt erblickten.

Dr. Zeitler hatte einen Sohn, der auch Arzt wurde, aber das Fachgebiet der Radiologie wählte. Seine Tochter heiratete einen Chirurgen, Dr. Otto Schanz, der sein Mitar-

*Dr. med. Opitz mit seinem Sohn George vor der Klinik.*

beiter und später sein Nachfolger wurde. An einem Krebsleiden, das man nicht erfolgreich behandeln konnte, starb Dr. Zeitler 1945 bereits im Alter von 59 Jahren. Er hatte sein Haus 16 Jahre lang geleitet.

Dr. Schanz ist in das Werk seines Schwiegervaters eingetreten und führte es als Chefarzt nahtlos fort. Auch er erarbeitete sich einen guten und bekannten Namen. In seiner Zeit wurde im Haus eine Röntgenanlage installiert. Außerdem entstand später ein Anbau, in dem Dr. Zeitler junior vorübergehend sein Röntgeninstitut hatte. Unglücklicherweise erkrankte auch Dr. Schanz schwer krank und starb 1955 nach nur zehn Jahren Tätigkeit. Und merkwürdigerweise war auch seinem Nachfolger, Dr. Gustav Heid, kein langes Leben und Wirken bestimmt – er starb nur ein Jahr später.

So übernahm 1956 der Chirurg Dr. med. habil. Franz Golla die Position des Chefarztes. Bisher hatte die Familie Zeitler, besonders Frau Irma Zeitler, die Aufgabe der Verwaltung übernommen. Verglichen mit heute war das noch verhältnismäßig einfach, musste aber immerhin erledigt werden. Denn auch damals schon gab es Kostenträger und Krankenkassen, mit denen zu verhandeln war. Dr. Golla hatte die Klinik gepachtet und deshalb war er auch für die Verwaltung zuständig. Für ihn hat dies seine Gattin, Frau Herta Golla, 14 Jahre lang bis 1970 hingebungsvoll erledigt.

Der neue Chefarzt war ein vielseitiger Operateur, der seine Ausbildung an der renommierten medizinischen Fakultät der Universität Prag erhalten hatte. Sein Lehrer, Prof. Schloffer, war ein international bekannter Chirurg. So ist die übernommene Qualität bestens weiter geführt und das operative Spektrum sogar noch erweitert worden. Wie seine Vorgänger hatte auch Dr. Golla seine Sprechstunden im Haus und bekam zusätzlich Patienten zur stationären Behandlung von den niedergelassenen Kollegen überwiesen.

Wie es üblich und notwendig war, wurden Patienten damals länger als heute stationär behalten und dafür waren 45 Krankenbetten nötig und vorhanden. Ende der fünfziger Anfang der sechziger Jahre war Dr. Golla einer der ersten, der die sogenannte Intubationsnarkose in Regensburg einführte.

Wie schon Dr. Zeitler und Dr. Schanz hatte auch er Assistenten und ärztliche Mitarbeiter, die viel lernen und Erfahrung für ihre medizinische Ausbildung sammeln konnten. Die blauen Schwestern waren einige Zeit nach der Gründung der Hedwigsklinik leider nicht mehr in der Lage, auch die Zeitlerklinik mit zu versorgen und mussten 1960 ausscheiden; ein herber Verlust! Dr. Golla war daher gezwungen, einen neuen Personalbestand aufzubauen.

Die Klinik war ein sogenanntes Belegkrankenhaus und das bedeutet, dass Ärzte dort Betten „belegen" können, um ihre Patienten auch klinisch zu behandeln. Dr. Golla war im Gegensatz zu einem festangestellten Chefarzt „Belegarzt". Das heißt, er bezog kein Gehalt, sondern rechnete mit den Kostenträgern selbst ab und zahlte Pacht an die Besitzer. Es gab noch einen weiteren Belegarzt, der im Hause operierte, den damals bekannten Hals-Nasen-Ohren Facharzt Dr. Papesch.

Der Gründer der Klinik war Chirurg und Frauenarzt gewesen, Dr. Golla hingegen war ein Facharzt für Chirurgie. Deshalb war es notwendig, dass ein Frauenfacharzt jetzt die Geburtshilfe übernahm. Diese Aufgabe fiel an den aus Ostpreußen stammenden Dr. Walter Funke, der eine Regensburgerin geheiratet hatte und der seine Praxis in der Stadt führte. Zusammen mit den Hebammen kümmerte er sich um die Geburten. Im Jahre 1966 musste Dr. Funke aus Alters- und Gesundheitsgründen seine ärztliche Tätigkeit einstellen und es wurde ein Nachfolger gesucht.

Ich war zu dieser Zeit nach einer umfassenden klinischen Ausbildung zum Frauenarzt, z. T. in den USA,

*Die Fürstenkinder waren die prominentesten Babies, die in der Opitz-Klinik zur Welt gekommen sind.*

Oberarzt an einem großen Krankenhaus in Frankfurt am Main und hatte Pläne, mich niederzulassen. Mir ging es so, wie es Dr. Zeitler 1929 gegangen war: Ich wollte zusätzlich zur Praxis auch weiter klinisch arbeiten.

Da die Oberpfalz nach 1945 meine Heimat geworden war und ich als Student der Philosophisch-Theologischen Hochschule Regensburg schon recht gut kannte, ergriff ich die Gelegenheit, zog mit meiner Familie 1967 hierher und übernahm die Praxis Dr. Funke am Kassiansplatz. Dr. Golla war froh, wieder einen Frauenarzt als Belegarzt zu haben und ich war für die mir gebotene Möglichkeit dankbar.

In meiner Ausbildungszeit sind sehr viele neue Ideen und Methoden in dem Spezialgebiet entstanden und entwickelt worden und ich konnte diese Neuerungen sozusagen mitbringen. Zusammen mit den Mitarbeitern und den Hebammen der Klinik ist es mir gelungen, die Patienten- und Geburtenzahl stetig zu steigern. Durch den erfahrenen Chefarzt konnte ich sogar meine vorhandenen operativen Möglichkeiten erweitern und verbessern. So hatte ich den Platz gefunden, der mir zusagte.

1967 war Dr. Golla 65 Jahre alt geworden und begann allmählich über den Ruhestand nachzudenken. Damit stellte sich die Frage, wie es mit der Klinik nach fast 40 Jahren weiter gehen sollte. Besitzer war noch die Familie Zeitler und der Pächter dachte ans Aufhören. Man kam zu dem Schluss, dass es am Besten wäre, zu verkaufen. Über längere Zeit wurden Verhandlungen geführt und 1970 war es schließlich soweit.

Frau Irma Zeitler – mit Sohn Dr. Karl-Heinz Zeitler und Tochter Frau Ruth Schanz – und ich trafen uns beim Notar und plötzlich war ich Besitzer der Klinik Dr. Zeitler und Dr. Golla waren bei mir Belegarzt.

Aber nicht nur das war ein Einschnitt. Die Erfordernisse machten es notwendig, diverse Änderungen vorzunehmen. Weil sehr viele sogenannte Funktionsräume gebraucht wurden, ist die Bettenzahl vermindert worden. Röntgen wurde nicht mehr gebraucht, Operationssaal, Entbindungsräume und Kinderzimmer waren zu erweitern, die sanitären Anlagen mussten modernisiert werden, und das Wichtigste war ein Bettenaufzug. Diese 1970 begonnene bauliche Modernisierung hat eigentlich nie aufgehört. Gesundheitsamtliche, hygienische und feuerpolizeiliche Verordnungen hatte ich zu erfüllen. Bequemer sollte es sein, weniger Mehrbettzimmer, jedes Zimmer mit Nasszelle, Frühstücksraum, Telefonanlage und Fernsehen. Ein zweites Treppenhaus, einmal sogar ein neues Dach. Es gab große und kleinere Bauabschnitte.

Auch organisatorische Änderungen mussten sein. Patienten und Geburten wurden mehr, es wurde mehr Personal gebraucht, begrenzte Arbeitszeiten, Schwestern im OP, im Kinderzimmer, auf Station, in der Nacht, die Hebammen vermehrten sich für den Schicht- und Außendienst; für den ärztlichen Dienst mussten Assistenzärzte mitarbeiten. Diese halfen auch in der umfangreichen Sprechstunde. Belegärzte sind hinzugekommen: niedergelassene Frauenärzte, ein Kinderarzt und ein Narkosearzt. Ein Apotheker wurde Vorschrift. Und dann die moderne Verwaltung, eine Kunst für sich! Viel „Teamwork" wurde gebraucht und erbracht.

Die Klinik Dr. Zeitler war in Klinik Dr. Opitz umbenannt worden, Dr. Golla ging in den Ruhestand und in Regensburg hat man nach etwa zwei Jahren nicht mehr „Zeitlerklinik" gesagt, sondern Opitz-Klinik. Aus dem Haus war eine Frauenklinik geworden. Hier wurde bald das gesamte Spektrum der Frauenheilkunde angeboten: Gynäkologie, operativ und konservativ. Geburtshilfe mit den vielen „modernen" Möglichkeiten, wie elektronische Überwachung, ein hypermodernes Geburtsbett, Gebärstuhl, Unterwassergeburt, ambulante Geburt, Anwesenheit einer „Bezugsperson", rooming-in, stationäre Auf-

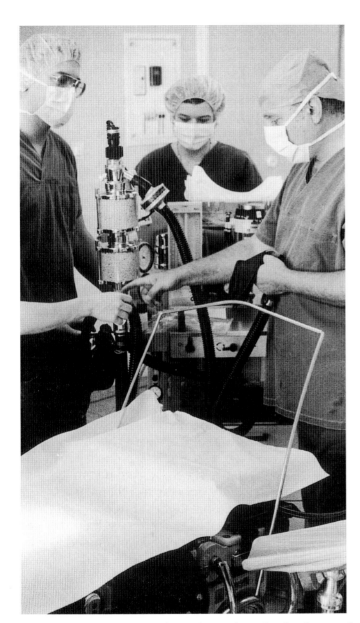

*Die Klinik Dr. Opitz – ehemals Zeitler-Klinik – bestand von 1929 bis 2002.*

nahme verunglückter Hausgeburten. Und natürlich laufende Betreuung der Neugeborenen durch Säuglingsschwestern und einen Kinderarzt, in enger Zusammenarbeit mit der Kinderklinik.

Um zu zeigen, was im Laufe der Zeit an Leistung erbracht wurde, und zwar von allen Mitarbeitern zusammen, muss man einige statistische Zahlen erwähnen: Mit den zuletzt 28 Patientenbetten gab es pro Jahr durchschnittlich 650 Entbindungen – im besten Jahr 850 – über 1000 kleine, mittlere und große gynäkologische Operationen, auch Onkologie mit Chemotherapie. Dazu noch konservative Fälle und ambulante Eingriffe. Diese stattlichen Zahlen konnten mit dieser Bettenzahl nur erreicht werden, weil ich ab 1970 etwas angestrebt habe, was heute als neu und erstrebenswert gilt. Das war die Verweildauer, die Zeit, welche die Patientinnen im Krankenhaus verbringen. Bei uns war diese Zeit um 50 bis 60 Prozent geringer und damit für die Kostenträger günstiger als in anderen Kliniken.

Im Laufe meiner Tätigkeit als Leiter der Klinik ist eine sicher erwähnenswerte Anzahl von Babies geboren und Patientinnen behandelt worden. Als Zeichen unseres guten Rufes habe ich immer die Fürstin Gloria von Thurn und Taxis gewertet, die ihre drei Kinder in meinem Haus zur Welt gebracht hat.

Als ich nach über 30 Jahren, jetzt auch aus Altersgründen und wegen einer schwierigen Erkrankung, auf die Suche nach einem Nachfolger ging bin, war ich leider nicht so erfolgreich wie meine Vorgänger. Das mag viele Gründe haben, der Hauptgrund ist zweifellos die Situation in unserem heutigen Gesundheitswesen, das es inzwischen sehr schwer macht, mit der Führung eines derartigen Unternehmens zu beginnen, wie ich es vor Jahren riskiert hatte.

So war nach einer anderen Lösung zu suchen. Mein Sohn George, der mir in den letzten Jahren als Geschäftsführer und Verwalter viel geholfen hat, war mit Verhandlungen erfolgreich und es ist uns gelungen mit dem Krankenhaus der Barmherzigen Brüder eine Übernahme zu vereinbaren. Dieses hat im Oktober 2002 die Betten und die gesamte Organisation meines Hauses in die Klinik St. Hedwig überführt, fast alle meine Mitarbeiter übernommen und damit unser Bestehen beendet. Das Haus an der Luitpoldstraße wird, zunächst vorübergehend, in ein Altenheim umgewandelt werden und ist kein Krankenhaus mehr. Für mich sind damit 32 Jahre ärztlicher Tätigkeit in der eigenen Klinik vorbei, und seit der Gründung durch Dr. Zeitler waren 73 Jahre vergangen.

Zum Schluss noch folgendes: Im Jahre 1944 hatte bei Dr. Zeitler eine Rotkreuzhelferin, sie hieß Schwester Berta, als Hilfsschwester angefangen. Sie war pflichtbewusst, zuverlässig und fröhlich. Als Dr. Zeitler starb, blieb sie bei Dr. Schanz, weil sie die Patienten kannte. Nach seinem Tod wollte Dr. Heid auch nicht auf ihre Hilfe verzichten. Und Dr. Golla, der von auswärts kam, machte sie zu seiner rechten Hand, weil sie jetzt nicht nur alle Kassen- und Verwaltungstricks kannte, sondern auch eine hervorragende Narkoseschwester geworden war. Als ich 1970 die Klinik übernahm und es noch keinen eigenen Narkosearzt gab, konnte ich schon gar nicht auf sie verzichten. Sie war immer noch pflichtbewusst, zuverlässig und fröhlich. Jetzt hatte sie weiße Haare. Sie blieb auch bei mir fast noch einmal zehn Jahre!

Ich habe mir erlaubt, sie zum Bundesverdienstkreuz vorzuschlagen, das sie dann auch bekommen hat.

WERNER A. WIDMANN

# Das Jahr der Spatenstiche und Einweihungen

*Rückblick auf das Regensburg von 1954*

*Um einmal meinen 50-Jahre-Rückblick mit mir selbst zu beginnen, so bin ich überzeugt, dass ich die ersten Augenblicke des Jahres 1954 in der Friedenstraße zugebracht habe, im „Hotel Mama", wie man das heute so nennt. Ich war im 28. Lebensjahr, ledig, mit keinem großen Geldbeutel belastet. Nur wenige konnten sich damals eine Silvesterfeier außer Haus oder gar in der Fremde leisten. An eine allgemeine Feuerwerkerei kann ich mich auch nicht erinnern. Das Geläut der Regensburger Kirchenglocken wird zum offenen Fenster herein gedrungen sein und irgendwann wird meine recht lebhafte Mutter ihr obligatorisches „Prosit Neujahr!" aus dem Fenster gerufen haben, das freilich in unserer damals recht stillen Straße ohne jedes Echo geblieben ist. Dann haben wir gewiss Blei gegossen und den letzten Rest Punsch ausgetrunken, der uns wunderbar schläfrig machte. So war das damals, alle Jahre wieder.*

Ganz bestimmt haben wir uns die Übertragung der Neujahrsansprache des Bundespräsidenten angehört. Die wichtigsten Passagen standen dann in der ersten Ausgabe des neuen Jahres unserer damals noch zwei Tageszeitungen: „Die Wiedervereinigung der sinnwidrig getrennten deutschen Länder wird das Herz- und Kernstück der deutschen Verpflichtung sein." Das musste er sagen, der „Papa Heuss". Er zeigte sich mit seinem Volk übrigens recht zufrieden: „Das abgelaufene Jahr hat manches Tröstliche gebracht. Die Spareinlagen wachsen und wachsen, das schönste Zeichen des nationalen wie des persönlichen Selbstvertrauens." Nun, ich hatte keine Spareinlagen, dafür mehrere Leporellos mit Zahlkarten, mit denen ich – wie so viele andere damals im Lande – in monatlichen Sümmchen die Raten für erfüllte Wünsche abstotterte. Kataloge von Schmuck-, Uhren- oder Foto-Versandhäusern verführten uns immer wieder. 3 Mark 40 im Monat oder auch einmal etwas mehr, das war doch recht unschuldig, trug aber sicher auch zum Wirtschaftswunder bei, das unter der Regie Ludwig Erhards zu blühen begann. Der meldete sich in den ersten Tagen des neuen Jahres auch zu Wort: „Ich spreche als deutscher Wirtschaftsminister für 50 Millionen Verbraucher und habe das Wohl von 50 Millionen Menschen im Auge." So hat es dazumal also schon einen Verbraucherminister gegeben, ohne dass man ein eigenes Ministerium finanzieren musste! Anfang Januar kamen auch die Zahlen für den Arbeitsmarkt auf den Tisch: Im Sommer 1953 war die Zahl der Arbeitslosen unter die Millionenmarke gesunken und am Beginn des neuen Jahres wurden 1,12 Millionen Arbeitslose gezählt. Aber das waren eben auch andere Verhältnisse, wenig vergleichbar mit heute.

Bleiben wir bei der Bundespolitik. Die Titelseite der ersten Wochenendausgabe im Oktober platzte schier vor großen Neuigkeiten. „Wieder Herr im eigenen Haus!" posaunte die Schlagzeile. Das Besatzungsstatut war von den drei Westmächten England, Frankreich und USA aufgehoben worden. Und auf der selben Seite: „Souveräne Bundesrepublik bekommt 12 Divisionen". Der Weg in die NATO und zur eigenen Bundeswehr war offen. Und draußen in der Welt? Da unterzeichneten Frankreich mit seinen ostasiatischen Gegnern das Waffenstillstandsabkommen für Vietnam, Laos und Kambodscha. Der Indochina-Krieg, der „1. Vietnamkrieg", war für Frankreich verloren, der „2. Vietnamkrieg" mit seiner unerbittlichen Grausamkeit lauerte in nicht ferner Zukunft. Wir einfachen Leute waren viel zu sehr mit unserem Bemühen ums tägliche Brot beschäftigt, um uns für solch fernliegende Schauplätze zu interessieren.

Was geschah 1954 in unserem Bayernland? Da regierte seit mehr als drei Jahren recht erfolgreich eine Dreier-Koalition aus CSU, SPD und dem Gesamtdeutschen Block /BHE. Hans Ehard (CSU) war Ministerpräsident, Dr. Wilhelm Hoegner (SPD), ein Mann, den ich heute noch verehre, war sein Stellvertreter und Innenminister. In den vier Jahren dieser Koalition wurden in Bayern 42 Orte von Minister Hoegner zu Städten erhoben, darunter auch Wörth an der Donau. Man nannte Hoegner, den Vater unserer bayerischen Verfassung, deshalb auch den „Städtegründer". Am 28. November sollte nun alles anders kommen. Aus den an diesem Tag stattfindenden Landtagswahlen ging die CSU mit 38 Prozent als Sieger hervor, die Sozialdemokraten kamen auf 28,1, die Bayernpartei auf 13,2, der Gesamtdeutsche Block / BHE auf 10,2 und die Freien Demokraten auf 7,3 Prozent. Die CSU verhandelte mit der von ihr ungeliebten Bayernpartei (wenn man es einfach sagen will) so lange, bis am Ende eine Viererkoalition mit Dr. Hoegner als Ministerpräsidenten heraus kam, der nun die CSU als einsame Opposition gegenüberstand. Da wurde viel gelacht. Auch in Regensburg wurde gelacht, bei der SPD. Deren Kandidat Rudolf Schlichtinger (mein erster Schullehrer) errang mit 138 Stimmen Vorsprung den Stimmkreis Regensburg-Stadt vor dem etablierten CSU-Mann Dr. Karl Fischer. Den Stimmkreis Regensburg-Land holte sich mit großem Vorsprung Franz Magerl von der CSU. Drei Jahre hielt die Vierer-Koalition in München durch, bis 1957. Dann begann die immerwährende Alleinherrschaft der CSU. Übrigens konnten an die 30 Regensburger Haushalte die Landtagswahl im Fernsehen verfolgen. Mehr Geräte gab es damals nicht in der Stadt. Der Bayerische Rundfunk hatte, etwas später als ein bereits vorhandenes Deutsches Fernsehen, erst am 6. November, also drei Wochen vor der Wahl, sein TV-Programm aufgenommen. Herrliche Gründerzeiten!

Gründerzeiten auch in Regensburg. Das ganze Jahr über gab es offizielle Spatenstiche, Grundsteinlegungen und Richtfeste und überall etablierten sich neue Firmen. Mir muss es – bei allem Hunger-Honorar als Reporter des damaligen „Tages-Anzeiger" – in punkto Essen und Trinken sehr oft auch gut gegangen sein; denn immer wenn da was begonnen oder gar schon eingeweiht oder eröffnet wurde, war ich mit von der Partie. Mein Signum „ww" habe ich nun nach 50 Jahren vor allem bei Berichten über derartige Ereignisse gefunden. Im Januar werde ich gewiss beim mir geliebtem Süßem zugelangt haben, als das „Prinzess-Café" seine vier Stockwerke eröffnete, im Februar werde ich bei der Einweihung der „Wurstfabrik Ostermaier" auch nicht zu bescheiden gewesen sein, im Juli gehörte ich zu den Eröffnungsgästen des Kaffee- und Tee-Spezialgeschäfts der „Gebrüder Hanemann" in der Brückstraße, das auch eine Espresso-Bar anbot. Da sitze ich heut noch recht gern in der Morgenfrühe. Und dann kam am 23. September ein großes Ereignis: Der neue „Merkur"-Kaufhausbau öffnete seine Pforten, der Vorgänger der heutigen „Galeria Horten", nein „Kaufhof". Man kommt damit als Alt-Regensburger immer etwas durcheinander. Am Morgen wurden im ganz oben gelegenen Restaurant 200 Ehrengäste empfangen (nicht trocken) und um 15.30 Uhr wurde dann die Kundschaft eingelassen. Unter den Klängen einer großen Blaskapelle stürmten Tausende die Stockwerke, wollten vor allem die erste Rolltreppe der Stadt ausprobieren. Mit einigem Schmunzeln habe ich in meinem Bericht nun nachgelesen, dass diese Rolltreppe nur in jeweils eine Richtung fahren konnte. Also wurde die Anlage um 18 Uhr umgestellt und man konnte nun nicht mehr nur nach oben, sondern nur noch nach unten fahren. Was für eine Gaudi!

So weit die Nachrichten aus der Geschäftswelt vor 50 Jahren. Nun aber endlich zum damaligen kommunalen Traum, zum geplanten Hallenbad an der Gabelsbergerstraße. Da gründete sich am 7. Januar im damals noch vorhandenen Saal des Keplerbaus der „Hallenbad-Bauverein". Es sagt viel über das schon damals große Engagement der örtlichen Unternehmer aus, wenn da drei Geschäftsleute den Vorsitz übernahmen: Hans Mittenmaier, Wilhelm Bleimund und Emil Fischl. Der Verein hatte bei Gründung schon 2000 Mitglieder und hatte es sich zur Aufgabe gemacht, ein Fünftel der auf 1,2 Millionen Mark geschätzten Baukosten zu beschaffen. Als alle drei Stadtratsfraktionen zehn Wochen später einstimmig den Bau bewilligten, gab es schon 3.000 Vereinsmitglieder, die bereits 60.000 DM gespendet hatten. Ein halbes Jahr nach Vereinsgründung konnte ich dann über den ersten Spatenstich berichten, Mitte Oktober hatten die Bürger 200.000 DM Spenden beisammen und Anfang November gab es das Richtfest. Man stelle sich das heute vor: Von der konkreten Idee bis zum Richtfest eines solchen Baus vergingen ohne Proteste, Bürgereinsprüche und Behördenhindernisse knappe zehn Monate! Da ist was vorwärts gegangen!

Als großer Förderer des Regensburger Hallenbads war auch der damalige 2. Bürgermeister Josef Rothammer (SPD) hervorgetreten, nicht zuletzt deshalb weil er sich davon etwas für seine Kandidatur bei der bevorstehenden Regensburger Oberbürgermeisterwahl versprach. Dass er dann trotzdem nicht zum OB gewählt wurde, hat andere Gründe. Doch davon in einem späteren Beitrag. Geweiht und eröffnet wurde 1954 noch so manches in Regensburg. Den Stadtamhofern stellte Stadtpfarrer August Kuffner in einem Hochamt am 17. Oktober die Frage „Erkennt Ihr noch Euere Pfarrkirche?" St. Magn erstrahlte nach einer Innenrenovierung im neuen Glanz. Am 16. Juni, 25 Jahre nach der Einweihung, konnten die Barmherzigen Brüder den Männerbau ihres Krankenhauses wieder eröffnen, nachdem dieser neun Jahre von der US-Armee beschlagnahmt gewesen war. Am Festtag Peter und Paul wurde auch geweiht: 24 Diakone empfingen im Dom das Sakrament der Priesterweihe. Und erst die Regensburger Kolpingfamilie St. Erhard! Die hatte am 27. Juli den 2. Bayerischen Kolpingtag zu Gast und beging zugleich ihr 100. Gründungsfest. Gefeiert wurde im neuen Kolpinghaus, das am gleichen Tag von Erzbischof Michael Buchberger geweiht wurde. Dreifaches Fest! Die protestantischen Glaubensbrüder feierten auch: die Einweihung der Matthäuskirche in der Graf-Spee-Straße. Im Dezember wurde dann noch ein Gebäude zur weltlichen Erbauung eröffnet, das vor einigen Jahren schon verloren schien und heute wieder mit kulturellem Leben erfüllt ist: das „Gloria"-Kino. Zur Eröffnung wurde die Deutsche Produktion „Angst" gespielt, mit Ingrid Bergman (jawohl!), Mathias Wiemann und der großen bayerischen Volksschauspielerin Elise Aulinger.

Als Gerichtsreporter, der ich auch war, führte mich mein merkwürdigster Fall des Jahres Mitte Januar nach Hemau. Vor dem dortigen Amtsgericht fand der gewiss letzte Hexenprozess der Oberpfalz statt. Genau besehen handelte es sich um eine Klage wegen übler Nachrede. Aber die Klägerin war eine „Hexe". So sah es wenigstens der Beklagte, ein älterer Mann aus Painten, wo auch die

Klägerin als Kleinbäuerin zuhause war. Der Mann erzählte überall herum, die Frau M. komme nächtens zu ihm und drücke ihn als „Drud". Eine andere Nachbarin bestärkte ihn und erklärte: „Wenn die M. eine Kuh verkauft, hat sie selbst den Nutzen und die andere muss das Futter geben." Als dann ein Bettelmönch zum Eiersammeln von Tür zu Tür ging, erzählte man ihm von der „Hexe". Der um Eier besorgte Pater (vielleicht war's auch ein Frater) antwortete orakelhaft: „Ja, ja, es gibt böse Menschen!" Also, da hatte man es ja klar auf der Hand. Weil man keinem Verleumder genau etwas nachweisen konnte, stellte der Amtsrichter das Verfahren ein und meinte: „So kann es kommen, wenn alte Weiber beiderlei Geschlechts dummes Zeug daher reden."

Jetzt wird es Zeit, von der großen alten Dame zu reden, mit der nicht nur Regensburg immer wieder in Schwierigkeiten kommt, wenn man sie auch sonst recht gern bei sich hat: die Donau. Anfang Februar hatte sie eine sibirische Kälte derart zum Frösteln gebracht, dass es zwischen Deggendorf und Kelheim zu einem gewaltigen Eisstoß kam. Natürlich war das zunächst ein großartiges Naturschauspiel, aber ein recht gefährliches. Nach zehn Tagen konnte aber gemeldet werden, dass sich die aufgetürmte Eismasse schon wieder abbaue. Konnte sie mit der Kälte wenig ausrichten, versuchte sie es dann im Juli mit einem anhaltenden Dauerregen. „Flutwelle erreicht heute mittag Regensburg" lautete die Meldung am 9. Juli. Am Tag darauf hieß es schon: „Bayerns größte Hochwasserkatastrophe seit Menschengedenken". Betroffen war im Donaugebiet neben Regensburg vor allem Passau. „Sintflut leckt am Regensburger Salzstadel" war zu lesen. Die stieg bis etwa zur halben Höhe der Brückstraße. Vom Protzenweiher floh der ganze Zirkus Brumbach in die Von-der-Tann-Kaserne, bei Wörth an der Donau drohte der Damm zu brechen, Donaustauf schien am Bodensee zu liegen und Klein-Ramspau war rings von Wasser umgeben. Die Lokal-Schlagzeile vom 12. Juli: „Stadtamhof von allen Seiten vom Hochwasser eingeschlossen". Am 14. Juli dann die Erlösung: „Regensburg atmet auf – Hochwasser sinkt allmählich". Nach den schlimmen Tagen wurde von großer Hilfsbereitschaft berichtet und dass in Regensburg Schäden in Höhe von 600.000 DM angemeldet worden sind. Das wären heute allerhand Millionen.

Abgesehen von den Ängsten der Regensburger während des Hochwassers herrschte ansonsten wirklich viel Euphorie. Da kam Ende Februar Kunde aus dem Rathaus, dass man die Regensburger Verkehrssituation mit einem ganz großen Schlag wenigstens am Südrand der Altstadt verbessern wolle. Es sei unbedingt nötig, so hieß es, den damaligen „Platz der Republik" (heute ist das der „Platz der Einheit"), mit einer breiten Straße direkt mit der Landshuter Straße zu verbinden. Also sei vom Emmeramsplatz ein Durchbruch durch den Roten-Lilien-Winkel zur Einmündung der Wittelsbacher- in die Kumpfmühler Straße zu schaffen. Ich kann es nicht mehr auf Ehr und Gewissen sagen, was ich – damals Radfahrer mit keinem Bedarf an breiten Straßen – von diesem Projekt hielt. Mein Gott, man hat halt in diesen Jahren dem Kraftverkehr jeden Dienst erweisen wollen, wähnend, damit dem weiteren wirtschaftlichen Aufschwung zu dienen. Die Stadtplanung, gewiss keine Ansammlung von Dummköpfen, was ich bezeugen kann, hatte eben statistische Zukunftszahlen für Regensburg in der Hand. Im Jahr 2000, so lautete die optimistische Vorausrechnung, werde die Stadt 225.000 Einwohner haben und ein vorgelegtes umfassendes Entwässerungsprojekt war gar für 370.000 Einwohner ausgelegt. Da sind wir noch weit davon entfernt. Glücklicherweise ist aus dem geplanten Durchbruch nichts geworden – dank des energischen Einspruchs des damaligen Museumsdirektors und Denkmalschützers Dr. Walter Boll.

Schauen wir doch einmal vom Rathaus in die damals noch vorhandene Bundesbahndirektion! Da waren auch Planer am Werk. Nicht einmal für den Schienen-, sondern für den Straßenverkehr. Diese Projekteure konnten ja auch nicht hellseherisch erkennen, dass es erstens in baldiger Zukunft keine Direktion und zweitens keine Bundesbahn-Omnibusse geben werde. Die waren übrigens von einem Rot, das mir selbst als halbwegs Farbenblinden nie gefallen hat, im Gegensatz zum leuchtenden Gelb der Postbusse, die nun auch längst dahin sind. Um wieder zur Sache zu kommen: Die Bahn wollte einen großen Busbahnhof bauen, was ja auch halbwegs gelang. Sie wollte aber einen ganz großen und liebäugelte aus diesem Grund mit keinem geringen Teil unserer Bahnhofsallee und mit dem Abriss der vom Bahnhofsplatz zur Galgenbergbrücke führenden Rampe. Regensburg wehrte sich. Oberbürgermeister Hans Herrmann beruhigte die Protestierer im Stadtrat: „Abwarten, weiter verhandeln und ständig die Menschen darüber informieren." War halt auch kein Dummer, der OB Herrmann. Freilich, die Rampe ist weg, das geschah aber viel später und wegen einer brauchbaren Straße. Und die Busse haben ihren Treff in der Albertstraße ohne großen Grünverlust.

Die angeblich „schönste Nebensache der Welt", den Sport, darf ich auch nicht auslassen. 1954? Da war doch was? Aber erst ein paar Zeilen zu unseren Fußballern vom SSV Jahn, zu den „Rothosen", wie man sie damals nannte, weil sie zum weißen Trikot rote Hosen trugen. Zwei Spiele habe ich mir herausgepickt, weil sie so ruhmvoll klingen. Am 23. Januar endete die Begegnung Bayern München – Jahn Regensburg mit einem klaren 0:1. Die „Jahnerer" siegten auswärts gegen die „Bayern" in einem Punktspiel der 1. Liga Süd, der damals höchsten nationalen Spielklasse. Die „Bayern" hatten eben noch nicht ihren Beckenbauer und nicht „dieses kleine dicke Müller". Aber dann kam es erst! Im Wiederholungsspiel (warum Wiederholung weiß ich leider nicht) in der „Glückauf-Kampfbahn" (was für ein martialisches Wort für ein Stadion!) der DFB-Pokalrunde am 1. September hieß es nach 16 Minuten 3:0, aber nicht für Schalke! In die Halbzeit ging man nach drei Hubeny-Toren und einem vom Blaimer mit 3:4. In der zweiten Halbzeit glich Schalke aus, kam 5:4 in Führung und machte in der 88. Minute nach einem Handelfmeter alles klar. Aber immerhin: diese köstlichen ersten 16 Minuten! Sechs Tage vor meinem 28. Geburtstag, also am 16. Juni, brach dann der helle Wahnsinn aus: Fußball-Weltmeisterschaft in der Schweiz und die Deutschen erstmals wieder dabei! Ich weiß noch gut, dass wir uns zunächst wirklich nur gefreut haben, wieder international mitspielen zu dürfen. Am 17. Juni, es war der Fronleichnamstag, gewannen wir 4:1 gegen die Türkei, wobei es uns bis dahin ziemlich fremd gewesen war, dass Türken Fußball spielen. Ernüchternd drei Tage später die 8:3- Bombenniederlage gegen die Ungarn. So kam es zu einem Entscheidungsspiel noch einmal gegen die Türken, das wir 7:3 gewannen. Deutschland im Viertelfinale. Die Begeisterung schwoll an und nur an die 30 Fernsehgeräte in der Stadt! Mit 2:0 gegen Jugoslawien gelangten wir ins Semifinale und schließlich mit einem furiosen 6:1 gegen den guten Nachbarn Österreich ins Finale. Es gab da übrigens einen Presseskandal. Die „Tiroler Nachrichten" behaupteten, einige österreichische Spieler seien von deutschen Zuschauern bestochen worden. Immer dieser investigative Journalismus! Ja, den Rest weiß jeder: Deutschland – Ungarn 3:2 und jener lautstarke Rundfunkmensch konnte sein unsterblich gewordenes „Tooor! Tooor! Tooor!" in die Welt hinaus schreien, die nun einen neuen Fußballmeister hatte.

Das für uns Regensburger keineswegs besonders aufregende Jahr 1954 ging zu Ende. Frau Holle streute vor Weihnachten etliche Flocken über die liebe alte Stadt.

Ein paar Tage vor Weihnachten las man von der „sterbenden Hochschule" in Regensburg, die nur noch 388 Studenten aufwies und dabei war, sich wieder zur Philosophisch-theologischen Hochschule zurück zu entwickeln. An den großen Kreuzungen in der Stadt, wo prächtige Burschen der Verkehrspolizei mit elegantem Armwedeln jedes Durcheinander verhinderten, liefen die aufgestellten Geschenkkörbe über. Selbst Fußgänger zollten den Männern in Weiß Dank und Anerkennung, so dass die Weihnachtsschichten in den Revieren nicht darben mussten. Schade, irgendwann wurde diese spontane Solidarität offenbar verboten. Oder waren diese blöden Ampeln schuld? Enden wir im Lokalen mit der Standesamt-Statistik. Für 1954 meldete diese am letzten Tag des Jahres die Geburt von 1126 Knaben und 1032 Mädchen, was zusammen 2158 neue Regensburger bedeutet. Dem standen 1584 Verstorbene gegenüber, ein schöner Geburtenüberschuss. Im Rathaus gaben sich 1019 Brautpaare das Ja-Wort. Die Schlagzeile der letzten Ausgabe 1954 hieß „Die Politik und das Credo". Warum, weiß ich nicht. Aber ein paar Zeilen des neuen Bundestagspräsidenten Eugen Gerstenmaier (CDU), der den im Alter von erst 50 Jahren gestorbenen Hermann Ehlers (CDU) abgelöst hatte, habe ich noch anzubieten: „Die Wiedervereinigung und die Wiederbewaffnung sind die beiden Hauptaufgaben des neuen Jahres." Die Wiederbewaffnung erfüllte sich sehr bald, die Wiedervereinigung ließ noch 35 Jahre auf sich warten.

# Unsere Autoren

**Wilhelm Amann**
Bibliothekar an der Universität Regensburg
Geboren 1940 in Regensburg. Von 1973 bis 1983 Gasthörer am Institut für Kunstgeschichte der Uni Regensburg. Zahlreiche kunsthistorische Veröffentlichungen von Monographien, Ausstellungskatalogen, Zeitschriften- und Zeitungsbeiträgen, Jahrbücher, Künstlerkatalogen, Buchbeiträge usw. Ständiger Mitarbeiter am Internationalen Künstlerlexikon.

**Thilo Bauer**
M. A., geboren 1969 in Amberg, Abitur am Max-Reger-Gymnasium in Amberg, Studium der Rechtswissenschaften, Germanistik, Soziologie und Politikwissenschaften an der Universität Regensburg, 1998 Staatsexamen für das Lehramt an Gymnasien, 2001 Magisterexamen. Seit 1996 Stipendiat der Franz-Marie-Christinen-Stiftung des Fürstlichen Hauses Thurn und Taxis. Freier Mitarbeiter in Fürst Thurn und Taxis Hofbibliothek und Zentralarchiv in Regensburg, seit 2001 Geschäftsführer des VdA – Verband deutscher Archivarinnen und Archivare e. V. in Weimar. Mitarbeit an der Ausstellung „Dieser glänzende deutsche Hof..." – 250 Jahre Thurn und Taxis in Regensburg, Mitherausgeber der Festgabe „Der Weg führt durch Gassen..." zum 65. Geburtstag von Prof. Dr. Eberhard Dünninger, Autor der im Universitätsverlag Regensburg erschienen Bandes „Regensburger Freimaurer – Ihre Geschichte und Literatur im 18. und 19. Jahrhundert".

**Uli Beer**
Jahrgang 1957, wuchs in Cham/Opf und Schwandorf auf, studierte in München Politologie, volontierte beim „Neuen Tag" Weiden, arbeitete 18 Jahre lang als Redakteur für die Mittelbayerische Zeitung in Regensburg und für die „WOCHE" und ist seit 1999 freiberuflicher Journalist und Autor.

**Manfred Engelhardt**
Dr. rer. nat., Physiker
Geboren 1951 in Regensburg, vier Jahre Volksschule St. Wolfgang, 1971 Abitur am Goethe Gymnasium in Regensburg, Studium der Physik und Promotion mit einem Thema aus der experimentellen Festkörperphysik an der Universität Regensburg, seit 1984 in München in der Mikroelektronikentwicklung zuerst bei Siemens, seit 1999 in der Forschungsabteilung von Infineon Technologies, verantwortlich für innovative nanotechnologische Verdrahtungen für die Chips in 10 bis 15 Jahren. Nach weit über 100 wissenschaftlichen Fachveröffentlichungen und Buchbeiträgen stellt der Beitrag im diesjährigen Regensburger Almanach einen allerersten allgemeinverständlichen (belletristischen) Versuch dar. Lebt in einem Dorf im Chiemgau mit Ehefrau (von Regensburg nach Oberbayern importiert), zwei Kindern (eines von jeder Sorte) und einem eineinhalbjährigen Jaguar.

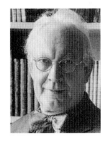

**Konrad Maria Färber**
Dr. phil., Verlagsleiter
Geboren 1941 in Innsbruck, Redakteur in Regensburg, München und Hamburg. Studium der Neueren Geschichte und Literaturwissenschaft an der FU Berlin und der Universität München. Wissenschaftlicher Mitarbeiter am Deutschen Historischen Institut in Paris und Rom sowie am Institut für Europäische Geschichte in Mainz. Publizistische Tätigkeit für verschiedene Zeitungen und beim Bayerischen Rundfunk, Vorträge in der Erwachsenenbildung. Seit 1991 Leiter des Buchverlags der Mittelbayerischen Zeitung und des Universitätsverlages.

**Sigfrid Färber †**
Dr. phil. Fremdenverkehrsdirektor und Autor
Am 21. Juli 1910 als Sohn eines aus Bogen (Niederbayern) stammenden Lederwarenhändlers in Regens-

burg geboren. Nach dem Besuch der Oberrealschule und dem Studium in Wien und München sowie der Promotion zum Dr. phil. war er zunächst als Dramaturg bei den Luisenburgfestspielen in Wunsiedel tätig und anschließend als Oberspielleiter für Oper und Schauspiel am Landestheater Innsbruck. 1945 kehrte er zurück nach Regensburg und lebte dort als freier Schriftsteller sowie als Autor und Regisseur von Volksschauspielen in Ostbayern. Seit 1956 Verkehrsdirektor der Stadt Regensburg und Geschäftsführer des Fremdenverkehrsverbandes Ostbayern gab er entscheidende Impulse für die Entwicklung des Fremdenverkehrs sowohl in seiner Heimatstadt als auch des gesamten Bayerischen und Oberpfälzer Waldes. Er starb am 19. November 1996 in Regensburg.

**Christian Feldmann**
Autor

Geboren 1950 in Regensburg, Studium der Theologie und Soziologie an der Universität Regensburg. Zunächst freier Journalist und Korrespondent der Süddeutschen Zeitung sowie der Deutschen Presse-Agentur. Seit 1985 freier Schriftsteller. Zahlreiche, in zehn Sprachen übersetzte Biografien und Portraitsammlungen. Zuletzt veröffentlicht: „Elie Wiesel – Ein Leben gegen die Gleichgültigkeit" (1998), "'Wir hätten schreien müssen' – Das Leben des Dietrich Bonhoeffer (1998), „Mother Teresa –Love Stays (New York 1998), „Adolph Kolping – Towards a Christian Society" (Nairobi 1999), „Johannes XXIII. Seine Liebe – sein Leben" (2000), Pope John XXIII. – A Spiritual Biography" (New York 2000).

**Wilhelm Hausenstein †**

Dr. phil. Kunst- und Reiseschriftsteller, deutscher Botschafter
Am 17. Juni 1882 in Hornberg im Schwarzwald geboren, Besuch des Gymnasiums in Karlsruhe, Studium der Geschichte, Paläographie und Soziologie in Heidelberg, Tübingen und München, promovierte 1905 mit einer Dissertation über „Die Wiedervereinigung Regensburgs mit Bayern im Jahre 1810 – Zur Beurteilung Karls von Dalberg", seit 1917 ständiger Mitarbeiter der Frankfurter Zeitung, deren Literaturbeilage er von 1934 bis 1943 leitete. Als Verfolgter des Nazi-Regimes übernahm, er 1950 im Auftrag Konrad Adenauers die delikate Aufgabe als Generalkonsul und ab 1953 als Botschafter der Bundesrepublik Deutschland eine Annäherung an Frankreich einzuleiten. Er sprach makellos französisch. Als hochgebildeter Kunst- und Reiseschriftsteller hinterließ er ein umfangreiches Lebenswerk von knapp hundert Titeln. Er starb am 3. Juni 1957 in München.

**Horst Hanske**
Journalist, Fotograf, Zeichner

Geboren 1935 in Ratibor, 1945 Vertreibung, lebt und arbeitet seitdem in Regensburg. Nach einer Lehre als Chemigraph Besuch der Meisterschule in München und der Schule für Fotografie. Seit 1968 Fotojournalist und Redakteur bei der WOCHE. Zahlreiche Auszeichnungen, darunter Kulturförderpreis der Stadt Regensburg (1975) und 1. Preis der Fotoausstellung „Der Mensch" in Zürich (1974), zahlreiche Ausstellungen in München, Berlin, Wien und Regensburg, zuletzt 1995 im Historischen Salzstadel. Veröffentlichungen: „Photoreportagen" (Ausstellungskatalog 1987), „Über den Tag hinaus", (1989 im Buchverlag der Mittelbayerischen Zeitung), „Menschen" (Ausstellungskatalog 1991), „Mein schönes Regensburg" (1995 im Buchverlag der Mittelbayerischen Zeitung).

**Reinhard Kellner**
Diplom-Pädagoge, verheiratet, zwei Kinder

Vorsitzender von DONAUSTRUDL-Herausgeber Sozialpädagogischer Arbeitskreis (SAK) e.V. und Gründungsmitglied der Sozialen Initiativen. Von 1984 bis 1990 für die Grünen im Regensburger Stadtrat. Seit 2000 Sprecher im Bundesverband der deutschen Straßenzei-

tungen. Begeisterter Hobby-Fußballer, Regensburg-Liebhaber und Wienreisender.

**Johann Kirchinger**
Landwirt
Geboren 1976 in Mallersdorf, 1996 Abitur in Mallersdorf, Landwirtschaftliche Fachschule in Straubing, 2000 Staatlich geprüfter Wirtschafter für Landbau, seit 2000 Studium der Geschichte, Volkskunde und Politikwissenschaften an der Universität Regensburg, 2001 Übernahme des elterlichen landwirtschaftlichen Betriebes in Holztraubach bei Mallersdorf, ehrenamtliches Engagement beim Bayerischen Bauernverband. Freier Mitarbeiter bei der Bayerischen Staatszeitung.

**Peter Morsbach**
Dr. phil., Kunsthistoriker
Geboren 1956, Abitur am Albrecht-Altdorfer-Gymnasium in Regensburg, Studium der Kunstgeschichte, Klassischen Archäologie und Denkmalpflege an den Universitäten Regensburg, Freiburg und Bamberg; 1987 Promotion zum Dr. phil; anschließend Tätigkeit am Diözesanmuseum Regensburg und Diözesanbauamt Augsburg. Seit 1986 Lehrbeauftragter an der Universität Bamberg. Seit 1991 als Publizist und selbständiger Unternehmer in der Denkmalpflege und Kulturverwaltung tätig. 1998 Kulturförderpreisträger der Stadt Regensburg. Zahlreiche Publikationen zur Architektur- und Kunstgeschichte Regensburgs, Ostbayerns und Oberschwabens.

**Georg Opitz**
Dr. med., Gynäkologe
Geboren 1930, meine Familie stammt aus Marienbad in Böhmen, wo mein Vater Kurarzt in der 3. Generation war. 1950 Abitur in Cham, Medizinstudium in Regensburg, Innsbruck und Würzburg, dort Promotion. Medizinalassistent in Würzburg, Internship in Paterson, N.J. und Weiterbildung in Teaneck, N.J./USA. Danach Assistenzarzt in Bitburg in der Eifel an einem großen Militärhospital und Abschluss – Facharzt in Saarlouis im Saarland (1965). Schließlich Oberarzt in St. Katharinenspital in Frankfurt am Main. Seit Oktober 1967 niedergelassener Frauenarzt in Regensburg, von 1970 bis 2002 Inhaber und Leiter einer Privatklinik. Jetzt Ruheständler. Seit 1959 verheiratet, drei Kinder.

**Hermann Rau**
Architekt
Geboren 1916 in München, dort Gymnasial- und Architekturausbildung, mit Kriegsbeginn 1939 Notexamen als Dipl. Ing. und Einberufung zur Wehrmacht als Reserveoffizier. 1940 Frankreich-Feldzug, von 1941 bis 1945 in Russland. 1945 in Ostpreußen verwundet und dank der deutschen Kriegsmarine über die Ostsee und Dänemark in die Heimat. 1946 nach Entlassung aus dem Lazarett und amerikanischer Kriegsgefangenschaft beim Landbauamt München und freischaffender Architekt beim Wiederaufbau. Von 1951 bis zum Ruhestand 1982 als Leiter des damaligen Schlossbaubüros Thurn und Taxis in Regensburg. Verschiedene Architektur-Veröffentlichungen.

**Heinz Reichenwallner**
Journalist
Geboren 1945 in Regensburg, selbstständiger Kaufmann und freier Sportjournalist u. a. bei der Mittelbayerischen Zeitung, seit 1996 Sportredakteur bei der Mittelbayerischen Zeitung in Regensburg.

**Hermann Reidel**
Dr. phil., Leiter des Diözesanmuseums
Geboren 1951 in Regensburg; Studium: Kunstgeschichte, Ur- und Frühgeschichte, Geschichte und Geographie in Regensburg und Freiburg i. Br., Magisterexamen 1977, Promotion 1981; Januar bis Oktober 1981 wissenschaftlicher Angestellter am Landesdenkmalamt Baden-Württemberg in Stuttgart; ab November 1981 Bischöflicher

Konservator, seit 1.Januar 1986 Leiter der Kunstsammlung des Bistums Regensburg. Seit 1989 Lehrbeauftragter am Institut für Kunstgeschichte und Christliche Archäologie der Universität Passau.

### Gertrud Maria Rösch

Dr. phil. habil., Privatdozentin
Geboren 1959, Literatur- und Kulturwissenschaftlerin. Studium der Germanistik und Anglistik an der Universität Regensburg. 1989 Promotion mit einer Arbeit über „Ludwig Thoma als Journalist". Nach der Promotion Dozentin in Neuseeland von bis 1991, dann nach Regensburg zurück gekehrt, um eine Assistenz am Lehrstuhl von Prof. B. Gajek und danach Prof. G. Braungart anzunehmen. Als Stipendiatin der Deutschen Forschungsgemeinschaft im Februar 1999 habilitiert über das Thema „Clavis Scientiae. Der Schlüssel der Erkenntnis. Studien zum Verhältnis von Fiktionalität und Faktizität am Fall der Schlüsselliteratur" (erscheint 2003 im Verlag Niemeyer, Tübingen). Von 1999 bis 2002 Oberassistenz am Herder-Institut der Universität Leipzig. Zur Zeit Vertretung einer Professur für Deutsche Philologie an der Universität Regensburg. Forschungsfelder: Satire, Karikatur (bes. „Simplicissimus") und Cabaret; Frauen- und Familienbeziehungen in der Literatur (bes. Schwesterbeziehungen), Literaturpsychologie, Dialekt und Literatur sowie Deutsch als Fremdsprache.

### Kurt Schauppmeier

Journalist
Geboren 1921 in Schwabach, 1939 Abitur am Neuen Gymnasium in Nürnberg, 1939 Reichsarbeitsdienst, ab 1941 aktiver Offizier, 1947 Gesellenprüfung im Maurerhandwerk, 1949 Abschluss Polytechnikum Regensburg als Ing. grad. Von 1949 bis 1966 Redakteur beim Tages-Anzeiger in Regensburg, von 1966 bis 1987 Ressortleiter Sport, dann Chef vom Dienst bei der Mittelbayerischen Zeitung, Autor mehrer Sportbücher, seit über fünfzig Jahren als Reporter bei allen Heimspielen des SSV Jahn Regensburg. Zu letzt befasste er sich mit der Geschichte der Kraftfahrzeuge in Regensburg, zumal der Automobil-Club im Jahr 2004 hundertjähriges Jubiläum feiert.

### Günter Schießl

Journalist
Geboren 1940 in Bruck in der Oberpfalz, Journalistik-Studium an der Freien Universität Berlin. Tageszeitungsvolontariat in Rosenheim; seit 1973 Redakteur in Regensburg. Mai 1985: Bayerische Denkmalschutzmedaille; November 1985: Deutscher Preis für Denkmalschutz. 1993: Kulturförderpreis der Stadt Regensburg.

### Herbert Schindler

Prof. Dr. phil., Kunsthistoriker und Autor
Geboren 1928 in Passau, studierte nach dem Abitur in München und war dann anschließend längere Zeit in der Kulturredaktion des Bayerischen Rundfunks, wo er u.a. die beliebte Serie „Unbekanntes Bayern" betreute. Später trat er im Prestel-Verlag als Autor von erfolgreichen Buchtiteln wie „Barock-Reise in Schwaben und Altbayern" hervor. Seine „Große bayerische Kunstgeschichte" ist bis heute ein Standardwerk geblieben. Zuletzt war er Professor für Kunstgeschichte an der Universität Passau.

### Klemens Unger

Kulturreferent der Stadt Regensburg und berufsmäßiger Stadtrat
Geboren 1954 in Regensburg, 1975 Abitur in Regensburg, Studium der Kunstgeschichte, Geschichte und Erziehungswissenschaften an den Universitäten München und Regensburg. Geschäftsführer im elterlichen Einzelhandelsbetrieb. 1978 Ausbildung zum Reiseverkehrskaufmann und Handelsfachwirt. Von 1984 bis 1999 Geschäftsführer des Tourismusverbandes Ostbayern. Seitdem Kulturreferent der Stadt Regensburg und berufsmäßiger Stadtrat.

**Werner A. Widmann**
Journalist und Autor
Geboren 1926 in Nürnberg, ab 1952 Reporter beim Regensburger „Tages-Anzeiger", seit 1962 in München als freier Journalist, Schriftsteller, Filmemacher und Moderator beim Bayerischen Fernsehen, vor allem für die Sendung „Zwischen Spessart und Karwendel". Verfasser von über sechzig Büchern. 1974 Verleihung des „Bayerischen Poetentalers" der „Münchner Turmschreiber". Im April 1996 Rückkehr nach Regensburg, seit 1997 Moderator bei TVA Ostbayern.

**Siegfried Wittmer**
Dr. phil., Oberstudiendirektor i.R.
Jahrgang 1920. Nach dem Abitur in Augsburg wurde er zur Luftwaffe eingezogen, studierte nach Kriegsende an der Universität Erlangen für das Höhere Lehramt in der Fächerverbindung Latein, Griechisch, Geschichte und Deutsch, wobei er zusätzlich Hebräisch studierte. Nach den Staatsexamen unterrichtete er an verschiedenen Gymnasien in Bamberg, Nördlingen und Regensburg. 1956 an der Universität Erlangen zum Dr. phil. promoviert leitete er in Regensburg von 1964 bis zu seiner Pensionierung im Jahre 1985 als Oberstudiendirektor das Von-Müller-Gymnasium. Er ist Autor zahlreicher Publikationen, darunter Abhandlungen über Fragen der Zeitgeschichte, über Barfüßermönchen, über Protestanten in katholischen Kirchenbüchern und schließlich über Juden in der Oberpfalz und in Regensburg.

# Abbildungsnachweis und Quellenverzeichnis

Herbert Baumgartner: 80, 81.

Kunstsammlungen des Bistums Regensburg: 28, 29, 30, 31 (beide), 34, 35.

Tobias Büttner: 41.

Horst Hanske: 141.

Frank Kruczynski: 39.

Mittelbayerische Zeitung, Archiv: 38, 63, 64, 113, 121, 157, 159, 161 links (Nübler) rechts (Moosburger).

Uwe Moosburger: 61, 67, 82, 154.

Sammlung Morsbach: 49.

Privat: 51, 55, 71, 87, 90, 92, 97, 98, 99,100, 101, 102, 103, 105 (beide), 107, 124, 127, 133, 139.

Hermann Rau: 72 (beide).

Sammlung Rau: 74, 75.

Stadt Regensburg
Presse- und Informationsstelle,
Bilddokumentation
15 (beide), 16, 17.
129, 130, 131 (Fotos: Ferstl).
149 (Foto: Reisinger).

Amt für Archiv- und Denkmalpflege: 45, 148.

Museen der Stadt Regensburg
23, 24, 25, 46, 47, 57 (Foto: Moosburger), 143 links (Foto: Zink), 143 rechts.

Sammlung Schauppmeier: 117, 119, 120.

Sammlung Günter Schießl: 11, 12, 13, 18, 19, 127.

Verlag Schnell & Steiner: 21.

Süddeutscher Verlag: 85.

Fürst Thurn und Taxis Zentralarchiv, Graphische Sammlung: 27, 77, 151 (Wagmüller), 153 (Wagmüller).

Sammlung Dr. Wittmer: 145, 147 (beide).

Wilhelm Hausenstein, Pfingstfahrt nach Regensburg, aus: Wanderungen auf den Spuren der Zeiten, Frankfurt a. M., 1935, S. 345–351.

Sigfrid Färber, Der Herzogshof zu Regensburg, Herausgegeben von der Oberpostdirektion Regensburg anlässlich des europäischen Denkmalschutzjahres 1975, Regensburg 1975. Leicht überarbeitet und aktualisiert.

Herbert Schindler, Jugend an der Donau, aus: Herbert Schindler, Reisen in Niederbayern, München 1975 und 1985, S. 89–92.

# Register der Jahrgänge 1968–2002

*In dem vorliegenden Register erscheint zuerst die Jahreszahl, mit welcher der Band bezeichnet ist, die zweite Zahl bezeichnet die Seite, auf welcher der Beitrag beginnt.*
*Das Erscheinungsjahr wird nicht angegeben.*
Der Jahrgang 1998 existiert zweimal und zwar unter dem Titel „Regensburger Almanach 1998" (erschienen 1997) und dann unter dem Titel „Das war Regensburg 1998" (erschienen 1998). *Um Verwechslungen der beiden mit der Jahreszahl 1998 bezeichneten Bände zu vermeiden, wird im Register der 1997 erschienene „Regensburger Almanach 1998" mit der Jahreszahl 1998 bezeichnet, der 1998 erschienene Band „Das war Regensburg 1998" erhält nach der Jahreszahl 1998 den Zusatz „DwR".*

**I. AUTORENREGISTER**

**II. SACHREGISTER**
mit folgenden Sachgruppen:
Bauwerke
Betrachtungen
Bildbeiträge
Bildende Kunst
Bildung und Erziehung
Brauchtum
Chronik
Denkmalpflege
Erinnerungen
Erzählungen
Frauen
Gastronomie
Gedichte
Geschichte Regensburg
– allgemein
– Vorgeschichte, Antike und Frühgeschichte
– Mittelalter
– Neuzeit

– 20. Jahrhundert
– Zeitgeschichte
Handwerk
Internationale Beziehungen
Kirche
Literatur
Militär
Museen, Sammlungen, Ausstellungen und Galerien
Musik
Natur und Umwelt
Persönlichkeiten
Sonstiges
Soziale Aktivitäten
Sport
Stadtentwicklung Regensburgs
Stadtteile Regensburgs
Theater
Umland
Veranstaltungen
Verkehr
Verlage
Verwaltung, Gericht und städtische Betriebe
Wirtschaft, Industrie und Technik
Wissenschaft und Forschung

**I. AUTORENREGISTER**

**A**dler, August W., 1973, 71
Ahlers, Heinrich, 1979, 109
Aichinger, Georg, 1985, 125
Albrecht, Andreas, 1973, 103; 1977, 95; 1979, 52; 1981, 54; 1982, 83;
1983, 60;1984, 28
Albrecht, Dieter, 1985, 37; 1988, 139
Altinger, Ludwig, 1970, 87
Altner, Helmut, 1994, 132; 1998, 169
Ambronn, Karl-Otto, 1987, 19
Amery, Carl, 1998, 33
Amann, Wilhelm, 2002, 63
Angerer, Birgit, 1993, 29; 1997, 39; 1999,10;
Angerer, Martin, 1988, 15; 1990, 262; 1991, 263; 1992, 158; 1993, 218; 1994, 271; 1995, 222
Angermeier, Heinz, 1989, 178
Angerstorfer, Andreas, 1986, 167

Annuß, Erika, 1996, 45
Arnold, Ernst, 1992, 241
Arnold, Katrin, 1968, 89; 1969, 121; 1970,115/127; 1973, 96; 1986, 56; 1987, 285
Aschenbrenner, Norbert, 1994, 137
Aschenbrenner, Rudolf, 1990, 169

**B**aldauf, Dieter, 1996, 110
Balsamer, Aloys (Pseudonym), 1972, 109; 1973, 136; 1974, 161; 1975, 124; 1976, 121; 1977, 134; 1978, 139; 1979, 158; 1980, 184; 1981, 163; 1982, 169; 1983, 180; 1984, 9/170
Bassermann, Friedrich, 1986, 268; 1990, 196; 1991,144;1993, 154
Bassermann, Wolfgang, 1991, 116
Bauer, Josef, 1973, 45
Baumann, Wolfgang, 1985, 81; 1990, 301; 1996, 170; 2002,120
Becker, Hans-Jürgen, 1995, 59;
Bemelmanns, Ludwig, 1999,88;
Berlinger, Joseph, 1998 DwR, 119
Biberger, Erich L., 1975, 105; 1983, 139; 1991, 186
Birkenseer, Karl, 1998, 157
Bleibrunner, Hans, 1973, 88
Bleisch, Ernst-Günther, 1986, 55
Blühm, Andreas, 1994, 203
Böcker, Franz, 1990, 315
Böhm, Karl, 2000, 143; 2001, 138
Bohr, Peter von, 1968, 45
Boll, Walter, 1968, 37; 1969, 59; 1970, 63; 1971, 33; 1978, 120; 1986, 120
Bosse, Bernhard, 1994, 52
Bradl, Hans, 1998, 163
Brandl, Wolfgang, 1994, 148
Brennauer, Thomas, 1968, 33; 1971, 25; 1992, 36
Bresinsky, Andreas, 1991, 154
Bretz, Hans, 1969, 85; 1976, 125; 1980, 161
Brincken, Gertrud von den, 1992, 193
Britting, Georg, 1968, 83; 1989, 79/105
Brunner, Anton, 1976, 77
Buhl, Johannes, 1992, 99
Bungert, Hans, 1985, 115
Bürckstümmer, Hermann, 1970, 51
Burzer, Helmut, 1990, 150; 1992, 284

175

Cameron, Alison, 1995, 20
Caspers, Klaus, 1998, 29
Chrobak, Werner Johann, 1989, 278; 2001, 31
Codreanu-Windauer, Silvia, 1985,136; 1992, 270; 1997, 14
Collande, Volker von, 1968, 59
Cording, Clemens, 2001, 146

Dachs, Johann, 1997, 120
Dallmeier, Lutz-Michael, 1992, 279
Dallmeier, Martin, 1988, 218; 1991, 51; 1993, 35
Daxlmüller, Christoph, 1996, 146
Deininger, Leonhard, 1975, 42
Demski, Eva, 1987, 49; 1989, 167; 1992, 255; 1999,107;
Dietl, Eduard, 1970, 7
Dietlmeier, Fritz, 1995, 203
Dolhofer, Josef, 1971, 91; 1972, 93; 1974, 93; 1977, 91
Drinda, Dorothea, 1995, 168
Drucker, Michael, 1999,54;
Dünninger, Eberhard, 1985, 73; 1986, 111; 1988,145; 1990, 96; 1991, 174; 1992, 218; 1993, 140; 1994, 104; 1998, 139; 1999,94; 2000, 33; 2002, 8

Ebneth, Rudolf, 1987, 87
Ehl, Andreas, 1993, 234; 1994, 154; 1995, 193
Eisenbeiß, Wilhelm, 1990, 158
Elsner, Hans, 1988, 84
Emmerig, Ernst, 1968, 7; 1970, 29; 1973, 19; 1976, 64; 1978, 102; 1986, 116; 1989, 27; 1991, 9; 1997, 156; 1998, 147
Emmerig, Thomas, 1987, 191; 1989, 81; 1990, 290; 1993, 228; 1998, 57
Endres, Werner, 1987, 104
Erbguth, Horst, 1985, 98
Ernsberger, Jörg, 1989, 91
Ernstberger, Josef, siehe: Balsamer, Aloys
Ettl, Peter Jeremy, 1987, 65

Färber, Konrad M., 1993, 98/186; 1997, 20/101/146; 1998, 19/187; 1998 DwR, 63, 157; 1999,18/48/131/172/182; 2000, 45/137; 2002, 30, 76;
Färber, Sigfrid, 1972, 65; 1979, 24; 1980, 150; 1981, 79; 1983, 72; 1986, 290; 1987, 137; 1988, 239; 1990, 221; 1991, 169; 1993, 181; 1994, 197; 1995, 120
Fastje, Heike, 1994, 241
Feldmann, Christian, 1986, 177; 1987, 215; 1993, 146; 1994, 217; 1996, 46; 1997, 126; 2000, 82; 2002, 107;
Fendl, Elisabeth, 1985, 81; 1990, 114; 1992, 233
Fendl, Josef, 1981, 138; 1982, 153; 1983, 120; 1984, 155; 1985, 229; 1987, 257
Feuchter, Paul, 1979, 96
Fischer, Thomas, 1984, 38
Fleckenstein, Franz, 1972, 89
Fleischmann, Bernhard, 1995, 186
Franck, Markus H., 1994, 81
Frank, Sepp, 1988, 289
Frankenberg von, 1986, 247

Gädeke, Peter Wilhelm, 1974, 131
Gamber, Klaus, 1970, 105
Gansbühler, Karl Josef, 1978, 73
Gastinger, Wilhelm, 1977, 64
Gebauer, Gunther, 1980, 103
Geigenfeind, Willy, 1978, 42; 1980, 39
Geißelmann, Friedrich, 1999,179;
Germann-Bauer, Peter, 1995, 239
Geßner, Ludwig, 1982, 117
Göller, Karl Heinz, 1987, 249; 1997, 112; 2001, 112;
Goethe, Wolfgang von, 1999,7;
Goppel, Alfons, 1969, 15; 1975, 29; 1985, 44; 1987,120
Gottfried, Annerose, 1975, 127
Graber, Rudolf, 1969, 21
Graggo, Werner, 2000, 137
Grashey, Hellmut, 1969, 93
Grcic-Ziersch, Marion, 1998, 91
Greiner, Eva, 1986, 277
Greipl, Egon J., 1996, 26; 1998, 9
Grill, Harald, 1987, 70; 1989, 81
Grimm, Reiner W., 1987, 109
Groh, Kurt, 1981, 122
Groß, Hans, 1977, 57
Gruber, Johann, 2002, 82

Hable, Guido, 1968, 51; 1981, 32; 1982, 35; 1985, 204
Hack, Günter, 1998 DwR, 139;
Hackl, Helmut, 1980, 62
Hage, Hermann, 1995, 73
Hammer, Johann W., 1977, 105; 1989, 155
Handel, Günther, 2000,95;
Hanekker, Julika, 1980, 117; 1983, 115; 1987, 71; 1991, 20; 1993, 59; 1994, 49; 2000, 107;
Hanske, Horst, 1978, 20; 1982, 133; 1998 DwR, 97; 1999, 72; 2000, 21; 2001, 127; 2002, 76, 102;
Hartmannsgruber, Friedrich, 1988, 39
Harzenetter, Markus, 2000, 45; 2001, 46;
Hausberger, Karl, 1991, 70; 1992, 207; 1993, 235
Hauschka, Ernst R., 1968, 71; 1969, 119; 1971, 117; 1972, 85; 1973, 114; 1974, 104/114; 1976, 100; 1977, 114; 1978, 100; 1979, 39; 1980, 132; 1981, 61; 1983, 119; 1984, 31; 1985, 62/176; 1986, 135; 1990, 280; 1991, 199
Hedeler, Heinz, 1990, 205; 1994, 20; 1996, 91
Heigl, Peter, 1987, 145; 1995, 43; 1998, 119
Heimbucher, Oswald, 1992, 143; 1994, 191
Hein, Helmut, 1998 DwR, 163
Held, Irma, 1994, 95
Held, Philipp, 1970, 47;
Heldt, Gerhard, 1999,42;
Heller, Günther, 1979, 92
Henrich, Dieter, 1979, 102; 1981, 88
Herbert, M., 1992, 122
Hermes, Karl, 1987, 263; 1989, 106
Herzogenberg, Johanna von, 1989, 9
Hietsch, Otto, 1984, 43; 1986, 197; 1987, 234; 1989, 202
Hiltl, Franz, 1968, 79; 1971, 111; 1974, 25; 1975, 21; 1976, 20; 1977, 24; 1978, 25
Höcherl, Hermann, 1970, 37; 1972, 59; 1976, 72; 1977, 87; 1978, 48; 1979, 117; 1980, 167; 1981, 152; 1982, 164; 1983, 166; 1984, 59; 1985, 48; 1986, 227; 1987, 32; 1988, 135; 1989, 179
Hocke, Eberhard, 1974, 77
Hofmeister, Hans, 1986, 93
Hofmeister, Walter, 1993, 186
Hofner, Kurt, 1978, 107; 1979, 143; 1980, 122; 1981, 103; 1982, 142; 1983, 129; 1984, 68; 1985, 169; 1986, 128; 1988, 168; 1990, 243; 1991, 219/228; 1995, 94; 1996, 78/137; 1998, 179; 1999, 33;

Hohl, Josef, 1995, 145
Hölle, Margret, 1992, 9
Höllerer, Walter, 1988, 14
Hommes, Ulrich, 1991, 229
Hönle, Alois, 1976, 39; 1978, 52
Hopfner, Max, 1989, 98
Hruby, Josef, 1996, 196
Hubel, Achim, 1980, 22; 1985, 136; 1986, 59; 1993, 197
Huber, Werner, 1970, 111; 1971, 107; 1987, 9
Hübschmann, Wernfried, 1986, 100; 1995, 133
Hummel, Franz, 1994, 128
Hummer, Hans, 1974, 70
Hurt, Benno, 1993, 108; 1999,167; 2000, 14; 2001, 77; 2002, 151;

**J**aumann, Michael, 1998 DwR, 147;
Jonas, Lore, 1989, 42
Judenmann, Franz Xaver, 1984, 63; 1985, 244

**K**aitaeger, 1993, 65
Karl, Emil, 1975, 57
Käß, Siegfried, 1992, 172
Kelber, Ulrich, 1997, 153; 2001, 17; 2002, 36
Keßel, Willi, 1993, 51
Kick, Wilhelm, 1991, 78
Kirchinger, Johann, 2002, 44
Kittel, Peter, 1998, 29
Klaes, Hansheinrich, 1992, 291
Klasen, Jürgen, 1984, 99
Klee, Katja, 2000, 131;
Klofat Hans J., 1987, 164; 1990, 25
Kneip, Heinz, 1989, 31; 1991, 25; 1995, 47
Knopp, Rudolf, 1996, 162
Knorr, Burgi, 1985, 81
Knorr, Gunter, 1977, 69; 1978, 79; 1979, 45; 1983, 176
Koehler, Johannes, 1989, 138;
Kohl, Ines, 1999,150;
Kohlmann, Gert, 1980, 51
König, Eginhard, 1996, 186; 1997, 88; 1998 DwR, 45; 1999,64;
Korner, Heinrich, 1970, 77
Krampol, Karl, 1986, 23; 1988, 27; 1992, 19
Kraus, Eberhard, 1987, 179
Krause, Heinz-Jürgen, 1978, 32; 1979, 72

Krech, Hubert, 1998 DwR, 57;
Kreitmeyr, Ludwig, 1980, 85
Krohn, Barbara, 1996, 130; 1998, 67
Kühlenthal, Michael, 1989, 82
Kuhlmann, Eberhard, 1972, 81
Kukofka, Gerhard, 1968, 63
Kunz, Georg, 1993, 93
Kunz, Hildegard, 2000, 162

**L**agleder, Johannes, 1990, 54
Lang, Wilhelm, 1991, 281
Lankes, Hans, 1993, 132;
Laurer, Toni, 1999, 146;
Laufer, Cläre, 1976, 133; 1977, 135; 1978, 177; 1979, 204; 1980, 230; 1981, 208; 1982, 210; 1983, 37/181; 1984, 83/175; 1985, 225/249; 1986, 242/305; 1987, 129/293; 1988, 284/290; 1989, 300
Lautenschlager, Hans, 1971, 47
Lehner, Albert, 1994, 163
Leistner, Gerhard, 1992, 162; 1993, 221; 1994, 265
Lenz, Hermann, 1986, 50; 1987, 131; 1992, 68; 1994, 188; 1998, 135
Liebl, Franz, 1985 14/228; 1986, 166; 1987, 48; 1989, 80
Liefländer, Irene, 1988, 248; 1990, 256;
Liefländer, Martin, 2001, 59
List, Marietheres, 1999, 42;
Loers, Veit, 1982, 75; 1984, 132
Lohmer, Cornelia, 1988, 189; 1990, 173
Lohse, Hartwig, 1972, 55
Lottes, Gabriele, 1993, 16
Lottes, Günther, 1992, 140
Loverde, Ludwig, 1996, 197
Lukas, Herbert, 2002, 180

**M**ai, Paul, 1974, 122; 1976, 90; 1977, 39; 1979, 30; 1982, 25; 1985, 185; 1989, 20; 1993, 161
Maier, Hans, 1974, 43
Maier-Scheubeck, Nicolaus, 2001, 158
Mair, Georg, 1993, 65
Männer, Karl, 1980, 146
Manske, Dietrich Jürgen, 1988, 59
Manstorfer, Sigrid, 1982, 98
Mark, Oskar, 1976, 52; 1979, 60
Maydell, Uta von, 1988, 244; 1989, 194; 1993, 118; 1994, 61
Mayer, Franz, 1968, 17
Mayer, Peter, 1978, 114
Mazataud, Pierre, 1995, 23
Mederle, Helmut, 1997, 9
Meier, Bernhard, 1998 DwR, 125;
Meier, Christa, 1992, 27; 1993, 78; 1994, 9; 1995, 57; 1996, 20
Meier, Hans, 1980, 110
Meier-Quéruel, Ulrike, 1987, 53
Meierhofer, Peter, 1987, 119
Memmer, Hermann, 1981, 96
Menschick, Rosemarie, 1986, 140
Metzger, Alfons, 1998 DwR, 77;
Meyer, Bernd, 1979, 136; 1983, 46; 1989, 118
Meyer, Herbert, 1991, 210
Miedaner, Stefan, 1988, 271
Morgenschweis, Fritz, 1984, 58
Morsbach, Peter, 1989, 260; 1998 DwR, 83; 1999, 123; 2000, 122; 2002, 137;
Motyka, Gustl, 1990, 74; 1991, 270; 1992, 228; 1993, 242; 1994, 227
Müller, Manfred, 1992, 10; 1997, 83
Müller-Henning, Margarete, 1993, 160

**N**astainczyk, Wolfgang, 1990, 184
Naumann, Josef, 1993, 173
Naumann, Markus, 1986, 217; 1990,164
Naumann, Michael, 1986, 217; 1990,164
Nees, Werner, 1986, 258
Niedermeier, Ludwig Mario, 1981, 128
Nitz, Genoveva, 1987, 207; 1990, 267; 1992, 168; 1994, 275; 1995, 235
Nübler, Dieter, 1975, 8; 1976, 8; 1977, 8; 1978, 8; 1979, 8; 1980, 8; 1982, 8; 1983, 8; 1984, 10; 1985, 15; 1986, 36; 1989, 53; 1990, 47; 1992, 43; 1993, 10; 1994, 13

**O**berkofler, Elmar, 1975, 20; 1977, 127; 1979, 108; 1981, 66; 1982,152; 1983, 45; 1985, 114; 1988, 278; 1990, 214; 1992, 184; 1995, 30
Obermair, Gustav M., 1973, 51
Ollert, Brigitte, 1977, 77
Oster, Heinz, 1983, 142; 1984, 138; 1985, 155; 1986, 295; 1993, 122; 1998, 105; 1998 DwR, 131; 1999, 82;

Osterhaus, Udo, 1991, 243
Ostermann, Rainer, 1996, 37
Otto, Gerd, 1972, 39; 1985, 218; 1996, 117; 1997, 20

**P**aretti, Sandra, 1995, 127
Pauer, Max, 1973, 59
Paulus, Helmut Eberhard, 1988, 200; 1989, 271; 1990, 89/297; 1991, 255; 1992, 95/199; 1993, 192; 1994, 258; 1995, 217; 1997, 26
Paust, Heinz, 1988, 77
Pavic, Milorad, 1988, 103
Pfeiffer, Wolfgang, 1982, 40; 1985, 92; 1986, 160; 1987, 200/203; 1988, 156; 1989, 244/263; 1990, 39; 1994, 233;
Pfeffer, Franz, 1999, 112;
Pfister, Kurt, 2000, 89;
Pfoser, Arthur, 2000, 53; 2001, 99;
Philipsborn, Henning von, 1996, 143
Piendl, Max, 1968, 25
Pigge, Helmut, 1990, 122; 1996, 73; 1998, 39
Pilz, Hans, 1986, 153
Prell, Hans, 1995, 67
Probst, Erwin, 1981, 21; 1983, 23; 1996, 9
Prößl, Heinrich, 1972, 105
Proschlitz, Hubertus, 1986, 247
Prugger, Max, 1969, 7
Pschorr, Rupprecht, 1973, 64
Pürner, Stefan, 1986,196
Putzer, Walter, 2001, 41

**R**aab, Harald, 1994, 111; 1995, 100; 1996, 84; 1999, 137; 2001, 32; 2002, 23;
Rattelmüller, Paul-Ernst, 2000, 100;
Ratzinger, Georg, 1968, 21; 1980, 110
Ratzka, Kurt, 1983, 101; 1988, 77
Rau, Hermann, 1980, 70; 1981, 71; 1988, 218; 1994, 250
Rauch, Albert, 1987, 209
Rauschmayr, Hanns, 1978, 86
Rehorik, Heinz, 2000, 38
Reichmann, Claudia, 2000, 111;
Reichmann, Stefan, 1997, 131; 1998, 45; 1998 DwR, 113; 2001, 120;
Reichenwallner, Heinz, 1999, 128;
Reidel, Hermann, 1986, 164; 1988, 163/227; 1991, 266; 1993, 215; 1995, 237

Reil, Richard, 1997, 32
Reinemer, Walther, 1974, 148; 1975, 98; 1976, 108; 1977, 128; 1978, 127; 1979, 78; 1980, 172; 1981, 146; 1983, 157; 1998 DwR, 91;
Reinhold, Beate, 1989, 235
Remlein, Thomas, 1997, 69; 1998, 73
Rheude, Max Maria, 1987, 134
Rieckhoff, Sabine, 1985, 95; 1988, 106; 1990, 9
Riederer von Paar, Franz Frhr., 1984, 127
Riedl-Valder, Christine, 2002, 165
Rieke, Thomas, 1994, 82
Ritt-Frank, Angelika, 1994, 38
Rocznik, Karl, 1991, 132
Rollmann, Barbara, 1993, 208
Rosengold, Hans, 1986, 173
Rothenbücher, Ulrich, 1998 DwR, 103;
Rubner, Jeanne, 1995, 156
Ruile, Gerd, 1971, 53
Ruppel, Achim, 1995, 109
Ruscheinsky-Rogl, Dagmar, 1993, 113; 1998 DwR, 39;
Rüth, Josef D., 1988, 178; 1990, 234; 1994, 68

**S**ackmann, Franz, 1974,62
Sauerer, Angelika, 1998, 61; 1998 DwR, 19; 2000, 67;
Sauerer, Manfred, 1994, 78/144; 1995, 82; 1997, 79

**Sch**äfer, Hans Dieter, 1991, 168
Scharnagl, August, 1985, 63; 1990, 272
Schauppmeier, Kurt, 1968, 67; 1969, 105; 1970, 119; 1971, 121; 1972, 101; 1973, 128; 2000,58;
Schauwecker, Heinz, 1974, 121
Schedl, Otto, 1969, 29; 1971, 17; 1986, 209
Scheiner, Michael, 1997, 60
Schellenberg, Heiko, 1994, 121
Scherl, Heinz, 1995, 91
Scherrer, Hans, 1990, 131
Schieder, Elmar, 1977, 83; 1981, 37; 1982, 61; 1985, 52
Schienle, Heinz, 1995, 38
Schiessl, Günter, 1979, 128; 1998 DwR, 49; 1999, 175; 2002, 116;
Schindler, Herbert, 2001, 92

Schindler, Mariele, 1996, 127
Schinhammer, Heinrich, 1976, 101
Schinner, Hans, 1995, 91
Schirmbeck, Udo, 1978, 94
Schirmer, Monika, 2002, 95
Schirnding, Albert von, 1985, 32; 1987, 61; 1992, 187/217; 2000, 9; 2001, 85; 2002, 16;
Schlemmer, Thomas, 1996, 59
Schlichting, Günter, 1985, 194
Schlichtinger, Rudolf, 1968, 11; 1969, 35; 1972, 17; 1973, 25; 1976, 27; 1977, 47; 1979, 121
Schmid, Albert, 1975, 36; 1978, 59
Schmid, Alois, 1987, 36; 1988, 125
Schmid, Diethard, 1989, 287
Schmid, Fritz, 1971, 83; 1973, 76
Schmid, Karl, 1985, 211
Schmid, Norbert E., 1994, 33; 1998, 53
Schmid, Rupert, 1973, 32; 1980, 79; 1982, 139; 1984, 150; 1986, 18; 1993, 74
Schmidbauer, Irmengard, 1990, 64
Schmidt, Klaus Jürgen, 1986, 147; 1987, 174
Schmidt, Marianne, 2002, 54
Schmitz, Mathias, 1996, 51
Schmitz, Walter, 1989, 187
Schmuck, Carolin, 1995, 161; 2001, 133;
Schnabl, Arthur, 1998, 81
Schneider, Rolf, 1986, 142
Schnetz, Wolf Peter, 1972, 21; 1973, 121; 1995, 140; 1996, 104; 2001, 66; 2002, 112;
Schöll, Marion, 1998, 19
Scholz, Herbert, 1973, 37
Schönfeld, Renate, 1988, 262
Schönfeld, Roland, 1986, 75; 1991, 62
Schörnig, Wolfgang, 1994, 89; 1997, 73
Schreiber, Heinrich, 1973, 81
Schreiegg, Anton, 1988, 167; 1989, 80; 1990, 32; 1993, 42
Schubert, Wilhelm, 1985, 131
Schuhgraf, Josef, 1969, 83
Schuller, Rudolf, 1993, 84
Schumacher, Heinz, 1984, 95
Schuster, Adolf, 1982, 70; 1983, 32
Schuster, Lotte, 2000, 72;
Schwab, Dieter, 1989, 223; 1993, 22
Schwaiger, Dieter, 2002, 145
Schwaiger, Georg, 1989, 65

Schwämmlein, Karl, 1994, 208
Schwarz, Hans, 1992, 73
Schwarz, Klaus, 1969, 43
Schwarzmaier, Ernst, 1971, 99
Schweinar, Bernd, 1998 DwR, 25;

Scriba, Hans, 1989, 313
Seelig, Lorenz, 1998 DwR, 9;
Seidl, Florian, 1969, 113;
Sendtner, Florian, 1999, 117;
Seyboth, Hermann, 1974, 140
Siegert, Walter, 1991, 126
Silbereisen, Sigmund, 1971, 65
Sillner, Manfred, 1991, 237
Sowa, Wolfgang, 1993, 64
Sperb, Maria-Anna, 1994, 100
Sperb, Marianne, 1998, 87
Spies, Uta, 1998 DwR, 91;
Spitta, Wilkin, 1970, 7; 1971, 7; 1972, 7; 1973, 7; 1974, 7; 1987, 14; 1988, 9
Spitzner, Alfred, 1989, 211; 1992, 123

Staab, Helmut Benno, 1975, 76
Staudigl, Franz Xaver, 1976, 82; 1978, 126; 1981, 137
Steck, Gerhard, 1983, 93
Stein, Franz A., 1980, 133; 1988, 255; 1993, 166; 1998 DwR, 71;
Steinbauer, Clemens, 1974, 35
Stellner, Norbert, 1998 DwR, 169;
Steppan, Erich, 1983, 163
Sterl, Raimund W., 1980, 45; 1981, 67; 1983, 40; 1985, 177; 1989, 230; 1992, 84; 1996, 179; 2002, 72;
Stilijanov-Nedo, Ingrid, 1988, 152
Stöberl, Günter, 1984, 118; 1987, 79; 1991, 110
Stöckl, Wilhelm, 1971, 75; 1983, 151
Stösser, Ernst, 1986, 233; 1997, 53
Straßberger, Peter, 1981, 46
Stroinski, Werner, 1976, 44
Stuber, Manfred, 1989, 216

Teufel, Otto, 1975, 49
Themessl, Peter, 1998 DwR, 147;
Thurn und Taxis, Johannes, Prinz von, 1970, 17
Timm, Werner, 1985, 98/105; 1986, 156; 1987, 192; 1989, 266; 1990, 226; 1991, 259; 1992, 150; 1993, 231; 1998 DwR, 97; 1999, 185;
Tittel, Lutz, 1995, 232
Titz, Josef, 1975, 72; 1980, 33
Treiber, Adolfine, 1977, 32
Triebe, Richard, 1969, 67; 1973, 115; 1984, 87; 1985, 150; 1987, 278
Troidl, Robert, 1988, 91; 1989, 303; 1990, 78; 1992, 110; 1994, 24

Unger, Klemens, 2001, 10
Urbanek, Peter, 1991, 44

Vangerow, Hans-Heinrich, 1985, 238; 1986, 85; 1987, 97; 1988, 116; 1989, 128; 1990, 306; 1991, 293; 1992, 54; 1993, 248; 1994, 180
Vesenmayer, Hans H., 1969, 75; 1972, 49
Viehbacher, Friedrich, 1978, 66; 1980, 91; 1982, 103; 1983, 82; 1986, 9; 1990, 33
Vielberth, Johann, 1969, 99; 1975, 64; 1986, 102; 1988, 70
Vieracker, Christian, 1995, 177
Vogt, Rudolf H., 1974, 85
Volkert, Wilhelm, 1991, 36; 1995, 11
Völkl, Ekkehard, 1992, 131; 1994, 174
Vorbrodt, Günter W., 1974, 105; 1993, 225

Wachter, Gerhard, 1982, 113
Wagenknecht-Wollenschläger, Elke, 1980, 140
Waldherr, Gerhard, 1986, 187
Waldherr, Siegfried, 1970, 97; 1992, 260
Wallner Fritz, 1991, 275
Walter, Margot, 1990, 324; 1991, 302; 1992, 303; 1993, 258; 1994, 279; 1995, 244; 1996, 127/203; 1997, 66/160; 1998, 195
Walther, Adolf, 1987, 223
Wanner, Helmut, 1996, 124; 1997, 45/49; 1999, 155; 2000, 118; 2002, 109;
Wanderwitz, Heinrich 2002, 54
Wartner, Hubert, 1979, 87; 1996, 156
Weber, Ernst, 2001, 104
Weber, Hans, 1972, 27
Weichmann, Birgit, 2001, 72; 2002, 172
Weigl, Julia, 1993, 46; 1994, 249
Weinhold, Günter, 1981, 113
Weishaupt, Josef, 1991, 92
Weiß, Hermann, 1996, 140; 1998, 99; 1999, 60;

Wendisch, Karl Horst, 1999, 143;
Werner-Eichinger, Susanne, 1998, 156
Widmann, Werner A., 1973, 109; 1974, 155; 1975, 119; 1976, 117; 1977, 123; 1978, 134; 1979, 152; 1980, 180; 1981, 158; 1982, 160; 1983, 171; 1984, 166; 1985, 9; 1986, 222; 1987, 124; 1988, 97; 1989, 145; 1990, 20; 1991, 203; 1992, 249; 1993, 244; 1994, 29; 1995, 134; 1997, 106/140; 1998, 127; 1998 DwR, 175; 1999, 161; 2000, 149; 2001, 152; 2002, 159;
Wiedamann, Richard sen., 1990, 104
Wiedemann, Fritz, 1988, 53
Wiesinger, Hellmuth, 1988, 183
Wild, Georg, 1973, 132
Wilhelm, Helmut, 1974, 43
Winkler, Josef, 2001, 55
Winkler, Rudolf, 1982, 123
Winterstetter, Barbara, 1995, 150; 1997, 136
Wittmann, Fritz, 1980, 155
Wolf, Jakob, 1972, 35
Woll, Eberhard, 1982, 128; 1983, 109; 1997, 149
Wolz, Gernot, 1991, 166
Wotruba, Claus-Dieter, 1995, 85; 1998 DwR, 33;
Wunderer, Hansjörg, 1993, 177

Zeitler, Walther, 1990, 138; 1992, 291
Zeitner, Björn, 2002, 125
Zelzner, Johann, 1974, 56
Zehetner, Ludwig, 1999, 24;
Ziegler, Friedrich, 2000, 75;
Zimmermann, Hans Jürgen, 1981, 88
Zorger, Hans-Hagen, 1975, 90
Zweck, Hildegard, 1995, 206; 2000, 154

## *II. SACHREGISTER*

### Bauwerke

Albrecht-Altdorfer-Gymnasium, 1991, 255
Altes Rathaus, Reichssaal, 1977, 47
Altstadtsanierung, 1997, 8
Alumneum, 1985, 194
Anatomieturm, 1986, 277
Aschenbrennermarter, Sulzbach/Donau, 1994, 250

Auerbräu, 1998, 73
Bauen, Neues, 1994, 121
BayWa-Lagerhaus, 2002, 44
Brücken, Bildbeitrag, 1975, 8
Brücke, Steinerne, 1968, 37; 1986, 102
Bürgerhaus, Wahlenstraße, 1993, 192
Burgen und Schlösser, 1984, 150
Dom, 1970, 115; 1971, 7; 1973, 115; 1977, 39; 1984, 95; 1985, 135/150; 1986, 56; 1987, 278; 1988, 163; 1989, 82; 1994, 249
Don-Juan-d'Austria-Standbild, 1978, 114
Dörnberg-Palais, 1987, 223
Fürstliches Schloß, 1988, 218
Gartenplais Löschenkohl, 2000, 45;
Goldenes Kreuz, 1979, 52; 1994, 233
Ingolstetterhaus, 1994, 241; 1999, 48;
Jugendherberge, 2000, 122;
Königliche Villa, 1970, 63
Landolt-Haus, 1997, 101
Lauser-Villa, 1979, 128
Leerer Beutel, 1979, 128; 1982, 40; 1993, 208
Löschenkohl Gartenpalais, 2000, 45;
Lokschuppen, Alter, 1999, 60; 2001, 138
Ludwigstraße 3, 1998, 157;
Neue Waag, 1999, 123;
Parkhotel Maximilian, 1979, 128; 1981, 79
Pestalozzi-Schule, 1993, 192
Postamt, neues, 1992, 284
Pürkelgut, 2001, 31
Restaurierung, 1969, 67; 1985, 150; 1994, 258
Runtingerhaus, 1969, 59
Salzstadel, 1993, 192
sanierte Bauwerke, 1977, 8; 1979, 128; 1982, 40/123; 1983, 46; 1987, 79;
Schnupftabakfabrik, 1999, 48;
Schultze, Max, 1996, 170
Stadel, historische, 1998 DwR, 83;
Stadthalle, 2001, 66
Sauseneck, Haus am, 1979, 128
Steinerne Brücke, 1968, 37; 1986, 102; 1997, 26
Steuersches Haus, 1993, 186
Synagoge, 1986, 167; 1997, 14
Thomaskapelle, 1979, 128
Thon-Dittmer-Palais, 1974, 105; 1983, 46
Velodrom, 1996, 186; 1998, 87; 1999, 42;
Walhalla, 1987, 234

Weinschenkvilla, 1989, 211; 2001, 120
Weintingergasse, 1996, 197
Zanthaus, 1999, 48;
Zant-Haus, 1987, 49; 1994, 241
Ziebland, Georg Friedrich, 1993, 181

Kapellen
– Kreuzhofkapelle, 1986, 187
– Maria-Läng-Kapelle, 1983, 37
– Sigismund, 1974, 105
– Thomas-Kapelle, 1979, 128

Kirchen
– Karmelitenkirche, 1991, 210
– Kreuz-Kirchlein (Peterskirchlein), 1971, 91
– Minoritenkirche, 1979, 128
– Mittelmünster (St. Paul), 1985, 185
– Niedermünster, 1969, 43
– Obermünster, 1976, 90
– St. Anna, Großprüfening, 1989, 278
– St. Cäcilia, Stadtpfarrkirche, 1987, 215
– St. Emmeram
    – Glockenturm, 1969, 67
    – Kloster und Kirche, 1981, 21
– St. Oswald, evangelische Kirche, 1992, 95
– St. Paul, Stift, 1985, 185

Klöster
– Prüfening, 1979, 39

Verschwundene Bauwerke
– Freisinger Hof, 1988, 208
– Hunnenplatz, 1985, 211
– Mittelmünster (St. Paul), Stift, 1985, 185
– Obermünster, Stiftskirche, 1976, 90

**Betrachtungen**

Amann, Wilhelm, Regensburg und die fünf Sinne, 2002, 63
Arnold Katrin, Blick über die Stadt, 1970, 115
– Das Lächeln des Engels, 1986, 56
Balsamer, Aloys, Wia is des mit dera Reformiererei?, 1972, 109
– Über die Kunst, 1973, 136
– Wechseljahre, 1974, 161
– Die Zeit, 1975, 124

– Ein Jahr?, 1977, 134
– „Staade" Stunden, 1978, 139
– Weihnachten – und was bleibt?, 1979, 158
– Ein Licht, 1980, 184
– Abschied von 1980, 1981, 163
– An was ma so denkt... im Advent..., 1982, 169
– Auferstehung?, 1983, 180
– Kartage..., 1984, 9
– Der Wald, 1984, 170
Demski, Eva, Rund wie die Erde, 1992, 255
Ein Regensburger, In Regensburg leben, 1988, 287
Hauschka, Ernst R., Im Labyrinth der Felsengassen, 1968, 71
– Aus dem Regensburger Skizzenbuch, 1971, 117
– J.W. von Goethes Spaziergang in Regensburg, 1981, 61;
Hanske, Horst, Servus, bis huet' Abend beim Knei, 1999, 72;
– Als die Regensburger noch von „Unserem Fürsten" sprachen, 2000, 21
Hiltl, Franz, Umweht von Herbheit und Würze, 1968, 79
Höcherl, Hermann Abschied von Bonn, 1977, 87;
Laurer, Toni, Im Spitalgarten, 1999, 146;
Pavic, Milorad, Donaulegende, 1988, 103
Reinemer, Walther, Kleiner Liebesbrief an Regensburg, 1977, 128
– Regensburg, meine Stadt..., 1980, 172
– Früher war man anders jung..., 1981, 146
Seyboth, Hermann, Faul wie ein Regensburger, 1974, 140
Widmann, Werner A., Jonas Ratisboniensis, 1973, 109
– Kallmünzer Impressionen, 1986, 222
– Restbestände, 1988, 97

**Bildbeiträge**

Alltag, Regensburg, 1970, 7
Altdorfer, Albrecht, Gemälde, 1981, 8
bayerische Volkskunst, 1982, 8

Berufe, 1976, 8
Brücken, 1975, 8
Castra Regina – 1800 Jahre, 1980, 8
Dom, 1971, 7
Donau und Zuflußgebiete, 1974, 7
Heimatbewußtsein, 1977, 8
Jugend in Regensburg, 1994, 13
Klöster, 1989, 53
Luftaufnahmen, Regensburg, 1969, 7
Moderne Betriebe, 1992, 42
Naturdenkmale, 1978, 8
Regensburg alt und neu, 1979, 8
Regensburg, Ansichten, 1988, 9
Schützenscheiben, 1986, 36
Sport und Freizeit, 1983, 8
Stadt und Fluß, 1972, 7
Stadt und Umgebung, 1973, 7
Steine reden, 1985, 15
steinerne Wahrzeichen, 1984, 10
Strom, 1987, 14

## Bildende Kunst

Altdorfer, Albrecht, Wirkungsgeschichte, 1989, 244
Asam, Cosmas Damian, 1968, 25
Berufsverband Bildende Künstler, 1996, 84
Bier, Wolfgang, 1993, 231
Blechen, Karl, 1990, 229
Buchmalerei, Regensburg, 1988, 15
Burckhardt, Jacob, 1986, 111
Corinth, Lovis, 1986, 156
Dinnes, Manfred G., 1992, 150
Dom, Glasmalerei, 1973, 115
– Kleinplastik, 1987, 278
– Pfingstfenster, 1990, 47
– Verkündigungsgruppe, 1986, 56
Don Juan d' Austria, Denkmal, 1978, 114
Feininger Lyonel, Die Ruine auf dem Kliff, 1991, 259
Festdekorationen, barocke, 1985, 81
Fiederer, Georg, 1998 DwR, 125;
Friedel, 1990, 256; 2002, 102
Fuhr, Xaver, 1971, 107; 1998 DwR, 97;
Galerien, 1983, 115

Gebhardt-Westerbuchberg, Franz Sales, Die Passion, 1991, 219
Geistreiter, Hans, 1986, 128; 1997, 153
Glaskunst, 1987, 203
Glasmalerei, 1973, 115; 1991, 229
Heinrich, August, Galerist, 1996, 140
Herigoyen, Emanuel Joseph von, 1988, 227
Himmelfahrt Mariens, Tafelgemälde, 1993, 218
Historismus, fürstlich thurn- und taxis'scher Schloßbau, 1990, 301
Jaeckel, Willy, 1988, 152
Jakobusfahne, 1991, 266
Jugendwettbewerb, 1994, 68
Kallmünzer Maler, 1986, 222
Kloster Prüfening, 1979, 39
Königliche Gemäldegalerie, 2001, 133
Kruczek, Helmut, 1997, 149
Kunst am Bau in der Nachkriegszeit, 2002, 137
Kunstschätze und Kulturdenkmäler, 1977, 105; 1978, 25; 1980, 22
Leerer Beutel, 1993, 208;
Liebl, Peter, 1999, 150;
Lindinger, Jo, 1983, 129
Loeffler, Peter, 1977, 114
Loesch, Ernst, 1992, 184
Maria-Läng-Kapelle, 1983, 37
Mayer, Peter, 1978, 120
Menzel, Adolph, 1985, 105; 1992, 162
Nicolas, Richard, 1991, 237
Oberländer, Adolf, 1992, 172
Obermüller, Johanna, 1990, 243
Ostendorfer, Michael, Reformationsaltar, 1995, 161
Popp, Barbara, 1993, 29
Porzellan, 1987, 104
Preißl, Rupert D., 1980, 122
Preller, Friedrich d. Ä., 1985, 98
St. Emmeram, 1981, 21
Schwendter, Isaac, Das gute Regiment, 1990, 39
Sigismundkapelle, 1974, 105
Sillner, Manfred, 1988, 168
Speer, Martin, 1986, 164
Steinerne Brücke, 1968, 37
Tonner, Winfried, 1987, 192; 2002, 112
Triebe, Richard, 1978, 107
Thurn und Taxis, Margarete von, 1993, 35

Ulfig, Willi, 1970, 111; 1981, 103
Unruh, Kurt von, 1984, 68
Wahrzeichen, 1984, 10; 1985, 15
Waxschlunger, Johann Georg, 1987, 200
Wißner, Max, 1975, 98; 1990, 234
Wurmdobler, Fritz, 1979, 143
Zacharias, Alfred, 1998, 45
Zacharias, Walter, 1985, 169; 1993, 228
– Malerfamilie, 1989, 135
Zoffany, Joh. Joseph, 1985, 92

## Bildung und Erziehung

Abendgymnasium, 1977, 83
Akademie für Erwachsenenbildung, 2001, 59
Albertus-Magnus-Gymnasium, 1989, 287
Alumneum, 1985, 194
Anatomischer Unterricht, 1986, 277
Arme Schulschwestern, 1986, 177
Behinderte, Waldtherapie, 1990, 306
Berufsförderungswerk Dr. Eckert, 1977, 77
Bibliotheken, 1988, 145; 1999, 54;
Bildungszentrum Thon-Dittmer-Palais, 1983, 46
Bischöfliche Zentralbibliothek, 1982, 25
Botanische Gesellschaft, 1981, 71
DAI, 2000, 118;
Don-Bosco-Zentrum, 1998 DwR, 131;
Elterninitiativen, 1980, 140; 1987, 71
Emmeram-Schule, 1983, 23
Fachhochschule, 1974, 85
Grünbeck, Josef, Lehrer und Gelehrter, 1972, 93
Kindergarten, 1998, 67
Kirchenmusikschule, 1998 DwR, 71;
Klarenangerschule, 1992, 241
Jesuitenschule, 1985, 185
Landwirtschaftsschule, 1990, 205
Lesehaus, amerikanisches, 2000, 118;
musikalische Bildung, 1968, 21; 1972, 89; 1980, 110; 1985, 194
Nachkriegsschulzeit, 1987, 61
Ostkirchliches Institut, 1987, 209
Placidus, Heinrich, Lehrer und Gelehrter, 1983, 23
Pestalozzischule, Chronik, 1996, 156

Poetenschule, 1972, 93; 1985, 194
Poetenschule, Beer, Johann, 1991, 169
reichsstädtisches Gymnasium, 1985, 194
Schullandheime, 1980, 146
Spitznamen von Regensburger Lehrern, 2001, 99
Universität, allgemein, 1968, 17; 1971, 53; 1972, 59; 1973, 51; 1975, 90; 1979, 102; 1998, 169
– Auditorium maximum, 1978, 94
– Bibliothek, 1973 59
– Blick in die Wissenschaft, 1994, 132
– Dachs, Hanna, 1993, 51
– Einzugsgebiet, 1984, 99
– Forschung und Lehre, 1968, 17; 1975, 90
– internationale Beziehungen, 1985, 115
– Klinikum, 1981, 88; 1993, 65
– kulturelle Aktivität, 1987, 153
– Studentenwerk, 1986, 258
– Studium im Alter, 1990, 196
– Theologiestudium, 1990, 185
Volkshochschule, 1995, 73; 1996, 127
Volksschule, 1971, 75
Waldjugendspiele, 1985, 238
Walter, Otto, 2000, 100;

**Brauchtum**

Bierkrugdeckel, 1983, 67
Christkindlmarkt, 1991, 199
Dult, 1987, 137
Fastnachtsbrauch, 1989, 223
Gewürzsträuße, 1980, 117
Ortsneckereien, 1983, 120
Redewendungen, 1982, 153
Reiseberichte, 1992, 218
Schützenscheiben, 1986, 36
Volksbelustigungen, 1990, 114
Volkskunst, 1982, 8

**Chronik**

1968, 89; 1969, 121; 1970, 127; 1971, 125; 1972, 115; 1973, 139; 1974, 165; 1975, 127; 1976, 133; 1977, 135; 1978, 177; 1979, 204; 1980, 230; 1981, 208; 1982, 210; 1983, 181; 1984, 175; 1985, 249; 1986, 305; 1987, 293; 1988, 290; 1989, 316; 1990, 324; 1991, 302; 1992, 303; 1993, 258; 1994, 279; 1995, 244; 1996, 203; 1997, 160; 1998, 195

**Denkmalpflegen**

Bahnhofsüberbauung, 2001, 55
„document Neupfarrplatz", 2002, 54
Kunst am Bau in der Nachkriegszeit, 2002, 137
Pürkelgut, 2001, 31
Stiftung Regensburg 1963–1967, 2001, 46

**Erinnerungen**

Albrecht, Andreas, Und so mancher..., 1977, 95
– Nicht erstarrt in steifer Würde..., 1983, 60
– Alois Huber, 1984, 28
Arnold, Ernst, Erinnerungen an die Klarenangerschule, 1992, 241,
Bemelmanns, Ludwig, „Last visit to Regensburg", 1999, 88;
Brincken, Gertrud von den, Zwischen 19 und 90, 1992, 193
Demski, Eva
– Abschied von einem alten Haus, 1987, 49,
– Als das Eisen seinen Frieden machte, 1999, 107;
Ettl, Peter Jeremy, Die Kinder vom „Glasscherbenviertel", 1987, 65;
Färber, Konrad Maria, Ich war im Museumskonzert, 1999, 131;
Feldmann, Christian, Fräulein Parzival, 1997, 126
Goppel, Alfons, Vom Dorfbuben zum Ministerpräsidenten, 1969, 15
– Das alte Reinhausen, 1987, 120
Hanske, Horst, Helge und Schmid Sepp, 2001, 127
Hedeler, Franz, Beim Fürstn, 1996, 91
Heller, Günther, Als die Trambahn noch fuhr..., 1979, 92
Höcherl, Hermann, Zwei Bayern in Bonn, 1978, 48
– Begegnungen mit Theodor Heuss, 1979, 117
– Was ist Schönheit?, 1980, 167
– Der Unertl, 1981, 152
– „...und ich beschloß, Politiker zu werden", 1982, 164
– Brüsseler Impressionen, 1983, 166
– Miszellen, 1984, 59
– Mein Weg aus dem Vorwald..., 1986, 227
– Regensburger Blick auf Bonn, 1987, 32
– In Brennberg daheim, 1988, 135
– Leute, die ich kennenlernte, 1989, 179
Hönle, Alois, Die Eingemeindung – was war und bleibt, 1978, 52
Huber, Werner, Auf ungesicherten Pfaden, 1987, 9
Hurt, Benno,
– München-Kolbstadt, 1993, 108
– „Chopper", 2002, 151
Knorr, Gunter, Abschied von Regensburg, 1983, 176
Lenz, Hermann, Erinnerung an Regensburg, 1986, 50
– Ein Regensburger Minnesänger, 1994, 188
– Erinnerung an Castra Regina, 1998, 135
Pfoser, Arthur
– Heiße Rhythmen – heißes Eisen, 2000, 53
– Spitznamen von Regensburger Lehrern, 2001, 99
Reinemer, Walther, Die Fischer, 1974, 148
– Kleiner Liebesbrief an Regensburg, 1977, 128
– Regensburger Geschichten, 1978, 127
Schirnding, Albert von, Herkommen, 1985, 32;
– Troja lag näher als Stalingrad, 1987, 61
– Märchenbühne der Geschichte, 2000, 9
– „Voi che sapete", 2001, 85
Schindler, Herbert, Der Zwiebelturm, 2001, 92
Schlichtinger, Rudolf, Erlebnisse am Rand, 1979, 121
Schnetz, Wolf Peter, Der Zinstag-Clan, 1995, 140
– Eine Erinnerung, 1996, 104
Schuster, Lotte, Ich bin eine Regensburgerin, 2000, 72
Sterl, Raimund W., Rosine Suppe in Wien, 1996, 179
Wanner, Helmut, Da hilft auch kein Bauernseufzen, 1997, 49

Wartner, Hubert, Als wir Kumpfmühler noch unter uns waren, 1979, 87
Widmann, Werner A., Jonas Ratisboniensis, 1973, 109
– O Täler weit, o Höhen, 1974, 155
– Prost Holzmacher von Paris, 1975, 119
– Irene Ohngeschmack, 1976, 117
– Die Ondulier Anna mit den Bücklingen, 1977, 123
– Die Brändl Kramerin, 1978, 134
– Elisabeth, die Erste, 1979, 152
– Josephine F., 1980, 180
– Die Plakette, 1981, 158
– Der Matrose im Großformat, 1982, 160
– Maestro Michele, 1983, 171
– Mein Freund Aloys Balsamer, 1985, 9
– Neunmal Hausnummer 16a, 1987, 124
– Mein Stammtischbruder, der Herr Minister, 1990, 20
– Brot beim Binner, 1991, 203
– Reporter mit Radlaufglocken, 1992, 249
– In den Alleen hin und her..., 1993, 244
– Grüaß Gott, Herr Märchenonkel, 1994, 29
– Der Träumer aus der Blaufärberei, 1995, 134
– Lebensgefährtin gesucht, Stadträte gefunden, 1997, 106
– Ich bin wieder da, 1997, 140
– Das Hungerjahr 1947, 1998, 127
– Als die Stadt Notstandsgebiet werden sollte, 2001, 152
– Als sich „das Schlitzohr" zum Regieren aufmachte, 2002, 159

**Erzählungen**

Bemelmanns, Ludwig, „Last visit to Regensburg", 1999, 88;
Britting, Georg, Brudermord im Altwasser; Ferkelgedicht, 1968, 83
Demski, Eva
– Abschied von einem alten Haus, 1987, 49;
– Als das Eisen seinen Frieden machte, 1999, 107;
Hiltl, Franz, Die dicke Agnes und das Jüngferlein, 1971, 111
Hurt, Benno
– Gloria! hör´ mein Herz ich rufen, 2000, 14

– Samstagvormittag, 2001, 77
Judenmann, Franz Xaver, Der 12.12.12, 1984, 63
– Die unlösbare Aufgabe, 1985, 244
Laufer, Cläre, Nach 41 Jahren, 1987, 129
Lenz, Hermann, Erinnerung an Regensburg, 1986, 50
– Feriengäste im Bayerischen Wald, 1992, 68
Schirnding, Albert von, „Voi che sapete", 2001, 85
Seidl, Florian, Der Baumeister, 1969, 113
Wiedamann, Richard sen., Der Regensburger Trojanische Krieg, 1990, 104

**Frauen**

Dachs, Hanna, 1993, 51
Feuchtinger, Elisabeth, 1993, 42
Frauen, berühmte, 1993, 10
Händlmaier, Luise, 1996, 124
Initiativen heute, 1993, 59
Klüger, Ruth, 1998, 53
Mittelalter und Neuzeit, 1993, 16
Paretti, Sandra, 1995, 127
Popp, Barbara, 1993, 29
Recht, 1993, 22
Suppe, Rosine, 1996, 179
Valsassina, Margit von, 1993, 35
Widerstand im Dritten Reich, 1993, 46

**Gastronomie**

Auerbräu, 1998, 73;
Biergärten
– 1998 DwR, 147;
– Spitalgarten, 1999, 146;
Cappuccino, 1998 DwR, 157;
Das alte Cafe Rösch, 2002, 76
Kneitinger, 1999, 72;
Rehorik, 2000, 38;
Rosenpalais, 2000, 45;
Wirtshaus- und Brauereimuseum, 2000, 143;

**Gedichte**

Angermeier, Heinz, Regensburg, 1989, 178
Annuß, Erika, Regensburg, 1996, 45

Arnold, Katrin, Vielleicht..., 1987, 285
Biberger, Erich, Kleine Kunstgalerie, 1983, 139
Bleisch, Ernst Günther, Begegnung auf dem Wöhrd, 1986, 55
Brincken, Gertrud von den, Vier Gedichte, 1992, 193
Britting, Georg
– Geistliche Stadt, 1989, 79
– Nach dem Hochwasser, 1989, 105
Ehl, Andreas
– Museum, 1993, 234
– November, 1993, 234
– Blau, 1993, 234
Emmerig, Thomas
– Zum Gedenken an Kurt von Unruh, 1987, 191
– Die Taube und der Dom, 1989, 81
Franck, Markus H., Lebens-Bäume, 1994, 81
Grill, Harald
– am biertisch, 1987, 70
– im frühlingsregen, 1989, 81
Hauschka, Ernst R.
– Unbehagen an Regensburg, 1969, 119
– Regensburg, 1973, 114
– Am Donauhafen, 1974, 104
– Im Domgarten, 1976, 100
– Einer in einer veränderten Stadt, 1978, 100
– Bewegt, jedoch nicht schleppend, 1980, 132
– Ein Tag in Regensburg, 1983, 119
– Erker, 1985, 62
– Heimat, 1985, 176
Herbert, M., Regensburg, 1992, 122
Hölle, Margret, Oberpfälzer Psalm, 1992, 9
Höllerer, Walter, Was mir wohltut, 1988, 14
Hruby, Josef, Regensburg, 1996, 196
Hübschmann, Wernfried, Vier Gedichte, 1986, 100
– Drei Gedichte, 1995, 133
J.J.L., Im Spitalgarten, 1975, 123
Jobst, Max, Nachgelassene Gedichte, 1990, 290
Liebl, Franz
– An den Tod, 1985, 14
– Im Steinwald, 1985, 228
– Aussiedlung..., 1986, 166
– Das Portal, 1987, 48
– Gotischer Dom, 1989, 80
Meierhofer, Peter, Altstadt, 1987, 119

183

Menschick, Rosemarie, D' Rengschburgerin, 1986, 140
Morgenschweis, Fritz, z' Rengschburg, 1984, 58
Müller-Henning, Margarete
– Im Westpark, 1993, 160
– Im Donaubogen, 1993, 160
– Regensburg, 1993, 160
Oberkofler, Elmar
– Die Steinerne Brücke, 1975, 20
– Geständnis, 1977, 127
– Regensburg, 1979, 108
– Regensburg gibt es nur einmal, 1981, 66
– Sinnend in Regensburg, 1982, 152
– In Regensburg, 1983, 45
– Fassaden in Regensburg, 1985, 114
Pürner, Stefan, Regensburg, 1986, 196
Schäfer, Hans Dieter, Morgen im Mai, 1991, 168
Schauwecker, Heinz, Zur Nacht in Regensburg, 1974, 121
Schirnding, Albert von, Weihnachten in Regensburg, 1992, 217
Schreiegg, Anton
– Abends im Dom, 1988, 167
– Das Brückenmännlein, 1989, 32
– Der Dom zur Zeit der Renovierung, 1989, 80
– Auf das Vergängliche, 1991, 228
Schuhgraf, Josef, Der mißverstandene Brief, 1969, 83
Sowa, Wolfgang, Regensburg-Turmdohlen, 1993, 64
Staudigl, Franz X.
– Die Zeit ist die Beherrscherin der Dinge, 1978, 126
– Impressionen, 1981, 137
Werner-Eichinger, Susanne, Am Zaun, 1998, 156

## Geschichte, Regensburg

### Allgemein
Almanach, 1998, 187
Altregensburger, 1974, 140
Alumneum, 1985, 194
Aventinus, Johannes, 1993, 140
Bistum, Regensburg, 1989, 65
Bürgerfest, 1993, 132; 1998, 18/29
Burgfrieden, 1995, 59
Dalberg-Jahr, 1995, 67
Deutsch-französische Beziehungen, 1968, 51
Dialekt, Regensburger, 1999, 24;
Donauschiffahrt, 1982, 83; 1986, 75/85; 1996, 117
europäische Beziehungen, 1991, 9
Europakolloquien, 1992, 140
Funde, 1982, 75
Gerichtswesen, 1970, 47
Hauptstädte, Oberpfalz, 1987, 19
Jahrmärkte, 1987, 137
jüdische Gemeinde, 1986, 167
Kaiser, Könige..., Präsidenten, 1968, 7; 1972, 52
Kartause von Prüll, 1998, 163
Krankenhauswesen, 1971, 65
Militär in Regensburg, 1979, 45; 1980, 51
Münzen, 1980, 33
Polizeiwesen, 1974, 93
Postwesen, 1975, 76; 1992, 284
Ratsautonomie, städtische, 1995, 11
Regensburg als bayerische Hauptstadt, 1998 DwR, 45;
Regensburger Stadtgeschichte, 1993, 98; 1997, 112
Rußland und Ostbayern, 1994, 180
Spuren und Stätten, 1968, 71; 1981, 61
Südtiroler in Regensburg, 1988, 278
Waisenhaus St. Salvator, 1993, 235
Wallfahrt, 1993, 146
Zeitungswesen, 1973, 103
Zunftwesen, 1984, 83/87

### Vorgeschichte, Antike und Frühgeschichte
Agilolfingisches Zeitalter, 1976, 20
archäologisches Freigelände, Ernst-Reuter-Platz, 1992, 260
bajuwarisches Reihengräberfeld, Geisling, 1992, 270
Christentum, frühes, 1979, 30
Frühgeschichte, Museum, 1985, 95
Gründung Regensburgs, 1978, 20; 1979, 24
Kelten und Germanen, 1988, 106
Kelten und Römer, 1975, 21
Marc Aurel, 1984, 31
Radaspona, Lage, 1991, 243
römische Funde, Militärdiplome, 1978, 20
– Schatz Regensburg-Kumpfmühl, 1990, 9
– Tempel, 1984, 38
vorgeschichtlicher Mensch, 1974, 25

### Mittelalter
Albertus Magnus, 1980, 150; 2002, 82
Albrecht IV., Reichsstadt, 1987, 36
Altes Rathaus, 1977, 47
Archäologie, Deggingerhaus, 1992, 279
baierische Herzogspfalz, 1969, 43; 1986, 59
Brückenpreis, 1996, 20
Bürgerwappen und -siegel, 1991, 44
Christentum, frühes, 1979, 30
Fastnachtsbrauch, obrigkeitliche Reaktion, 1989, 223
Frauen, 1993, 16
Funde, Ausgrabungen, 1969, 43; 1984, 132; 1985, 136
Gerichtsbarkeit, 1969, 85
Handwerk, Regensburg, 1988, 18
Heinrich IV., V., Fehden, 1982, 70
Herrscher, 1968, 7; 1977, 24; 1979, 52
Juden, 1966, 148
Kreuzzüge, Schlachten, 1982, 70; 1984, 155
liturgische Handschriften, 1970, 105; 1982, 25/70
Mission ins böhmische Land, 1969, 21
Mittelalter im Museum, 1995, 222
Patrizierburgen und Millionäre, 1993, 186
Patriziergeschlecht Runtinger, 1969, 59
Ratsautonomie, städtische, 1995, 11
Regensburg-Kiew, Beziehungen, 1989, 20
Reichspolitik, 1982, 70
Reichssaal, 1977, 47
Stadtfreiheit, 1996, 9
St. Emmeram, 1981, 21
St. Katharinenspital, 1977, 32
Sklavenmarkt Regensburg, 1989, 27
Stadtsiegel, 1991, 36
Turniere, 1983, 32; 1984, 155
Berthold von Regensburg, 2000, 82;

### Neuzeit
Albertus-Magnus-Gymnasium, 1989, 287
Blomberger, Barbara, kaiserliche Geliebte, 1989, 167; 2000, 89

Dallberg – Relief-Portrait, 2002, 120
Domfreiheit, 1994, 249
englische Reiseberichte, 1984, 43; 1986, 197; 1987, 234
Etherege, Sir George, Diplomatenaffären, 1987, 249
evangelisches Kirchenwesen, 1970, 51
Familienchronik, 1986, 93
Fastnachtsbrauch, obrigkeitliche Reaktion, 1989, 223
Feste, Empfänge, 1985, 81
Frauen, 1993, 16
Gewerbe, 1990, 173
Immerwährender Reichstag, 1991, 62
Johann Leopold Montag, 2001, 104
Journalismus, 1989, 155
Kaiser Maximilian II., Tod und Obduktion, 1988, 183
Keplers Spuren, 1981, 37
Krieg 1812/13, 1993, 248; 1994, 180
Ludwig II., königliche Verlobung, 1977, 91
Mintrachinger Holz, 1988, 116
Mörike auf dem Pürkelgut, 2001, 41
Pestjahr 1713, 1992, 207
Piontkowski, Napoleonischer Hauptmann, 1986, 290
Postwesen, Thurn und Taxis, 1991, 51
Protestantismus, Regensburg, 1992, 73
Regensburg in Bayern, 1985, 37
Säkularisation, 1990, 54
Schandri, Marie, 2000, 95;
Schlacht v. Lepanto, 1979, 60
Steiglehner, Coelestin, Fürstabt St. Emmeram, 1991, 70
von Thurn und Taxis, Familie, 1970, 17, 1993, 35
Vereine, Regensburg, 1988, 271

## 20. Jahrhundert

Berufsfeuerwehr in Regensburg, 2002, 180
Blaue Schwestern von der Hl. Elisabeth, 2002, 172
Dachs, Hanna, 1993, 51
DAI, 2000, 118;
Demokratie, 1996, 59
Drittes Reich
– Widerstand, 1996, 46; 1993, 46

– Hamstern, 1994, 24
Fraueninitiativen, 1993, 59
Lesehaus, amerikanisches 2000, 118
Nachkriegszeit, 1996, 37
Reichhart, Johann, Scharfrichter, 1997, 120
Theater, 1996, 73

### *Zeitgeschichte*

Agrarpolitik EG, 1978, 48
Bonn, 1977, 87; 1987, 32
Bundeskanzler Konrad Adenauer, 1980, 167
Bundesminister, Fritz Schäffer, 1978, 48
– Hermann Höcherl, 1978, 48; 1979, 117; 1985, 48
Bundespräsident Theodor Heuss, 1979, 117
Bundestagsabgeordneter Hans Lautenschlager, 1971, 47
Bundestagsabgeordneter Josef Wallner, 1991, 275
Bundestagsarbeit, 1983, 151
Bürgerbeteiligung, 1975, 36
Bürgermeisteramt
– Heiß, Alfons, 1998 DwR, 113;
– Meier, Christa, 1991, 108; 1998 DwR, 57;
– Schieder, Elmar, 1985, 52
– Schaidinger, Hans, 1998 DwR, 57;
– Schlichtinger, Rudolf, 1995, 57
– Viehbacher, Friedrich, 1994, 9; 1979, 126; 1991, 106;
– Zitzler, Georg, 1998 DwR, 113;
Demokratie, 1996, 59
deutsch-französische Beziehungen, 1968, 51
Domfreiheit, 1994, 249
Drittes Reich, 1981, 158; 1986, 167; 1999, 94;
Drittes Reich, Euthanasie, Karthaus Prüll, 1992, 123
– Widerstand, 1991, 78
Europakolloquien im Alten Reichstag, 1992, 140; 1993, 93; 1996, 51
Europapolitik, 1983, 166; 1985, 44
Gebietsreform, Regensburg, 1993, 74/78
Gesetze, Denkmalschutz – Bayern, 1975, 29
– Grundgesetz, 1985, 48
„Heim ins Reich", 2002, 145
Heil- und Pflegeanstalt im Nationalsozialismus, 2001, 146

Hochwasser, 1989, 98
Juden, 1989, 42; 1999, 94;
jüdische Gemeinde, 1986, 173;
Jugendherberge, 2000, 122;
Klemperer, Victor, Tagebücher, 1999, 94;
Kommunalpolitik, 1997, 9
Kommunalwahlen 1996, 1998 DwR, 57;
Kunst am Bau in der Nachkriegszeit, 2002, 137
Kulturreferat, 1995, 94; 1999, 33;
Landräte
– Rupert Schmid, 1979, 127;
Medienpolitik, Ostbayern, 1988, 53
Ministerpräsident Franz Josef Strauß, 1990, 33
Ministerpräsident und Europaparlamentarier Alfons Goppel, 1969, 15; 1985, 44
Moskau, Perestrojka, 1989, 31, Nachkriegs-„Parsifal", 2000, 75
Neupfarrplatz, 1999, 117;
Neutraubling, Geschichte, 1992, 233
Presse
– Die Woche, 1999, 137;
– Der Lagerspiegel, 2000, 131;
– Mittelbayerische Zeitung, 1996, 78
Regensburger Kinos, 2002, 125
Regierungspräsidenten
– Ernst Emmerig, 1982, 94; 1999, 172;
– Karl Krampol, 1982, 96
Regensburg vor 50 Jahren, 2000, 149
– 1947, Hungerjahr, 1998, 127;
– 1948/49, Neues Geld, 1998 DwR, 175;
– 1950, Große Wende, 1999, 161;
ukrainische Flüchtlinge, 1992, 131
Vertreibung, 1986, 166; 1987, 268
Vertriebenenverbände, 1988, 284
WAA, 1989, 216
Zeitgeschehen in der Presse, 1977, 95
Zweiter Weltkrieg, 1986, 268; 1987, 61/257; 1991, 92

## Handwerk

Berufe, 1976, 8
Büchsenmacher, 1981, 54
Email, 1994, 275
Geschichte, 1988, 18

Gewerbe, allgemein, 1990, 173
Kunstgewerbe, 1980, 117
Landwirtschaft, 1996, 91
Mode, 1993, 113
Musikinstrumentenbauer, 1981, 67
Porzellan, 1978, 32; 1987, 104
Rauchfangkehrer, 1985, 225
Schreiner, 1984, 83
Steinmetz, -arbeiten, 1969, 67; 1984, 87
Zinngießer, -arbeiten, 1983, 67; 1986, 242

**Internationale Beziehungen**

deutsch-französische-, 1968, 51
Europa- und EG-Politik, 1978, 86; 1983, 166; 1985, 44
Feste, historische, 1985, 81
Handel, 1986, 85
internationale Partnergesellschaften, 1991, 20
Künstlertreffen, 1973, 121
Moskau, Studienreise Universität, 1989, 31
ökumenische Bewegung, 1985, 125/131; 1987, 209
Ost-West-Kirchendialog, 1987, 209
Partnerstädte
– Aberdeen, 1995, 20
– Brixen, 1995, 30
– Clermont, 1995, 23
– Odessa, 1991, 25; 1995, 47
– Pilsen, 1995, 43
– Tempe, 1995, 38
Prag – Regensburg, 1989, 9
Regensburger Schriftstellergruppe (RSG), 1975, 105
Schiffahrt, 1979, 96; 1982, 83
Universität, 1985, 115
US-Soldaten, 1978, 79

**Kirche**

Albertus Magnus, 2002, 82
Alumneum, 1985, 194
Archive, 1974, 122; 1985, 194
Arme Schulschwestern, 1986, 177
Bahnhofsmission, 1995, 203
Bettelmönche, Bruder Berthold, 1978, 25; 1982, 61
Bischöfe, 1983, 78; 1994, 217; 1998, 33
Bischöfliche Zentralbibliothek, 1982, 25
Bischöfliches Zentralarchiv, 1974, 122
Bistumsgeschichte, 1989, 65
Chorbücher, 1982, 25
Christentum, frühes, 1979, 30
Diepenbrock, Melchior, Anhänger Sailers, 1990, 54
Diözesanzentrum, 1976, 90
Diözesanmuseum, 1993, 215; 1995, 235/237
Dom
– Domfreiheit, 1994, 249
– Domorganist Eberhard Kraus, 1997, 136
Dominikanerinnen-Kloster, 1982, 25
Dominikanerinnenkloster Pettendorf, 1988, 125
Erminold, 1993, 197
evangelisches Kirchenwesen, 1970, 51; 1985, 131
Fronleichnam, 1997, 83
Glaubensfehde, 1984, 166
Himmelfahrt Mariens, Tafelgemälde, 1993, 218
Karmeliten, 1991, 210
Kirchenbücher, 1974, 122
Kirchenmusik, 1993, 166
Liturgiewissenschaftliches Institut, 1970, 105
liturgische Handschriften, 1970, 105; 1982, 25/70
Marianische Congregation, Geschichte, 1992, 99
Marienschwestern von Karmel, 1989, 300
Mensch und Schöpfung, 1992, 10
Mission in Böhmen, 1969, 21
Mittelmünster, 1985, 185
Niedermünster, 1969, 43
Obermünster, 1976, 90; 1995, 177
ökumenische Tätigkeit, 1985, 125/131; 1987, 209
Orden, Augustiner, 1987, 215
– Barmherzige Brüder, 1996, 162
– Benediktiner, 1985, 185
– Bettelmönche, 1978, 25; 1982, 61
– im Mittelalter, 1978, 25
– Jesuiten, 1985, 185
Ostendorfer, Michael, Reformationsaltar, 1995, 161
Ostkirchliches Institut, 1987, 209
Proskesche Musikbibliothek, 1993, 161
Protestantismus in Regensburg, Geschichte, 1992, 73
Reformationsjahrhundert, 1992, 84
St. Oswald, 1992, 95
St. Paul, Stift, 1985, 185
Theologiestudium, 1990, 185
Wallfahrt, 1993, 146; 1994, 227
Wallfahrtskirche auf dem Eichelberg, 1992, 228

**Literatur**

Almanach, Regensburger, 1998, 187
Beer, Johann, 1991, 169
Bemelmans, Ludwig, 1998 DwR, 103; 1999, 88;
Bonn, Franz, 1994, 197
Britting, Georg, 1985, 73; 1989, 187; 1992, 187;
Demski, Eva, 1987, 49; 1999, 107;
Esser, Karl Heinz, Verleger, 1996, 137
Fallmerayer, Jakob Philipp, 1990, 214
Färber, Sigfrid, 1997, 156
Ganghofer, Ludwig, 1991, 174
Gedichtinterpretation: Schäfer, Hans Dieter, Regensburger Nacht, 1991, 166
Grill, Harald, 1994, 33
Hack, Günter, 1998 DwR, 139;
Heimatfestspiele, Hanns Dollinger von Regensburg, 1988, 239; 1996, 26
Hoerburger, Felix, 1998, 57
Hölderlin, Friedrich, 1979, 72
Johann Leopold Montag, 2001, 104
Klüger, Ruth, 1998, 53
Lenz, Hermann, Hommage à Atlantis, 1987, 131
Loesch, Ernst, 1992, 184
Manz, Georg Friedrich, 1994, 197
Medizinische Publikationen, 1986, 277
Menschick, Rosemarie, 1986, 135
Mittelbayerische Zeitung, 1996, 78
Mörike auf dem Pürkelgut, 2001, 41
Mundartdichtung, Übersetzbarkeit, 1989, 202
Pustet Verlag, 1968, 63
Regensburger Almanach, 20. Band, 1987, 9
Regensburger Schriftstellergruppe (RSG), 1972, 85; 1975, 105

Reiseberichte, 18. und 19. Jh., 1985, 229
– Burckhardt, Jacob, 1986, 111
– englische, 1984, 43; 1986, 197; 1987, 234
Samstagvormittag 2001, 77
Schauwecker, Heinz, 1974, 114
Schirnding, Albert von, 1994, 104
Schriftstellergruppe International, 1991, 186
Weber, Fritz Karl, 1994, 191
Widmann, Werner A., 1976, 121
Wißner, Max, 1975, 98

**Militär**

Abschied, 1983, 176
Bundeswehr und Gesellschaft, 1969, 93
Chevaulegers-Regiment Nr.2, 1980, 62
Garnison Regensburg, 1974, 77
4. Jägerdivision, 1977, 69
militärische Geschichte, Regensburg, 1979, 45; 1980, 51
Mitspracherecht, 1986, 295
Ostbayern beim Bund, 1983, 142
4. Panzergrenadierdivision, 1982, 113
römische Militärdiplome, 1978, 20
Sammlung, Volksbund, 1989, 313
Schlacht von Lepanto, 1979, 60
Sprachhumor, 1984, 138
US-Soldaten, 1978, 79
Verbandsabzeichen, 1985, 155

**Museen, Sammlungen, Ausstellungen und Galerien**

Abwanderung von Kunstwerken, 1977, 105; 1980, 22
Ausstellungen, Corinth Lovis, 1986, 156
– Dom, 1989, 260
– Donau-Einkaufszentrum, 1979, 136
– Jaeckel, Willy, 1988, 152
– Ratisbona sacra, 1989, 260
– Regensburger Buchmalerei, 1988, 15
– Zacharias, Walter, 1993, 228
Diözesanmuseum, 1979, 128; 1986,164; 1987, 207; 1992, 168; 1993, 215; 1995, 235/237
„document Neupfarrplatz", 2002, 54

Domschatzmuseum, 1994, 275
Fürstenschatz, Thurn-und-Taxis-Museum, 1998 DwR, 15;
Galerien, 1983, 115; 1988, 183; 1998, 91
Heinrich, August, Galerist, 1996, 140
Leerer Beutel, 1979, 128; 1982, 40; 1993, 208
Münzsammlung, 1980, 33
Museen, allgemein, 1979, 128
Museen der Stadt Regensburg, 1980, 33; 1985, 92/95; 1986, 160; 1987, 200/203; 1992, 158
Neuerwerbungen des Museums
– Altarflügel, 1991, 263
– Barockmöbel, 1986, 160
– Baumgarten, von, , 1995, 239
– Feininger, Lyonel, 1991, 259
– Flügelaltar, 1990, 262
– Friedlein, 1995, 239
– Haindl, 1995, 239
– Jakobusfahne, 1991, 266
– Kunsthandwerk, 1989, 263
– Mittelalter, 1995, 222
– Ostendorfer, 1994, 271
– Preller, Friedrich, d. Ä., 1985, 98
– Sammlung Ludwig Auer, 1990, 267
– Speer, Martin, 1986, 164
– Zingerl, 1994, 239
– Zoffany, Joh. Joseph, 1985, 92; 1994, 271;
Museumskonzerte, 1999, 131;
Ostdeutsche Galerie, 1971, 33; 1985, 98; 1986, 156; 1987, 192; 1989, 266; 1992, 162; 1993, 221; 1994, 265; 1995, 232
Schiffahrtsmuseum, 1985, 98; 1986, 153
Städtische Sammlungen, 1988, 156
Thurn-und-Taxis-Museum, 1998 DwR, 9;
Württembergisches Palais (Naturkundemuseum), 1993, 173/177

**Musik**

Albertus Magnus, 1989, 223;
Alte Musik, Tage, 1999, 143;
Auditorium Maximum, 1978, 94
Brünner, Richard, Tenor, 1997, 131
Cäcilienverein, 1993, 166
Chambergrass, 1988, 289

Collegium Musicum, 1971, 99; 1986, 147; 1995, 120
Dalberg, Carl Theodor von, Förderer, 1985, 63
Feuchtinger, Elisabeth, 1993, 42
Frantz, Justus, 1998, 9
Grobmeier, Heinz, 1998 DwR, 119;
Hoerburger, Felix, 1998, 57
Jazz-Szene, 1990, 131; 1997, 60
Jeunesse musicale, 1994, 52
Jobst, Max, 1990, 290
Jugend musiziert, 1988, 255
Junge Musikgemeinschaft (1947–1948), 1992, 143

*Kirchenmusik*
– Alumneum, 1985, 194
– Domorganist Eberhard Kraus, 1997, 136
– Kantorei, 1988, 262
– Kirchenmusikschule, 1998 DwR, 71;
– Proskesche Musikbibliothek, 1982, 25; 1993, 161
– Ratisbonensis, Paulus Hombergerus, 1994, 208
– Regensburger Domspatzen, 1968, 21; 1978, 102; 1980, 110
– Schule, 1972, 89
Komponisten, 1980, 45; 1985, 177; 1987, 179
Konzerte nach Kriegsende, 2002, 72
Mettenleiter, Johann Georg und Dominikus, 1990, 272;
Museumskonzert, 1999, 131;
Musikinstrumente, 1981, 67
Musikverein, 1980, 133
Open-Air-Festival im Villapark, 1998 DwR, 25;
Oper, 1995, 109
– Kammeroper, 1994, 128
Pokorny, Franz Xaver, 1994, 197
Reformationsjahrhundert, 1992, 84
Regensburger Chorkreis, 1987, 174
Rockmusik, 1995, 82
Schlagermusik, 1998 DwR, 163;
Sigmund, Oskar, 1990, 280
Stoll, Rudolf, 1995, 150
Suppe, Rosine, 1996, 179
Universitätsorchester, 1987, 153

**Natur und Umwelt**

Altmühltal, 1980, 85
Biologischer Landbau, 1994, 82
Botanische Gesellschaft, 1981, 71
Denkmale der Natur, 1978, 8
Denkmalschutzgesetz, 1975, 29
Denkmalsterben, 1985, 150
Dörnberg-Park, 1987, 223
Dschungel im Hafen, 2001, 72
Grünflächen, 1986, 233
Hochwasser, 1989, 91/98
Mensch und Schöpfung, 1992, 19
Nationalpark Bayerischer Wald, 1991, 293
Stadtgartenamt, 1997, 53
Umweltschutz, 1973, 19; 1994, 89/95/100
Umweltschutz, Oberpfalz, 1992, 10
– Regensburg, 1992, 27
– Umwelttechnologie, 1992, 36
Waldfunktionsplan, 1992, 54
Waldjugendspiele, 1985, 238
Waldsterben, 1984, 127; 1987, 97
Württembergisches Palais (Naturkundemuseum), 1993, 173/177

**Persönlichkeiten**

Adenauer, Konrad, 1980, 167
Albertus Magnus, 1980, 150; 1989, 223; 2002, 82
Albrecht IV., 1987, 36
Altdorfer, Albrecht, 1989, 244
Altner, Prof. Dr. Helmut, 2001, 23
Asam, Cosmas Damian, 1968, 25
Aventinus, Johannes, 1993, 140
Balsamer, Aloys (= Ernstberger, Josef), 1985, 9
Baumann, Otto, 1982, 142
Beer, Johann, 1991, 169;
Beer, Marie, 1999, 175;
Bemelmans, Ludwig, 1998 DwR, 103;
Blechen, Karl, 1990, 229
Blomberger, Barbara, 1989, 167; 2000, 89;
Boll, Walter, 1986, 116; 1999, 33;
Bonn, Franz, 1994, 197
Brander, Georg Friedrich, 1989, 145

Britting, Georg, 1985, 73; 1992, 187; 2002, 30
Bruder Berthold, 1982, 61
Brünner, Richard, 1997, 131
Burckhardt, Jacob, 1986, 111
Dalberg, Carl Theodor von, 1985, 63
Diepenbrock, Melchior, 1990, 54
Diepolder, Irene, 1997, 146
Dinnes, Manfred G., 1992, 150
Don Juan d'Austria, 1979, 52/60
Dörnberg zu Herzberg, Grafen von, 1987, 223
Einstein, Albert, 1991, 144
Emmeram, Hl., 1981, 21
Emmerig, Ernst, 1982, 94; 1999, 172;
Erhard, Hl., 1969, 43
Ernstberger Josef (= Balsamer, Aloys), 1985, 9
Etherege, George, 1987, 249
Färber, Sigfrid, 1997, 156;
Fallmerayer, Jakob Philipp, 1990, 214
Felixmüller, Conrad, 1993, 225
Fletscher, Tom Hugh, 1996, 143
Friedel, 1990, 256
Fuhr, Xaver, 1971, 107; 1998 DwR, 97;
Ganghofer, Ludwig, 1991, 174
Geistreiter, Hans, 1986, 128; 1997, 153;
Gerhardinger, Theresia, 1986, 177;
Götz, Karlheinz, 2000, 107;
Goethe, Johann Wolfgang, 1999, 7/10;
Goppel, Alfons, 1969, 15; 1985, 44
Graber, Rudolf, Bischof, 1983, 78
Graggo, Familie, 2000, 137;
Greipl, Egon Johannes, 1999, 33;
Greflinger, Georg, 1989, 155
Grumbach, Argula von, 1984, 166
Grünbeck, Josef, 1972, 93
Habbel, Familie, 2000, 111;
Haberl, Ferdinand, 1972, 89
Haberl, Franz Xaver, 1972, 89
Heigl Frieda, 2002, 95
Heinrich IV., V., 1982, 70
Heiß, Alfons, 1998 DwR, 131;
Herigoyen, Emanuel Joseph von, 1988, 227
Heuss, Theodor, 1979, 117
Hiltl Franz, 2002, 107
Höcherl, Hermann, 1978, 48; 1979, 117; 1982, 164; 1983, 166; 1990, 20
Hölderlin, Friedrich, 1979, 72

Hösl, Johann, 2000, 33;
Hoerburger, Felix, 1998, 57;
Huber, Alois, 1984, 28
Jakob, Hans, 1970, 119
Jobst, Max, 1990, 290
Karl V., 1979, 52
Kaltenecker, Gertraud, 1985, 177;
Klemperer, Victor, 1999, 94;
Krampol, Karl, 1982, 96
Kraus, Karl, 2002, 72
Kruczek, Helmut, 1997, 149;
Lautenschlager, Hans, 1971, 47
Lindinger, Jo, 1983, 129
List, Marietheres, 2001, 17; 2002, 36
Loeffler, Peter M., 1977, 91
Loesch, Ernst, 1992, 184
Ludwig II., 1977, 114
Maier, Johann, 1996, 46
Mälzel, Joh. Nepomuk, 1983, 40
Manz, Georg Friedrich, 1994, 197
Marc Aurel, 1984, 31
Maximilian II. (Kaiser), 1988, 183
Mayer, Peter, 1978, 120
Meier, Christa, 1991, 108
Menschick, Rosemarie, 1986, 135
Menzel, Adolph, 1985, 105
Mettenleiter, Johann Georg, 1990, 272
Mettenleiter, Dominikus, 1990, 272;
Meyer, Bernd, 1999, 33;
Montag, Johann Leopold, 2001, 104
Mörike, 2001, 41
Müller, Manfred, Bischof, 1983, 79
Nicolas, Richard, 1991, 237
Oberdorfer, Simon, 1996, 186
Oberländer, Adolf, 1992, 172
Obermüller, Johanna, 1990, 243
Overbeck, Friedrich, 1994, 203
Pater Emmeram, 2002, 102
Paretti, Sandra, 1995, 127;
Pauer, Max, 1999, 179;
Piontkowski, Carl F.J., Graf, 1986, 290; 2001, 112
Placidus, Heinrich, 1983, 23
Pokorny, Franz Xaver, 1994, 197
Popp, Barbara, 1993, 29
Porschet, Falko, 2002, 116
Prasch, Johann Ludwig, 1990, 96

Preißl, Rupert D., 1980, 122
Pustet, Friedrich, 1968, 63
Ratisbonensis, Paulus Hombergerus, 1994, 208
Reger, Max, 1987, 179
Renner, Joseph, 1987, 179
Rheude, Max Maria, 1987, 134; 2002, 30
Röhrl, Walter, 1981, 128
Sailer, Johann, 1998, 33
Schäfer, Karl-Heinz, 2002, 109
Schäffer, Fritz, 1978, 48
Schandri, Marie, 2000, 95;
Schels, August, 1995, 145
Schenk, Eduard von, 1988, 139
Schieder, Elmar, 1985, 52
Schindler, Rudolf, 1987, 174
Schirnding, Albert von, 1994, 104
Schmid, Rupert, 1979, 127
Schmitt, Wilhelm, 1980, 133;
Schnetz, Wolf Peter, 1999, 33;
Schöpf, Johann Adam, 2002, 165
Schuegraf, Joseph Rudolf, 1990, 221
Schultze, Max, 1996, 170
Sigmund Oskar, 1990, 280;
Silbereisen, Sigmund, 1999, 182
Sillner, Manfred, 1988, 168
Steiglehner, Coelestin, 1991, 70
Stein, Franz A., 2002, 30
Sterl, Franz, 2002, 72
Stöckl, Wilhelm, 1983, 151
Strauß, Franz Josef, 1990, 33
Strohmaier, Fred, 1987, 131
Thurn und Taxis, 1968, 25; 1970, 17; 1972, 17; 1975, 76; 1976, 108; 1980, 62; 1981, 96; 1987, 192/234; 1993, 35;
Timm, Werner, 1999, 185;
Tonner,Winfried, 1987, 192; 2002, 112
Triebe, Richard, 1978, 107
Ulfig, Willi, 1970, 111; 1981, 103;
Unger, Clemens, 1999, 33;
Unruh, Kurt, von, 1984, 68
Viehbacher, Friedrich, 1979, 126; 1991, 106
von Regensburg, Berthold, 2000, 82;
Wallner, Josef, 1991, 275
Walter, Otto, 2000,100;
Waxschlunger, Johann Georg, 1987, 200
Weber, Fritz Karl, 1994, 191

Weil, Ernö, 2001, 17
Weiner, Siegfried, 1989, 42
Widmann, Werner A., 1976, 121
Wißner, Max, 1975, 98; 1990, 234; 1998, 91;
Wolfgang, Bischof, 1994, 217
Wurmdobler, Fritz, 1979, 143
Zacharias, Alfred, 1998, 45
Zacharias, Walter, 1985, 169; 1999, 167;
Ziebland, Georg Friedrich, 1993, 181
Zimmer, Prof. Dr. Alf, 2001, 23

**Sonstiges**

Altregensburger, 1974, 140
Auszeichnungen, Preise, 1987, 164
Brauereipferde, 1989, 138
Briefmarken, 1978, 42
„Chopper" 2002, 151
Dult, Schausteller, 1997, 73
Eiskeller, 1986, 93
Essen, einst und jetzt, 1994, 154
Festdekorationen, 1985, 81
Flurnamen und -bezeichnungen, 1976, 101
Freizeit, Bildbeitrag, 1983, 8
– Einrichtungen, 1972, 21
– Fischen, 1983, 163
– Galerien, 1979, 136; 1983, 115
– Naherholung, 1982, 139; 1984, 150
– Planung, 1973, 121
– Thon-Dittmer-Palais, 1983, 46
Hobby: Bierkrugdeckel, 1983, 67
Hochwasser, 1989, 91/98
Hochwasserschutz, 1976, 44
Kunstprogramm der Olympischen Spiele, 1973, 121
Münzwesen, 1980, 33
Namensforschung, 1981, 138
Ortsneckereien, 1983, 120
Postwesen, 1975, 76
Redewendungen, bayerische, 1982, 153
Regensburger Almanach, 20. Band, 1987, 9
Schlaraffia, 1983, 157
Schützenwesen, 1981, 54; 1986, 36
Sonnenuhren, 1984, 95
Stadtfreiheitstag, 1990, 25

Straßennamen, 1985, 204
Wasserleitung, 1980, 70
Zeitungswesen, 1973, 103; 1975, 72; 1977, 95

**Soziale Aktivitäten**

Alumneum, Stiftung, 1985, 194
Arbeits-, Berufsberatung, 1973, 81
Bahnärzte, 1992, 291
Bahnhofsmission, 1995, 203
Blaue Schwestern von der Hl. Elisabeth, 2002, 172
Bürgerinitiativen, allgemein, 1975, 36; 1987, 71
– Elterninitiativen, 1980, 140; 1987, 71
– Freunde der Altstadt, 1987, 71
Caritas, Psychosoziale Beratungsstelle, 1991, 126
Don-Bosco-Heim, 1998 DwR, 131;
Dörnbergsche Waisenfonds- Stiftung, 1970, 51; 1987, 223
evangelische Wohltätigkeitsstiftungen, 1970, 51; 1985, 194
Feuerwehr, Regensburg, 1970, 97
Heilstätte Donaustauf, 1986, 268
Jugendgruppen, 1994, 49
Krabbelstube, 1996, 130
Krankenhauswesen, Regensburg, 1971, 65
Lions Club, 1995, 91
ökumenische Wohltätigkeit, 1985, 125
Rehabilitation, 1977, 77
Rotes Kreuz, 2000, 162
St. Katharinenspital, 1977, 32
Stadtjugendring, 1994, 38; 1998, 179
Studentenwerk, 1986, 258
Unfallhilfe, Johanniter, 1988, 84
Vereine, 19. Jahrhundert, 1988, 271
Volksbund, Sammlung, 1989, 313
Waisenhaus St. Salvator, 1993, 235
Wasserrettung, DLRG, 1982, 117
Wasserwacht, 1978, 73

**Sport**

Baseball, 1998 DwR, 19;
Eishockey, 1995, 85; 1998 DwR, 33;

Fechtkunst, 1980, 155
Fischen, 1983, 163
Fußball
– Jakob, Hans, 1970, 119;
– Jahn (siehe SSV Jahn)
Jugend im Sport, 1994, 78
Kunstprogramm der Olympischen Spiele, 1973, 121
LLC Marathon, 1998, 61; 2000, 67
Motorsport: Ratisbona Bergrennen, 1973, 128
Olympiateilnehmer, 1969, 105
Radsport
– Arber-Radmarathon, 1990, 315
– Geschichte, 1998 DwR, 169;
– Touren und Wege, 1994, 148
Rallye-Weltmeister Walter Röhrl, 1981, 128
Schießen, 1973, 132
Schwimmsport
– Schillerwiese, 1999, 64;
Spitzensportler aus Regensburg, 1971, 121
Sport und Freizeit, Bildbeitrag, 1983, 8
Sportvereine, Freier Turn- und Sportverein, 1987, 145
– Ruder- und Tennisklub, 1972, 101; 1980, 161
SSV Jahn, 1968, 67; 1974, 131; 1991, 281; 1994, 144; 1997, 79; 1999, 128; 2000, 58;
StadtMarathon, 2000, 67
Traumfabrik, 1988, 248
Winter-Freizeitsport, 1982, 139

**Stadtentwicklung**

Altstadtsanierung, 1998 DwR, 39;
Bahnhofsüberbauung, 2001, 55
Bürgerbeteiligung, 1975, 36
Denkmalpflege, 1989, 271; 1990, 297; 1991, 255; 1992, 95
Donau-Einkaufszentrum, 1969, 99; 1979, 136
Eingemeindung Harting, 1978, 52
Einzelhandel, Flächen, 1988, 70
Fremdenverkehr, 1997, 39
Grünflächen, 1986, 233
Klinikum, 1981, 88; 1993, 65
Kulturinstitutionen, 1986, 120
Luftaufnahmen, Regensburg, 1969, 7

Perspektiven, 1986, 9
Probleme der , 1968, 11
Provinz-Metropole, 1998, 81
Sanierung, Baualterspläne, 1988, 200
Sanierung und Neubau, 1976, 27
Sechziger Jahre, 1993, 98
Stadthalle, 2001, 66
Stiftung Regensburg 1963–1967, 2001, 46
Umweltschutz, 1992, 27
Universität, 1971, 53; 1972, 59; 1973, 51; 1981, 88
Weintingergasse, 1996, 197
Westbad, 1988, 77
Wohnanlagen, 1971, 83; 1973, 76; 1976, 27; 1984, 118
Wohnsiedlungsbau, 1984, 118

**Stadtteile und Friedhöfe**

Abbrüche, 1985, 211
Altstadt, 1968, 11/45/71; 1970, 115; 1974, 35/43; 1976, 27; 1977, 8; 1978, 59; 1979, 128; 1980, 91/103; 1981, 61; 1982, 123; 1983, 82; 1986, 50/120; 1987, 79/119; 1997, 88
Damaschke-Siedlung, 1995, 217
Dechbetten, Wasserleitung, 1980, 70
Dschungel im Hafen, 2001, 72
Evangelischer Zentralfriedhof, 1990, 78
„Glasscherbenviertel", 1987, 65
Harting, 1994, 100
Hunnenplatz, Bereich, 1985, 211
Jüdischer Friedhof, 1993, 154
Königswiesen, 1973, 76; 1994, 33
Kulturviertel, 1986, 120
Kumpfmühl, 1979, 87; 1988, 91
Matting, 1994, 24
Oberer Katholischer Friedhof, 1989, 303
Peters-Friedhof mit Kirche, 1971, 91
Prüfening, 1995, 206; 1997, 49; 1998, 139; 2000, 154
Reinhausen, 1987, 120; 1994, 20
Stadtamhof, 1982, 35; 1987, 137; 1997, 32
Steinweg, 1998, 147
Unterer Katholischer Friedhof, 1992, 110
Weichs, Radi, 1981, 46

Westnerwacht, 1992, 199
Wöhrd, 1990, 89

**Theater**

Arbeitskreis Film, 1998, 99
Bauernbühne, 1976, 125
Bühnentanz, 1994, 111
Dalberg, Carl Theodor von, Förderer, 1985, 63
Die Ära Marietheres List, 2002, 36
„Die Regensburger Komödie ist vortrefflich", 2002, 8
Dult, Schausteller, 1997, 73;
Figurentheater im Stadtpark, 1999, 155;
Glanzzeit der Regensburger Oper, 2002, 16
Intendantenwechsel, 2001, 17
Kino, 1983, 72
Kleinkunstbühnen, 1989, 194
Podiumbühne, 1968, 59
Probenarbeit, 1986, 142
Regensburger Rezensenten und Rezensionen, 2002, 30
Regensburger Theatergeschichte, 1972, 65
Repertoire, Höhepunkte, 1972, 81
Schauspieler, 1987, 134
Schülertheater, 1994, 61
Skandale und Skandälchen, 2002, 23
Stadttheater, 1995, 100/150; 1996, 73
– Ein Theaternarr, 1998, 39
Studentenbühne (1946–1949), 1990, 122
Studententheater, Filmkreis, 1987, 153
Theater-Geschichten, 1979, 78
Thon-Dittmer-Palais, 1983, 46
Turmtheater (Goliathhaus), 1993, 118,
Velodrom, 1999, 42;
Werkstätten, 1988, 244

**Umland**

Adlersberg, 1972, 105
Altmühltal, Landschaft und Technik, 1980, 85
Bad Abbach, 1975, 57
BayWa-Genossenschaftsorganisationen, 1974, 70

Beratzhausen, 1976, 82
Biergärten, 1998 DwR, 147;
Biologischer Landbau, 1994, 82
Brücken, 1975, 8
Bundesbahndirektion, 1976, 52
Bundesstraßen, 1978, 66
Burgen und Ritter, 1984, 155
Burgen und Schlösser, 1984, 150; 1990, 74
Burgruine Loch (Eichhofen), 1993, 242
Donau und Zuflußgebiete (Bildbeitrag), 1974, 7
Donaustauf, 1977, 57
Donaustauf, Heilstätte, 1986, 268
– Weinbau, 1989, 128
Donautal, 1985, 229
Eichelberg, Wallfahrtskirche, 1992, 228
Energieversorgung Ostbayern (OBAG), 1981, 122
Falkensteiner Bockerl, 1986, 217
Flurnamen und -bezeichnungen, 1976, 101
Graß, 1980, 39
Harting (Eingemeindung), 1978, 52
Hochwasserschutz, 1976, 44
Kelheim, 1982, 98
Kelheimer Raum (Kulturgeschichtliches), 1973, 88
Landwirtschaft im Raum Regensburg, 1970, 37
Naturdenkmale (Bildbeitrag), 1978, 8
Neutraubling, 1973, 37; 1983, 109; 1987, 257/263; 1992, 233
Oberpfalz, Entwicklung, 1986, 23
– Hauptstädte, 1987, 19
– Umweltschutz, 1992, 19
– Waldjugendspiele, 1985, 238
Ortsneckereien, 1983, 120
ostbayerische Soldaten, Verbandsabzeichen, 1985, 155
Ostbayern, 1988, 59
Rechberg, Wallfahrtskirche, 1991, 270
Regenstauf, 1974, 56
Regionalplanung, 1970, 29; 1974, 62; 1975, 42; 1986, 18
Reisebeschreibungen, 1985, 229
Schullandheime, 1980, 146
Siedlungsräume, 1973, 32
Siemens AG und der Oberpfälzer Raum, 1972, 55

Sinzing, 1986, 209
Stadtumland, 1973, 25; 1976, 39
Stadt und Umgebung (Bildbeitrag), 1973, 7
Strukturpolitik, 1970, 29; 1974, 62; 1975, 42; 1986, 18
Sulzbach/Donau, Aschenbrennermarter, 1994, 250
Universität, Einzugsgebiet, 1984, 99
vorgeschichtlicher Mensch, 1974, 25
Waldfunktionsplan, 1992, 54
Waldsterben, 1984, 127; 1987, 97
Wenzenbach, 1987, 87
Winter-Freizeitsport, 1982, 139
Wirtschaft in Ostbayern, 1976, 72
Wörth, 1980, 79

**Veranstaltungen**

Bürgerfest, 2001, 10

**Verkehr**

Altstadtverkehr, 1968, 11; 1974, 35/43; 1983, 82
Bundesstraßen, Ostbayern, 1978, 66
Donauschiffahrt, 1982, 83; 1986, 75/85; 1993, 84; 1996, 117

Eisenbahn
– allgemein, 1970, 77
– Bundesbahndirektion, 1976, 52
– Falkensteiner Bockerl, 1986, 217

Hafen, Donauschiffahrt, 1971, 17; 1973, 71; 1979, 96; 1982, 83; 1986, 75/85/93; 1987, 234
Infrastruktur für Entwicklung, 1985, 218
Konzepte, Straßenverkehr, 1997, 69
Ludwig-Donau-Main-Kanal, 1990, 138

Öffentlicher-Personen-Nahverkehr
– Geschichte, 1998 DwR, 63;
– Trambahn, 1979, 92
Planung, Großprojekte, 1972, 27
Rhein-Main-Donau-Kanal (Europakanal), 1969, 29; 1973, 64; 1975, 49

Straßenbahn, 1979, 92
Tiefgarage, 1982, 103
Verkehrsgeschichte, 1998, 119
Verkehrslage Regensburg, 1989, 106
Westumgehung Regensburgs, 1970, 87

**Verlage**

Der Zwiebelturm, 2001, 92
Kunstanstalt Franz Anton Niedermayr, 2002, 165

**Verwaltung, Gericht und städtische Betriebe**

Abwasserbeseitigung, 1981, 113
Altstadtplanung und -sanierung, 1968, 11/45; 1974, 43; 1975, 36; 1977, 8; 1978, 59; 1979, 128; 1980, 91/103; 1987, 79
Arbeitsamt, 1973, 81
Bauliche Abbrüche, 1985, 211
Bayerisches Denkmalschutzgesetz, 1975, 29
Bezirk, Aufgaben, 1976, 64
Bundesbahndirektion, 1976, 52
Bürgerbeteiligung, 1975, 36; 1987, 71
Bürgermeisteramt, 1985, 52
Energie- und Wasserversorgung (REWAG), 1983, 101; 1996, 110
Energieversorgung (OBAG), 1981, 122
Fremdenverkehrsverein, 1997, 39
Gerichtsbarkeit im Mittelalter, 1969, 85
Gerichtsorganisation, 1970, 47; 1973, 45
Hochwasserschutz, 1976, 44
Justizpalast, Humor im, 1983, 60
Klinikum, 1981, 88; 1993, 65
Oberzentrum, Regensburg-Ostbayern, 1988, 59
Polizeiorganisation, 1974, 93
Regierungssitz, 1968, 7
Staat, Arbeitgeber, 1977, 64
Stadtbaugesellschaft, 1971, 83; 1976, 27; 1982, 123
Stadtgartenamt, 1997, 53
Stadtgrenzen, 1973, 25
Stadtumland, 1973, 25; 1976, 39

Stadtwerke, 1969, 35
Tiefgarage, 1982, 103
Wasserleitung, -versorgung, 1980, 70; 1983, 101
Wohnungsbau, 1971, 83; 1976, 27; 1982, 123; 1984, 118

**Wirtschaft, Industrie und Technik**

alte Technik, Erfindungen, 1983, 40
– Schleusen, Ludwig-Kanal, 1980, 85
– Sonnenuhren, 1984, 95
– Wasserleitung, 1980, 70
Bäckerei Schindler, 1982, 133
Banken, Geschichte, 1991, 116
Baywa-Genossenschaftsorganisationen, 1974, 70
BayWa- Lagerhaus, 2002, 44
BMW, 1984, 109; 1997, 69
Brauereien, allgemein, 1969, 75
– Bischofshof, 1976, 77
– Thurn und Taxis, 1972, 49; 1997, 20
Brückenbau, Steinerne Brücke, 1986, 102
Donauausbau, 1993, 84
Donau-Einkaufszentrum, 1969, 99; 1998, 105; 1999, 82;
– Einzelhandel, 1972, 35
– Weichser Radi, 1981, 46
– Bäckerei Schindler, 1982, 133
– Kultur, 1993, 122
Donauschiffahrt, 1996, 117
Einzelhandel, Flächen, 1988, 70
Eisenbahn in Regensburg, 1970, 77
Energie- und Wasserversorgung (REWAG), 1983, 103
Energieversorgung (OBAG), 1981, 122
Feuerwehr, Regensburg, 1970, 97
Fremdenverkehr, 1989, 118
Geldinstitute, 1972, 39; 1983, 93
Götz Gebäudereinigung und Sicherheitsdienst, 1982, 128
Hafen, 1971, 17; 1973, 71; 1979, 96; 1998 DwR, 49;
Händlmaier, 1996, 124
Hochwasser, 1989, 91

industrielle Entwicklung Regensburgs, 1968, 33; 1971, 25
Industriegemeinde, Neutraubling, 1987, 257
– Regenstauf, 1974, 56
Kunstanstalt Franz Anton Niedermayr, 2002, 165
Landwirtschaft, Raum Regensburg, 1970, 37
Maschinenfabrik Reinhausen, 2001, 158
Messerschmitt, Kabinenroller, 1990, 164
Milchwerke, 1978, 86
Müllers Karlsbader, Neutraubling, 1983, 109
Oberzentrum, Regensburg-Ostbayern, 1988, 59
Porzellanmanufaktur, 1978, 32; 1987, 104
Postwesen, 1975, 76; 1990, 158; 1991, 51; 1992, 284
Pustet Verlag, 1968, 63
Regionalplanung, 1970, 29; 1974, 62; 1975, 42; 1986, 18
Rhein-Main-Donau-Kanal (Europakanal), 1969, 29; 1973, 64; 1980, 85
Sachsenwerk, 1990, 169
Siemens, allgemein, 1972, 55
– MEGA-Projekt, 1986, 247
– Zweigstelle Regenstauf, 1974, 56
Sparkasse, 1983, 93
Stadtbau GmbH, 1997, 45
Stadtwerke, 1969, 35; 1996, 110
Telefon, 1990, 150
Toshiba, 1991, 110
Umwelttechnologie, 1992, 36
Verkehrsinfrastruktur, 1985, 218
Waldfunktionsplan, 1992, 54
Wasserleitung, 1980, 70
Weinbau, 1995, 193
wirtschaftliche Entwicklung, Oberpfalz, 1986, 23
– Ostbayern, 1976, 72
Wirtschaftlichkeit, Universität, 1975, 90
Wohnungsbau, 1971, 83; 1976, 27; 1982, 123; 1984, 118
Zippel Maschinenfabrik, 1995, 186
Zuckerfabrik, 1979, 109

**Wissenschaft und Forschung**

Anatomie und Medizin, 1986, 227; 1994, 163; 1994, 137,
BioRegio, 1999, 112;
Botanische Gesellschaft, 1981,71; 1991, 154
Brander, Georg Friedrich, Instrumentenbauer, 1989, 145
Chronogramm-Forschung, 1995, 168
Einstein, Albert, Walhalla, 1991, 144
Erfindungen, 1983, 40; 1984, 95
Europakolloquien, 1992, 140
Familienforschung im Bischöflichen Zentralarchiv, 1974, 122
Grünbeck, Josef, mittelalterlicher Gelehrter, 1972, 93
Hoerburger, Felix, 1998, 57
Kepler, Johannes, Mathematiker und Astronom, 1981, 37
Krebsforschung, 1995, 156; 1997, 66
Liturgieforschung, 1970, 105
Meteorologie, 1991, 132
Placidus, Heinrich, Gelehrter, 1983, 23
Prasch, Johann Ludwig, Sprachwissenschaftler, 1990, 96
Schels, August, 1995, 145
St. Emmeram, Quellenforschung, 1981, 21
Sprachwissenschaft, Flurnamen, 1976, 101
– Namensforschung, 1981, 138
– Ortsneckereien, 1983, 120
– Redewendungen, 1982, 153
– Soldatensprache, 1984, 138
– Straßennamen, 1985, 204
Theologie
– Scheuchzer, Johann Jakob, Physica sacra, 1992, 168
Universität, 1968, 17; 1975, 90
– Einzugsbereich, 1988, 59
– Strukturplanung, 1988, 39
– Verein der Freunde der Universität, 1988, 27; 1998 DwR, 77
Waldsterben, 1987, 97
Zimmer, neuer Direktor, Universität, 2001, 32
Zivilisationsforschung, 1982, 75; 1984, 132